SECCIÓN DE OBRAS DE ECONOMÍA

HISTORIA DE LA GLOBALIZACIÓN

.

ALDO FERRER

HISTORIA DE LA GLOBALIZACIÓN

Orígenes del orden económico mundial

FONDO DE CULTURA ECONÓMICA

MÉXICO - ARGENTINA - BRASIL - COLOMBIA - CHILE - ESPAÑA -
ESTADOS UNIDOS - PERÚ - VENEZUELA

Primera edición, abril de 1996
Primera reimpresión, agosto de 1996
Segunda reimpresión, noviembre de 1996
Tercera reimpresión, junio de 1998
Cuarta reimpresión, julio de 2000
Quinta reimpresión, mayo de 2001

Título original:
Historia de la globalización. Orígenes del orden económico mundial

D.R. © 1996, FONDO DE CULTURA ECONÓMICA DE ARGENTINA, S.A.
El Salvador 5665; 1414 Buenos Aires
e-mail: fondo@fce.com.ar
Carretera Picacho-Ajusco 227; 14200 México, D. F.

ISBN 950-557-219-0

Impreso en Argentina
Hecho el depósito que marca la ley 11.723

A
Lucía, Pedro,
Rocío, Charo, Manuel y Marco

PREFACIO

Esta obra es el resultado de una antigua inquietud sobre el dilema del desarrollo en un mundo global, las respuestas dadas al mismo y sus consecuencias para la Argentina y América Latina. Pretendemos encontrar, en la observación del pasado, algunas claves para descifrar los interrogantes que plantea el mundo contemporáneo.

El período analizado abarca entre los años 1500 y 1800 y lo definimos como el *Primer Orden Económico Mundial*. El mismo se inicia con los viajes de Cristóbal Colón y Vasco da Gama y se cierra en las vísperas de la difusión de la Revolución industrial.

El estudio del Primer Orden Económico Mundial es de una enorme riqueza para la comprensión de los problemas actuales. En aquellos tres extraordinarios siglos se sentaron las bases de las principales cosas que pasaron después y, ciertamente, de la resolución del dilema del desarrollo de los países en un mundo global.

La observación del pasado ayuda a distinguir qué hay de realidad y cuánto de prejuicio en el debate en curso acerca de la globalización del orden mundial contemporáneo. El estudio de los orígenes de la globalización contribuye, en consecuencia, a esclarecer los interrogantes planteados actualmente por la inserción internacional de nuestros países.

Esta obra se inicia con la descripción del escenario mundial alrededor del año 1500. Explora después la ampliación de las fronteras del conocimiento, los cambios políticos y los factores económicos, que fundaron el protagonismo de Europa. A continuación describe cómo se acomodó el resto del mundo al sistema global liderado por los europeos. Pretende así explicar cómo aquel dilema fue resuelto en los países independientes y posesiones coloniales que conformaban entonces el sistema internacional. Finalmente, se destacan algunas conclusiones sobre el estado del mundo al final del Primer Orden Económico Mundial y las enseñanzas que ofrece el pasado para la comprensión de los problemas de nuestro tiempo.

Esta investigación, iniciada en 1992, se realizó en el ámbito del Instituto de Investigaciones Económicas y Sociales de la Facultad de Ciencias Económicas de la Universidad Nacional de Buenos Aires y contó con un apoyo financiero parcial del Consejo Nacional de Investigaciones Científicas y Técnicas. Las instituciones mencionadas ameritan la gratitud del autor.

A. F.

Buenos Aires, enero de 1996

INTRODUCCIÓN:
DESARROLLO Y SUBDESARROLLO EN UN MUNDO GLOBAL

La globalización de la economía mundial en estas últimas décadas del siglo XX ha vinculado aún más la realidad interna de las naciones con su contexto externo. La expansión del comercio, las operaciones transnacionales de las empresas, la integración de las plazas financieras en un megamercado de alcance planetario, y el espectacular desarrollo de la información, han estrechado los vínculos entre los países. En algunas regiones la formación de espacios multinacionales es otra manifestación de la globalización del orden mundial.

Vivimos, sin embargo, en un mundo paradójico. Pese a los extraordinarios avances de la globalización, los mercados internos absorben más del 80% de la producción mundial, nueve de cada diez trabajadores están ocupados en abastecer los mercados nacionales, el 95% de la inversión se financia con ahorro interno y los acervos científico-tecnológicos domésticos constituyen el sustento del cambio técnico. Estos promedios, referidos a la economía mundial, reflejan aproximadamente la situación de la Argentina y América Latina.

En verdad, la inmensa mayoría de las personas nace, trabaja, cría a sus hijos y concluye sus días rodeada por sus coterráneos y en el ámbito de su propio *habitat*. La globalización coexiste, pues, con el peso decisivo de la cultura, los mercados y los recursos propios. La articulación de esta *dimensión endógena* de la realidad con su contexto externo determina el desarrollo o el atraso de los países.

El dilema no es nuevo. Tiene exactamente una antigüedad de cinco siglos. Comienza en la última década del siglo XV. Entonces, por primera vez en la historia, se verificaron simultáneamente dos condiciones: el aumento de la productividad del trabajo y un orden mundial global. En ausencia de una o ambas de estas condiciones no se plantea el dilema del desarrollo en un mundo global.

En la Antigüedad y en la Alta Edad Media, la productividad crecía lentamente. El producto *per capita* promedio en Europa en el siglo X era apenas 20 ó 30% mayor que al comienzo de la era cristiana. La actividad económica se destinaba a la subsistencia de la fuerza de trabajo y al sostenimiento de las clases dominantes. El progreso técnico era muy lento y los recursos asignados a la acumulación de capital en el proceso económico representaban proporciones ínfimas, probablemente no mayores al 2% del producto. Por otra parte, los reducidos excedentes comercializables se transaban en los mercados locales. El comercio internacional tampoco representaba proporciones mayores al 1 ó 2% del producto mundial.

En tales condiciones, el impacto de los vínculos con el mundo externo sobre el desarrollo económico era insignificante. Las relaciones internacionales no modificaban el cambio técnico ni la acumulación de capital, la estructura de la producción o la productividad. Las invasiones, como las de los pueblos bárbaros a los territorios bajo dominio romano al final de la Antigüedad, modificaban el reparto de los recursos pero no alteraban el comportamiento de la economía.

En los grandes imperios de Europa y Oriente en la Antigüedad y la Alta Edad Media, el dilema del desarrollo en un mundo global no se planteaba por la inexistencia de aquellas dos condiciones necesarias y suficientes. Ninguno de los imperios tenía alcances planetarios ni registraba un aumento del producto por hombre ocupado. Durante la Baja Edad Media europea, la situación comenzó a cambiar. Entre los siglos XI y XV, el desarrollo del capitalismo comercial, el incipiente progreso técnico y las transformaciones sociales, permitieron un lento pero persistente crecimiento de la productividad. En las nuevas condiciones, las relaciones externas de los países comenzaron a ejercer mayor influencia sobre la producción, la distribución de la riqueza y la acumulación de capital. Nada comparable ni de semejante alcance sucedía en la época en las otras grandes civilizaciones de Medio Oriente y Asia.

El incipiente desarrollo económico de Europa planteó, por primera vez, una de las dos condiciones fundacionales del dilema *dimensión endógena/contexto externo*. Sin embargo, hasta fines del siglo XV la cuestión era esencialmente de carácter intraeuropeo.

Hasta los viajes de Colón y Vasco da Gama, no existía, en efecto, un orden mundial de alcance planetario. El comercio internacional era, en su mayor parte, de carácter intrarregional dentro de Europa, Asia y África. Los vínculos intercontinentales como, por ejemplo, el comercio entre China e India con las ciudades europeas del Mediterráneo, eran esencialmente bilaterales. No constituían una red de alcance global. Una excepción era el empleo por los europeos del oro importado desde los yacimientos africanos del Sudán occidental para cancelar el déficit de su balance comercial con Oriente. Pero esta red triangular Europa-Oriente-África, tampoco tenía alcances planetarios. El sistema internacional global recién se constituye a partir de la última década del siglo XV con el descubrimiento de América y la llegada de los portugueses a Oriente por vía marítima.

El descubrimiento, conquista y colonización del Nuevo Mundo incorporó un espacio gigantesco que cumplió un papel decisivo en la formación del orden económico mundial. En cambio, el desembarco de Vasco da Gama en Calicut no agregó nada nuevo a un tráfico que, por otras vías, se venía realizando desde hacía siglos. Sin embargo, la epopeya portuguesa inauguró el dominio europeo en el control del tráfico intercontinental Europa-Asia e, incluso, del comercio intraasiático. La presencia de los europeos en África, Asia y el Nuevo Mundo integró, por primera vez, un mercado de dimensión planetaria.

Alrededor del año 1500 convergieron, pues, el aumento persistente de la productividad y la existencia de un sistema internacional globalizado. Recién entonces se plantea, en escala planetaria, el dilema fundamental de las interacciones entre el ámbito interno y el contexto mundial como determinante del desarrollo y el subdesarrollo de los países, y del reparto del poder entre los mismos.

En ese período comenzó también a gestarse la distinción entre el poder tangible y el intangible. El tamaño de su población y los recursos naturales constituyen el *poder tangible* de cada país. Pero la respuesta al contrapunto entre el ámbito interno y el contexto externo condiciona la gestación de los *factores intangibles* asentados en la tecnología y la acumulación de capital. En ausencia de estos componentes, el poder tangible se disuelve en el subdesarrollo. Así, desde el despegue del Primer Orden Económico Mundial comenzó a tejerse la trama sobre la cual se articuló el sistema internacional y la distribución del poder entre las naciones.

La observación del pasado revela que la globalización del orden mundial tiene precedentes históricos de consecuencias comparables o aun mayores que las de la actualidad. Por ejemplo, la conquista de América y la esclavitud marcaron para siempre el destino de las civilizaciones desarrolladas en este hemisferio. La ocupación europea del Nuevo Mundo provocó, en el siglo XVI, la mayor catástrofe demográfica de todos los tiempos. La esclavitud, a su vez, imprimió huellas indelebles en la composición étnica y la estratificación social de la población americana.

Más tarde, en el transcurso del siglo XIX, el ferrocarril y la navegación a vapor provocaron la drástica rebaja de los fletes terrestres y marítimos. Las comunicaciones, a su vez, registraron el revolucionario impacto del telégrafo y de los cables submarinos. Esto permitió la ocupación de los espacios abiertos del Nuevo Mundo, Oceanía y África del sur, indujo el movimiento de capitales desde los centros industriales a la periferia y promovió migraciones masivas.

Algunos indicadores de la globalización, como la relación entre el comercio y la producción mundiales y el capital extranjero respecto de la inversión total, en vísperas de la Primera Guerra Mundial, eran semejantes y aun mayores que en la actualidad.* En el caso de la Argentina, su historia, desde la Organización Nacional, es incomprensible fuera del marco de la globalización del orden mundial vigente entre la segunda mitad del siglo XIX y la Primera Guerra Mundial.

Comparados con la dimensión de estos acontecimientos, algunos procesos contemporáneos constituyen episodios de menor significación histórica. Tomemos, por caso, la universalización de las plazas financieras. Al fin y al cabo, los mercados monetarios operan en marcos regulatorios que dependen de decisiones políticas. Durante la crisis de los años treinta de este siglo, se desplomaron el patrón oro y el sistema multilateral de

---

* Naciones Unidas, *World Investment Report 1994*, Capítulo III: "Globalization, Integrated International Production and the World Economy", Nueva York y Ginebra, 1994.

comercio y pagos. Los problemas del mundo real demolieron instituciones que, hasta entonces, parecían inamovibles. Es cierto que la relación activos financieros/activos reales es actualmente mucho mayor que en aquel entonces. Aun así, un cambio en las reglas del marco regulatorio del sistema financiero internacional pondría límites a la volatilidad actual de los capitales especulativos de corto plazo.

El pasado es, pues, una fuente inagotable de enseñanzas para comprender los problemas actuales de la internacionalización de la producción o la globalización financiera. En cambio, el pasado enseña poco sobre la universalización de dos cuestiones que han adquirido actualmente decisiva importancia. Se trata de la pobreza y las agresiones al ecosistema.

Hasta tiempos recientes la cuestión ecológica era prácticamente irrelevante en las relaciones internacionales y la pobreza, un tema encerrado dentro de las fronteras de cada país. La universalización de ambas cuestiones es actualmente el principal factor explicativo de los mayores desafíos que confronta el sistema mundial. En efecto, el tráfico de armamentos, la difusión de armas de destrucción masiva, el narcotráfico, las migraciones internacionales, el crecimiento demográfico, la destrucción de la naturaleza y de recursos no renovables, los fundamentalismos de diverso signo y la violencia están íntimamente asociados a la globalización de aquellas dos cuestiones cruciales del orden contemporáneo. Actualmente, ellas forman parte esencial del viejo dilema del desarrollo y del subdesarrollo en un mundo global. Constituyen, al mismo tiempo, la trama profunda de la cual dependen la paz y la seguridad internacionales.

Parte 1
EL ESCENARIO MUNDIAL EN LAS VÍSPERAS DE LA EXPANSIÓN DE EUROPA

I. La población del mundo
y las grandes civilizaciones

ALREDEDOR DEL AÑO 1500, la población mundial ascendía aproximadamente a 500 millones de personas de las cuales el 55% habitaba en Asia, el 20% en África, el 15% en Europa y el 10% en América.[1] Las tres cuartas partes de la superficie terrestre comprendían espacios vacíos y territorios poblados por cazadores nómades y agricultores primitivos. En el resto del planeta habitaban las civilizaciones avanzadas de la época.

El área territorial de esas civilizaciones abarcaba el espacio controlado por sus centros de poder político y militar. Desde los grandes imperios de la Antigüedad hasta los existentes a fines del siglo XV, el dominio se ejercía en espacios geográficos contiguos y en ningún caso con alcances transoceánicos. Los conflictos se desarrollaban en las regiones de contacto de las grandes civilizaciones. En 1500, el mar Mediterráneo era el teatro de la mayor disputa de la época: el de los pueblos cristianos con el Imperio otomano. Estaba entonces en juego el control territorial y la hegemonía religiosa en el Asia Menor, los Balcanes y en el norte de África.

Con la excepción de las culturas mesoamericanas e incaica del Nuevo Mundo, los pueblos cristianos de Europa conocían y mantenían algún tipo de contacto con las otras grandes civiliza-

[1] Artículo sobre población *(population)* en la *Enciclopedia Británica*, edición 1961.

19

ciones. África, al norte de desierto del Sahara, formaba parte del espacio mediterráneo y, al sur, era un continente casi desconocido. Sólo los navegantes y mercaderes portugueses tenían una presencia de alguna importancia en varios fuertes y factorías establecidos en el golfo de Guinea. En ninguna de las principales civilizaciones de Medio y Extremo Oriente, ni en África, la presencia europea era significativa ni interfería en el comportamiento de las sociedades locales.

Cuando los pueblos cristianos de Europa iniciaron su expansión de ultramar, la situación de las principales civilizaciones del resto del mundo era, sumariamente, la siguiente:

China. Por su dimensión territorial, población y actividad económica, China era la mayor potencia de la época. La dinastía Ming, instalada desde la expulsión de los mongoles en 1368, logró la unificación política y la centralización del poder en la capital del Imperio instalada en Nankig hasta su traslado a Beijing en 1641. El territorio bajo control efectivo alcanzaba a cerca de 10 millones de km² y abarcaba desde Manchuria hasta la frontera con Mongolia al norte, Tibet y Birmania al este y, al sur, la península Indochina. El Imperio logró restablecer las bases de la agricultura y el repoblamiento de las zonas agrícolas. La construcción de la red de canales, la recuperación de tierras y la reforestación fueron los objetivos centrales de la política imperial. La agricultura constituía la fuente principal de recursos para el sostenimiento de la corte, la administración pública y el ejército.

China era no sólo la nación más extensa y, con 100 millones de habitantes, poblada de la época sino, además, la de mayor desarrollo en la producción artesanal y manufacturera. La infraestructura de caminos y canales era posiblemente la más desarrollada del mundo. La producción de textiles y las manufacturas del hierro se desarrollaron en Nanking y otros centros industriales a lo largo de la cuenca del río Yangtze. Dentro del Imperio se realizaba un activo intercambio entre las zonas productoras de alimentos y materias primas del norte con las zonas industriales del sur y Beijing. El intercambio dentro de China era el más importante de la época y dio lugar al desarrollo de poderosos grupos comerciales que operaban a escala nacional. Desde los puertos de las provincias de Chekiang, Fukien y Kwantung se mantenía un tráfico considerable con Japón, Filipinas y las islas del archipiélago malayo (actual Indonesia). En las principales ciudades tenía lugar una rica actividad cultural. La creatividad de artistas y artesanos se reflejaba en la producción de textiles, cerámicas y otras manufacturas de alta sofisticación. China ocupaba la frontera tecnológica y era el país originario de varias de las mayores innovaciones, como la pólvora, la imprenta con tipos movibles, el papel, la aguja magnética, el trabajo de metales y las porcelanas. La actividad religiosa se fundaba en las enseñanzas de Buda, Lao Tse y Confucio. El espiritualismo del budismo y el taoismo se integraba con la prédica pragmática de Confucio orientada a la organización de la sociedad y la resolución de problemas concretos.[2]

En las primeras décadas del siglo XV, el Imperio Ming disponía de un ejército de un millón de hombres y una marina de guerra con cerca de 1.500 navíos. El punto culminante de la expansión naval china fueron las expediciones (1405-1433) del almirante Cheng Ho. Al mando de centenares de navíos (algunos de los cuales desplazaban 1.500 toneladas con una eslora de más de cien metros) y decenas de miles de hombres, el almirante impuso la presencia china en puertos de Malaca y Ceilán, el acceso al mar Rojo y Zanzíbar. Poco después, sin embargo,

---

[2] H. Smith, *The World's Religions*, San Francisco, Harper, 1991.

las amenazas a la integridad del Imperio en su frontera norte indujeron al abandono de la política de expansión marítima. Cuando comienza la penetración portuguesa y holandesa en los mares de Oriente, el poder naval chino había declinado pero el Imperio seguía contando con el mayor ejército del mundo.[3]

India. A principios del siglo XVI, comenzaba en la India la penetración del Islam. Los invasores originarios de Afganistán conquistaron el norte del subcontinente e instalaron el Imperio moghul. Bajo el emperador Akbar (1556-1605), la política de tolerancia religiosa entre hindúes y musulmanes, integración étnica de los invasores con la población local y apoyo a la creatividad artística y científica configuró uno de los grandes períodos de la historia de la India.

En un territorio de 3,5 millones de km², el poder estaba disgregado entre el emergente Imperio moghul en el norte (desde Bengala hasta Kabul y Cashemira), la confederación de príncipes Marathas en el centro del subcontinente (desde la bahía de Bengala hasta Gujerat) y, al sur, los príncipes independientes que controlaban la costa Malabar del mar Arábigo y la costa Coromandel en el extremo sur de la bahía de Bengala. La existencia de tensiones entre dos grandes culturas y religiones, y los conflictos entre los soberanos de los distintos espacios políticos, impidieron consolidar un poder de alcance continental y el control efectivo de una población que ascendía a alrededor de 80 millones de personas.

La agricultura era la actividad económica dominante y la tributación sobre la misma la principal fuente de recursos. La

---

[3] P. Kennedy, *The Rise and Fall of the Great Powers*, Vintage Books, 1989, pp. 6-7. Trad. esp. *Auge y caída de las grandes potencias*, Barcelona, Plaza y Janés, 1994.

India tenía, asimismo, un desarrollo industrial probablemente no inferior al de China, particularmente en las manufacturas textiles, cerámica, materiales de construcción, y la transformación de metales y maderas. El prestigio de algunas de sus manufacturas y artesanías, como las telas y paños de lujo, generaban demanda en los mercados de Oriente y en Europa. La producción agrícola, artesanal y manufacturera operaba con la mejor tecnología disponible en la época. El ingenio de hindúes y musulmanes generó algunas de las mayores innovaciones, como el sistema decimal.

El comercio permitía una cierta división del trabajo dentro de cada una de las grandes divisiones políticas. Pero, como en China y el resto del mundo, la actividad productiva se destinaba a la subsistencia de las poblaciones locales, el pago de tributos y el comercio intrazonal. El territorio abarcaba desde las regiones frías del extremo norte a las cálidas de Mysore al sur. La diversidad de recursos naturales permitía una producción agrícola diversificada. Ésta incluía, en la costa Coromandel y la isla de Ceilán, la de pimienta, canela y otras especias que constituían parte principal del comercio intraasiático e intercontinental.

Sudeste de Asia. En la misma época, Birmania, la península Indochina, Malasia, el archipiélago malayo (las islas de Sumatra, Java, Borneo, las Célebes y las Molucas) y las Filipinas, estaban bajo el control de principados independientes que dominaban espacios y poblaciones de menor tamaño relativo que el de las potencias de Oriente. Ninguno de estos principados acumuló poder suficiente para ejercer influencia en los acontecimientos de la región ni para defenderse de la penetración de China y, más tarde, de las potencias europeas. El Islam y las doctrinas de Buda, Confucio, Lao Tse y los líderes espirituales hindúes configuraban el escenario religioso y espiritual de la subregión. Como en todas partes, la agricultura era la fuente dominante de producción y de los tributos. La aptitud de las tierras de las islas del archipiélago malayo para la producción de especias les confirió ventajas comparativas que permitieron un intercambio importante con China, Japón, India, Persia y Arabia, varios siglos antes de la primera aparición de los portugueses en el océano Índico.

Japón. La guerra civil (1478-1573) entre los príncipes feudales del Japón desintegó el Estado y la unidad nacional en un territorio de escasos 400 mil km² habitado por 12 millones de personas. En el mar, las bandas de piratas asolaban las costas japonesas y el mar de la China. A lo largo del siglo XVI la aparición de nuevos príncipes hereditarios Daimio y sus vasallos samurai permitió la reconstrucción progresiva de la unidad nacional que culminó con la consolidación del shogunato de los Tokugawa. La formación de un código de ética fundado en el espíritu caballeresco, el entrenamiento militar, la fidelidad a la familia y al emperador impregnaron profundamente la cultura japonesa. Su singularidad indujo tempranamente una actitud de aislamiento frente al resto del mundo, salvo en el campo religioso, en donde se asimilaron las doctrinas de Confucio y Buda. El aislacionismo culminó con el cierre de todos los puertos a la presencia de extranjeros en 1639 (con la excepción de la la factoría holandesa del puerto de Nagasaki) y la represión y exterminio (1637-1638) de los 300 mil cristianos catequizados por las misiones jesuitas instaladas por san Francisco Javier a partir de 1549.

La agricultura japonesa era la fuente principal del poder de los príncipes feudales y, más tarde, del shogunato. El comercio entre las diversas islas del archipiélago japonés permitía una cierta división del trabajo entre regiones que eran esencialmente autosuficientes. El nivel tecnológico y la diversificación de la producción artesanal y manufacturera japonesa eran probablemente inferiores a los de China e India.

Medio Oriente. En Oriente Medio existían dos grandes civilizaciones islámicas en conflicto. En Persia, la dinastía Safévida, de credo chiíta, fundada por el sha Ismail (1502) y, al oeste, el Imperio otomano, de confesión sunita. Bajo la nueva dinastía, Persia registró un renacimiento extraordinario del arte, la arquitectura y el comercio, que culminó con el reinado de Abbas I (1587-1629). El imperio persa contuvo la expansión de los turcos otomanos hacia el este y ejerció el dominio efectivo de la Mesopotamia y el golfo Pérsico. La posición estratégica entre el Mediterráneo oriental y Oriente, convirtió a Persia en una potencia con influencia en los acontecimientos mundiales. Un poder imperial centralizado, la administración eficiente de un extenso y rico territorio (que incluía los valles de los ríos Tigris y Éufrates) y una población, hacia 1500, cercana a los 10 millones de habitantes configuraban sólidas bases de poder. Por otra parte, la producción agrícola y manufacturera, la creación artística y el conocimiento científico en Persia no iba en zaga de ninguna de las otras grandes civilizaciones de la época.

De todos modos, el Imperio turco otomano era la mayor potencia islámica del período y estaba en el punto culminante de su expansión. Dominaba el norte de África, el mar Rojo, el Mediterráneo oriental, los Balcanes, el mar Negro y gran parte de Europa Oriental. Después de las conquistas turcas bajo el sultanato de Solimán II (1520-1566), el Imperio controlaba los Santos Lugares del cristianismo en Palestina y las ciudades sagradas del Islam: La Meca y Medina. El esplendor de las mezquitas y palacios, las obras públicas, la organización administrativa y la eficacia del ejército y la marina revelaban el poder de la civilización otomana y deslumbraban a los visitantes europeos. Estambul, con una población cercana a los 700 mil habitantes, era probablemente la mayor ciudad del mundo. El control del mar Rojo, la península Arábiga y Asia Menor confirió a los turcos una posición dominante en la expansión del Islam y en los acontecimientos mundiales del período. Un inmenso y rico territorio y una población de 14 millones de habitantes subordinada al poder imperial, constituía una formidable base de poder. Sin embargo, el conflicto entre Persia y el Imperio turco otomano fue el principal freno a la expansión de la civilización islámica y el comienzo de su decadencia. A fines del siglo XV, estaba consumada la reconquista de España y la expulsión de los musulmanes de la Península Ibérica. Poco más tarde, la expansión turca en los Balcanes y Europa Oriental había alcanzado su máxima línea de expansión.

África. Desde las primeras culturas del período neolítico (7000-3000 a.C.), la historia de África al norte del desierto del Sahara, forma parte de la del mar Mediterráneo. A comienzos del siglo XVI, la mayor parte de la región estaba bajo el control del Imperio turco otomano. En 1517 los turcos derrotaron a los mamelucos, conquistaron Egipto y extendieron su dominio hasta Túnez. Argelia estaba dominada por los corsarios bajo la soberanía turca y Marruecos era un reino independiente. El comercio, la piratería y los conflictos con los reinos cristianos de Europa y las ciudades comerciales italianas eran las principales formas de vinculación entre las civilizaciones cristiana e islámica que disputaban el dominio del mar Mediterráneo. La ley islámica y el idioma árabe eran los elementos unificadores del inmenso espacio conquistado por los devotos del Profeta y que abarcaba desde el Imperio moghul, en la India, hasta Marruecos.

Al sur del Sahara, desde Senegal sobre la costa del océano Atlántico hasta el alto valle del río Nilo y el mar Rojo, se extiende la región semiárida del Sudán. En el territorio comprendido por las actuales repúblicas de Mauritania y Mali, se desarrollaron los imperios Mali y Songhai, en cuyos territorios se explotaban yacimientos de oro que abastecían la demanda de Europa y el Medio y Extremo Oriente.

Dos elementos principales permitieron la vinculación entre las poblaciones africanas del norte y sur del Sahara: el camello y la religión. La formidable barrera natural del Sahara sólo pudo ser penetrada con la introducción del camello, capaz de sobrevivir el cruce del desierto. Desde el sur de Arabia, en donde fue domesticado a principios de la era cristiana, el camello penetró primero en Somalía y, desde allí, se propagó en Egipto y el norte de África. El otro elemento decisivo fue la propagación de la fe. A inicios del segundo milenio de nuestra era, el Imperio songhai fue convertido al Islam. Ciudades importantes como Timbukto y Jenne (actual República de Mali) se convirtieron en importantes centros de enseñanza avanzada y difusión cultural. Esta influencia se extendió hacia el este penetrando en Etiopía y el cuerno de África.

La fama de la riqueza de los reinos del Sudán Occidental se extendió por Europa. En 1324, el rey Mansa Musa de Mali peregrinó a La Meca y transportaba tanto oro que, a su paso por Egipto, provocó una crisis del sistema monetario.[4] La leyenda acerca de la existencia de un imperio fabulosamente rico en Etiopía despertó la imaginación de los príncipes y aventureros europeos. El desarrollo de la agricultura, de artesanías, el trabajo de metales y la difusión de la cultura islámica, permitie-

---

[4] *The Times Atlas of World History*, Nueva Jersey, Hammond, 1970, p. 136.

ron un cierto avance de los pueblos asentados a lo largo del Sudán. La exportación de oro extraído de los yacimientos del Sudán occidental y la de esclavos, desde la misma región y del golfo de Guinea, establecieron las bases de un comercio internacional de alguna importancia.

El Nuevo Mundo. En las vísperas del desembarco de Colón, estaban en su apogeo en el Nuevo Mundo dos grandes civilizaciones nativas. Los aztecas controlaban México y gran parte de América Central y los incas el macizo central de la cordillera de los Andes y los valles de la costa del océano Pacífico. Estas grandes civilizaciones desconocían los usos de la rueda y carecían de un lenguaje escrito pero habían alcanzado un desarrollo cultural complejo. La eficaz organización política y administrativa de un Estado imperial permitía a los príncipes aztecas e incas ejercer el poder efectivo sobre inmensos territorios.

La producción agraria y artesanal registraba niveles de productividad no muy lejanos a los observables en las principales civilizaciones de la época. Como en éstas, alrededor del 90% de la población activa de los imperios precolombinos se dedicaba a la producción agrícola. En el campo y en las ciudades tenía lugar una importante producción de textiles, alfarería y materiales de construcción. Las grandes culturas precolombinas habían superado los niveles mínimos de la subsistencia y la esperanza de vida al nacer era probablemente comparable a la observable en Europa. Los excedentes de la producción de alimentos y de bienes manufacturados sostenían a las clases imperial y religiosa, y permitieron un importante desarrollo urbano. Las capitales imperiales de Tenochtitlán y Cuzco tenían dimensiones comparables a las de las mayores ciudades europeas de la época.

Los niveles de vida en Mesoamérica y el Imperio inca eran semejantes a los registrados en las principales civilizaciones. Las fuentes tangibles del poder, territorio y población bajo la misma soberanía, eran también no sólo comparables sino superiores a las de potencias europeas. Pero la brecha cultural y de racionalidad era gigantesca. Estos elementos intangibles del poder determinaron el curso posterior de los acontecimientos. Los imperios americanos se desplomaron frente a un puñado de aventureros que disponían de una racionalidad superior. El pensamiento mágico paralizó la capacidad de respuesta de los nativos frente a la invasión europea. Este "encuentro de dos mundos" reveló, por primera vez en la historia y en semejante escala, la importancia de los factores intangibles en la lucha por el poder. En el curso de los tres siglos del Primer Orden Económico Mundial estos elementos ejercieron una influencia creciente en la consolidación de la hegemonía europea en el orden mundial.

En el espacio del Nuevo Mundo no ocupado por las grandes culturas precolombinas, habitaban poblaciones de menor nivel cultural. En la selva amazónica, el Chaco y las regiones extremas al norte y sur del continente, existían cazadores nómades de la Edad de Piedra. En otras partes de América del Norte y Sudamérica y en algunas islas del mar Caribe, existían recolectores y agricultores primitivos con un cierto grado de organización social y política.

En vísperas del primer desembarco de Colón, la población del Nuevo Mundo habría ascendido casi a 60 millones de personas,[5] equivalente al 75% de la de Europa hacia la misma época. De ese total casi el 50% habitaba bajo la jurisdicción azteca y un 20% bajo el dominio incaico. En las islas del mar Caribe la población habría alcanzado a casi 6 millones de habitantes. El resto estaba disperso en el inmenso espacio continental.

[5] W. E. Denevan (ed.), *The Native Population of the Americas in 1492*, Madison, The University of Wisconsin Press, 1992.

LAS POTENCIAS ATLÁNTICAS Y LAS GRANDES CIVILIZACIONES ALREDEDOR DE 1500

IMPERIO MING

IMPERIO MOGHUL

IMPERIO PERSA SAFEVIDA

IMPERIO OTOMANO

PAÍSES BAJOS

IMPERIO SONGHAI

FRANCIA

ISLAS BRITÁNICAS

ESPAÑA

PORTUGAL

IMPERIO MALI

IMPERIO INCA

IMPERIO AZTECA

II. La economía

Producción e ingresos

AL INICIO del Primer Orden Económico Mundial, la estructura de la producción y del empleo en todas las grandes civilizaciones era semejante. Del 80 al 90% de la población estaba radicado en las zonas rurales y dedicado a la producción de alimentos y materias primas. En ningún lado la población urbana representaba más del 20% de la total. Como la productividad por hombre era similar en la producción agropecuaria y en las manufacturas y artesanías, el sector rural generaba alrededor del 80% del producto.

Europa no era ni más ni menos industrializada que la India y Turquía. Probablemente, su producción industrial *per capita* era inferior a la de China. A fines del siglo XI, ésta producía 125 mil toneladas de hierro, volumen sustancialmente superior al de Gran Bretaña siete siglos después, durante el despegue de la Revolución industrial.[1] China era una fuente principal de innovaciones tecnológicas. Pero el producto por hombre ocupado en su producción manufacturera no difería significativamente del de Europa cristiana, el Imperio moghul o el otomano. Consecuentemente, la distribución de la producción manufacturera entre las grandes civilizaciones del mundo era semejante a la de la población. Todavía en

[1] P. Kennedy, ob. cit., p. 6.

1800, a fines del Primer Orden Mundial, cuando Europa cristiana había experimentado un considerable desarrollo, su producción manufacturera representaba el 30% de la mundial. En 1500, la proporción debía de ser equivalente a la de población: alrededor del 15%.[2]
Los niveles de ingreso por habitante no estaban muy por encima de lo necesario para un consumo alimentario básico (hidratos de carbono, proteínas y grasas) de alrededor de 2.500 calorías y los elementos indispensables de vestuario, vivienda y calor. Todas las grandes civilizaciones eran capaces de sostener a su población, realizar una cierta acumulación de capital y financiar a las clases no productoras (la nobleza, las fuerzas armadas y los sacerdotes). En consecuencia, todas ellas estaban por encima del nivel mínimo para asegurar la sobrevivencia humana. Es decir, por encima de lo que actualmente se llama la *línea de pobreza*. En 1500, a precios actuales (1995), esa línea era del orden de 450 dólares por habitante.[3]

En Europa, la mayor parte del incremento del ingreso se destinaba a diversificar la dieta, con la incorporación de carnes, productos lácteos y legumbres. El trigo era consumido por las clases altas. La dieta de los campesinos estaba compuesta por

---

[2] Supuesto basado en el estudio de P. Bairoch, "International Industrialization Levels from 1750 to 1980", *Journal of European Economic History* 11, 1982.

[3] Según las estimaciones del Banco Mundial (Informe sobre el Desarrollo Mundial, 1990), la línea de pobreza se ubica en un promedio de u$s 320 a precios de 1985. Corregida por la inflación de los Estados Unidos, a precios actuales de 1995 ese valor alcanza a u$s 450. Todas las estimaciones contenidas en el texto son a precios de 1995. La transformación de valores monetarios del pasado en valores presentes tiene honrosos precedentes. Recuérdese, por ejemplo, la conversión de sestercios romanos en libras esterlinas de su época en el *Decline and Fall of the Roman Empire* de Edward Gibbon. Entonces, como ahora, el objetivo de tales conversiones es proporcionar órdenes de magnitud que hagan comprensible al lector valores monetarios del pasado.

cebada, centeno y avena. El trigo era vendido en su mayor parte para pagar rentas e impuestos.[4]

En 1500, el ingreso *per capita* europeo era de alrededor de u$s 700 y en la civilización más avanzada de la época, China, de alrededor de u$s 800.[5] Por lo menos tres cuartas partes del ingreso total se destinaban a la alimentación y alrededor del 20% a otros consumos (vestuario, vivienda, servicios). El ahorro y la inversión representaban alrededor del 5% del producto total. En las grandes civilizaciones existía una fuerte concentración de la propiedad y del ingreso en la nobleza. En Europa, desde comienzos del segundo milenio, la expansión comercial generó grupos de comerciantes y banqueros de creciente poder económico. De todos modos, las desigualdades en la distribución del ingreso eran, hacia 1500 y durante la mayor parte del Primer Orden Económico Mundial, menores que las que se observaron a partir de la Revolución industrial en el siglo XIX. Esto obedece a dos razones principales. Primero, la existencia de un ingreso medio no significativamente superior a los niveles de subsistencia. Segundo, la reducida proporción de la población excluida del proceso productivo.

Existía, en efecto, un piso al ingreso mínimo determinado por la subsistencia y un techo a la concentración del ingreso por el excedente entre el ingreso total y la sobrevivencia de la socie-

---

[4] F. Braudel, *El Mediterráneo y el mundo mediterráneo en la época de Felipe II (I)*, México, Fondo de Cultura Económica, 1992, p. 561. R. Roehl, "Pautas y estructura de la demanda, 1000-1500", en: C. M. Cipolla (ed.), *Historia Económica de Europa (I)-La Edad Media*, Barcelona, Ariel, 1981, p. 123.
[5] Las estimaciones sobre ingreso *per capita* se basan en los estudios de A. Madison, *Historia del desarrollo capitalista*, Barcelona, Ariel, 1991 y P. Bairoch, *Le Tiers Monde dans l'impasse*, París, Gallimard, 1992, actualizadas a precios de 1995. Las estimaciones de ambos autores coinciden aproximadamente con los valores suministrados en el texto. Véase también R. Roehl, ob. cit.

dad. La distribución funcional del ingreso entre las clases altas y las bajas en China, India, Persia, España, Francia o Inglaterra, no debía registrar, hacia 1500, mayores diferencias. En Europa, a medida que aumentó la productividad, aumentó el excedente y éste se concentró en manos de la nobleza, de los comerciantes, los empresarios, el clero y los profesionales liberales, la disparidad entre los ingresos medios de los segmentos sociales privilegiados y el grueso de la sociedad tendió a aumentar.

Por otra parte, los pobres y mendigos incluían a los desempleados que por enfermedad, holgazanería u otras razones estaban excluidos del proceso productivo. La presencia de vagos y mendigos fue un factor permanente de preocupación en las sociedades europeas del Medioevo y durante todo el Primer Orden Económico Mundial. Los marginales se concentraban en las ciudades y, en éstas, su significación respecto de la población urbana total variaba entre el 5 y 20%.[6] Como el grueso de la población radicaba en las zonas rurales, es probable que hacia 1500, en Europa, los marginales representaran alrededor del 10% de la población total.

En todas las grandes civilizaciones la esperanza de vida era semejante y del orden de 20 a 30 años. Las epidemias y la alta mortalidad materno infantil reducían la duración media de la vida. Las tasas de mortalidad eran semejantes a las que imperaban en siglos anteriores. Todavía en el siglo XVII, la esperanza de vida al nacer de un campesino francés era comparable a la existente bajo la dominación romana a comienzos de la era cristiana.[7]

[6] C. M. Cipolla, *Historia económica de la Europa preindustrial*, Capítulo IV, Madrid, Alianza Editorial, 1989.
[7] J. M. Roberts, *History of the World*, Londres, Penguin Books, 1987, p. 514. Trad. esp. *Historia universal ilustrada*, 2 volúmenes, Madrid, Debate, 1993.

La vulnerabilidad de la vida humana a las epidemias y enfermedades diversas no hacía distinción entre las diversas civilizaciones ni entre los niveles de vida de los diversos grupos sociales. La precariedad de las condiciones de higiene y de los conocimientos médicos afectaba por igual a chinos, persas e italianos, ricos y pobres, burgueses y campesinos. En Europa, la peste negra que estalló en 1348, exterminó en dos años 25 millones de personas, es decir, cerca de un tercio de la población total. En las principales ciudades italianas, las epidemias de peste de 1630-1631 y 1656-1657 provocaron la muerte de alrededor del 40% de sus habitantes. En los casos extremos de Verona y Génova, la mortandad alcanzó al 60%.[8]

Hacia 1500 la población mundial estaba estancada. Las tasas de mortalidad y natalidad eran similares y se ubicaban entre el 3 y 4% respecto de la población total.[9] Los cambios en las tasas vitales obedecían más a las condiciones sanitarias que a los conflictos armados. Estos últimos, en Europa y las otras regiones del mundo, eran un factor importante aunque marginal dentro de las causas de mortalidad entre los varones adultos y la población civil. Por otra parte, en tiempos de colapso de las cosechas, la insuficiencia de la tecnología de conservación de alimentos provocaba hambrunas y el drástico aumento de la mortalidad. Dada su insignificancia respecto de la demanda alimentaria de la población, el comercio internacional de alimentos no corregía la situación. Según Braudel, en el siglo XVI, el comercio de cereales por vía marítima entre los países de la cuenca del mar Mediterráneo satisfacía apenas el 1% de la demanda.[10]

[8] C. M. Cipolla, *ibid.*
[9] *Ibid.*
[10] F. Braudel, *Capitalism and Material Life, 1400-1800*, Harper & Row Publishers, 1967, p. 85. Trad. esp. *Civilización material, economía y capitalismo*, 3 volúmenes, Madrid, Alianza, 1984.

De todos modos, en tiempos normales, los niveles de nutrición y las condiciones de *habitat* de la mayor parte de la población de las grandes civilizaciones eran compatibles con la sobrevivencia humana y aun con el lento crecimiento demográfico. Las fases de crecimiento de la población en los pueblos cristianos de Europa y en las otras civilizaciones de Asia y el Medio Oriente estuvieron vinculados a prolongados períodos de normalidad y lenta mejora del abastecimiento alimenticio y, sobre todo, a la ausencia de mortalidades masivas provocadas por epidemias generalizadas.

Semejanza de los niveles de vida

En los inicios del Primer Orden Económico Mundial, los ingresos de las grandes civilizaciones se ubicaban entre los u$s 450 y u$s 800 por habitante. Las menos avanzadas, como las del Nuevo Mundo y las del Sudán, se ubicaban en el primer rango y la más desarrollada, China, en el segundo. De todos modos, las poblaciones de China, el resto de Asia, el Medio Oriente y Europa representaban el 80% de la población mundial. Dentro de ésta, la diferencia de ingresos medios probablemente no superaba el 20%. Es decir que la distribución del producto mundial era semejante al de la población en el planeta.

Varias razones explican la semejanza de los ingresos medios. En primer lugar, el hecho que la productividad en la agricultura y las manufacturas no difiriera sustancialmente entre las diversas civilizaciones.

La tecnología aplicada y la organización de la producción de bienes presentaba seguramente diferencias importantes entre, por ejemplo, la agricultura holandesa y la del Imperio moghul en India. La primera aplicaba los conocimientos más avanzados de su tiempo y estaba más vinculada a la economía de mercado. La segunda era, en mayor medida, una actividad de subsistencia que comercializaba partes menores de su producción. Aun así, difícilmente el producto por hombre en la actividad primaria en uno y otro caso revelaba diferencias mayores ni remotamente comparables a las observables en la actualidad. En Europa, durante la Edad Media, se habían registrado avances técnicos importantes en la producción agropecuaria. Tales como el desarrollo de los molinos de viento, la rotación de cultivos, las herramientas, los abonos y el empleo de la tracción a sangre. Sin embargo, la productividad no crecía en más del 10 ó 20% por centuria. Hacia 1500, el producto por hombre en la actividad agropecuaria que empleaba la tecnología de frontera en Francia u Holanda no excedía probablemente en más de un 50% el de un productor rural al comienzo de la era cristiana. Las diferencias de productividad en el tiempo y en el espacio eran, por lo tanto, relativamente menores.

En segundo lugar, en Europa, como en el resto del mundo civilizado, la mayor parte de la población estaba ocupada en la actividad agropecuaria y producía esencialmente para el autoconsumo. Ninguna de las grandes ciudades europeas, Venecia, Génova, Brujas, Amberes, Lübeck, París o Londres, contaba con más de 100 mil habitantes. Eran necesarios los excedentes de ocho o nueve trabajadores rurales para abastecer a uno o dos habitantes de las ciudades, la nobleza y el clero. Probablemente, no más del 10% de la producción agropecuaria se volcaba al comercio y éste se realizaba, en su mayor parte, en los mercados locales. La situación era similar en las grandes civilizaciones de Medio y Extremo Oriente.

Algo semejante sucedía con la producción manufacturera. Muebles, calzado, textiles, herrajes, armas y alimentos elaborados eran producidos artesanalmente y se destinaban, en primer lugar, a satisfacer las necesidades de los propios productores y al pago de tributos. En Europa, la industria que alcanzó un mayor nivel de desarrollo fue la de paños y tejidos de lujo, en buena parte destinada al comercio internacional. Las regiones de Flandes y Champagne eran el asiento principal de esta actividad textil que demandaba una cantidad considerable de tejedores, tintoreros y bataneros. En 1500, de los 50 mil habitantes de Gante 6 mil eran trabajadores textiles.

La generación de energía hidráulica y eólica, a través del desarrollo y difusión de los molinos de agua y viento, constituyó un importante avance tecnológico para las industrias de alimentos y textil. Ésta y otras innovaciones no provocaron, sin embargo, un drástico incremento de la productividad. Consecuentemente, el aumento de la misma en la producción manufacturera fue semejante al de la agricultura y tampoco excedió el 10 ó 20% por centuria. Es decir, entre el 0,1 y 0,2% anual.[11]

La formación de capital también contribuye a explicar la semejanza de los niveles de productividad e ingreso *per capita* hacia 1500. Probablemente, el ahorro representaba alrededor del 5% del producto de las grandes civilizaciones y se destinaba, en su mayor parte, a las inversiones no reproductivas. La inversión fija en construcciones urbanas, palacios, catedrales, templos, castillos y fortalezas absorbía la mayor parte del ahorro. Tanto en Europa como en China, India, Persia o el Imperio otomano era también significativo el empleo de recursos de los príncipes para sostener a arquitectos, pintores y otros creadores artísticos. En Europa cristiana, la Iglesia, los banqueros y mercaderes eran otra fuente principal del financiamiento de la creación artística.

---

[11] Coincidente con las estimaciones de S. Kutnetz, *Population, Capital and Growth*, Londres, Heineman, 1974.

Dada la lentitud del progreso técnico, el aumento de la producción descansaba más en el mayor empleo de mano de obra que en el incremento del producto por hombre. En Flandes, Florencia, Pisa y las otras regiones productoras de manufacturas para el comercio exterior es probable que el capital de trabajo (materias primas, mercaderías en proceso, fondo de salarios) y fijo (telares, herramientas, galpones) absorbieran una proporción mayor del ahorro. Hacia 1500, la expansión comercial de ultramar comenzaba también a demandar mayores inversiones para la construcción naval y el armado de flotas para las expediciones de descubrimiento, conquista y comercio. Sin embargo, la dotación de capital por hombre ocupado a lo largo de la Baja Edad Media europea no cambió significativamente. La situación era similar en las otras grandes civilizaciones del Medio y Extremo Oriente. Difícilmente la acumulación de capital reproductivo representara en ningún lado mucho más del 2 al 3% del producto.

Este conjunto de circunstancias contribuye a explicar la semejanza de los niveles medios de ingreso entre las grandes civilizaciones que habitaban el planeta cuando comienzan la expansión europea de ultramar y la formación del Primer Orden Económico Mundial. Con la excepción de las culturas del Nuevo Mundo y algunas de las del África sudsahariana, no existía todavía una brecha de racionalidad que implicara diferencias fundamentales en la explotación y la administración de los recursos. Ni tampoco en la organización, el despliegue y el armamento de las fuerzas militares. El empleo de la pólvora y la artillería estaban ganando importancia en el potencial militar europeo pero, todavía hacia 1500, los pueblos cristianos no disponían de ventajas sustanciales de armamento respecto de las otras culturas. Tampoco eran significativas en las luchas dinásticas por el dominio territorial de Europa. Cuando comienza la formación del Primer Orden Económico Mundial, el poder tangible fundado en el territorio y la población sujetos a una misma soberanía seguían siendo las fuentes fundamentales del poder y de la potencia militar.

Alcances del comercio internacional

Tres factores principales limitaban la significación del comercio dentro de la actividad económica de las economías de Europa y del resto del mundo civilizado: los excedentes disponibles, los costos de transporte y el ínfimo impacto del comercio en la división del trabajo y la productividad.

Excedentes para el comercio. La tecnología aplicada en la producción primaria, artesanías y manufacturas, determinaba un bajo nivel de producto por hombre. El ingreso era destinado casi en más del 90% al consumo de los trabajadores, la nobleza y las clases propietarias. Los excedentes susceptibles de ser comercializados fuera del ámbito de la economía local, o de la plaza como decía Weber,[12] eran una parte reducida del producto total. Más aún, según Braudel, el 60 ó 70% de la producción global de los países de la cuenca del mar Mediterráneo estaba fuera de la economía de mercado.[13]

Existía una pequeña división del trabajo en cada plaza y en las pequeñas localidades a un día de marcha en donde los campesinos vendían sus productos, compraban las artesanías indispensables y pocos bienes de origen más o menos distantes, principalmente sal y productos metálicos. "Casi todos los ramos de

---

[12] Max Weber, *Economía y sociedad,* Buenos Aires, Fondo de Cultura económica, 1992, p. 128.
[13] F. Braudel, *El Mediterráneo...*, ob. cit. p. 563.

la industria: alfarería, muebles, zapatos, vestidos, utensilios e implementos de todas clases quedaron reducidos a las ciudades, fueron monopolizados por sus artesanos y no se difundieron más allá de los reducidos linderos que marcaban sus mercados locales."[14] La situación era semejante en China, India o Persia.

En Europa, las ferias periódicas en las ciudades mayores conectaban las economías regionales en una red más amplia de intercambio.[15] Dentro de esta red de producción y comercio se generaban los excedentes necesarios para pagar las rentas de los propietarios territoriales y los tributos a los príncipes. El comercio de cada plaza y el de la región se destinaba esencialmente al consumo interno. Consecuentemente, los excedentes disponibles para el comercio internacional entre regiones distantes dentro del mismo continente y el tráfico intercontinental probablemente representaban menos del 5% del producto de Europa. En el resto del mundo la proporción debía de ser todavía menor.

Costos de transporte. Este era el segundo factor limitante del comercio internacional e incluía el tiempo en tránsito de las mercaderías. Por tierra el desplazamiento de mercaderías por carros y caravanas enfrentaba la precariedad de las rutas, los impuestos cargados por las diversas jurisdicciones atravesadas en el tránsito, las turbulencias políticas y la consecuente interrupción de las vías de intercambio y los asaltos de bandidos. La capacidad transportativa de caravanas y diversos tipos de carruajes con tracción a sangre era muy reducida. Probablemente ningún cargamento comercial excedía las 5 toneladas. En el trigo, el cereal más valioso, el costo del transporte representaba el

[14] H. Pirenne, *Historia económica y social de la Edad Media,* Buenos Aires, Fondo de Cultura Económica, 1987, p. 117.
[15] R. Davis, *The Rise of the Atlantic Economies,* Ithaca, Cornell University Press, 1973, p. 24.

100% del valor del producto en la distancia de 400 a 500 km. Los costos del transporte terrestre debían ser semejantes en China, Persia o el Imperio otomano. De allí la importancia del tráfico fluvial en los grandes ríos como el Yangtze, el Volga o el Danubio, cuyo costo era sustancialmente inferior, probablemente no más de un 20% del transporte terrestre. Por los mismos motivos, la construcción de canales constituía uno de los principales desarrollos de la infraestructura. Por mar, el comercio tropezaba con la precariedad de los navíos y el desconocimiento de los regímenes de vientos y corrientes marinas. La piratería era, asimismo, una amenaza mayor. Hacia 1500, la capacidad media de los navíos dedicados al tráfico en comercio de los mares del Norte y Báltico era de alrededor de 300 toneladas.[16] En el comercio del mar Mediterráneo y en el tráfico con el norte de Europa a través del estrecho de Gibraltar, el tonelaje medio era probablemente inferior. Muchos navíos no superaban las 50 toneladas y su tripulación no era mayor que 10 hombres. En el comercio intraasiático la tecnología naval disponible no era inferior. Sin embargo, hacia finales del siglo XV, la industria naval y la pericia náutica de los navegantes europeos comenzaba a superar a la de los chinos, persas y árabes.

El tiempo de tránsito de las mercaderías era un importante elemento del costo al inmovilizar el capital por un tiempo prolongado. Por ejemplo, desde Venecia a Madrid un cargamento demoraba un mes, a Constantinopla 40 días y a Damasco más de dos meses. Entre Venecia y Amberes, a través de Gibraltar, alrededor de tres meses. Entre Ormuz y Malaca el tiempo necesario no debía ser inferior. Los fletes representaban una elevada

---

[16] C. M. Cipolla, *Historia económica de la Europa preindustrial*, ob. cit., p. 182.

proporción del valor de la mercadería en origen. Para el comercio entre las regiones más distantes, los fletes y el seguro debían duplicar o triplicar el costo de las mercaderías en origen. Esta era probablemente la diferencia entre los precios FOB y CIF. Los márgenes de ganancia estaban también influidos por las condiciones de competencia o de monopolio que encuadraban el tráfico. En este punto, como se verá más adelante, existían diferencias importantes entre el comercio desarrollado por mercaderes europeos respecto de lo observable en el comercio intraasiático.

Los costos de transporte acotaban el traslado a larga distancia a los bienes de alto valor unitario. En primer lugar, las especias (pimienta, canela, clavo, nuez moscada) y el azúcar de caña. Luego, los metales preciosos y los artículos suntuarios como sedas de la India y China, damascos de Damasco, baldaquines de Bagdad, oro del Sudán occidental, muselinas de Mosul, gasas de Gaza, orfebrería, perfumes, medicinas y materias primas valiosas como tinturas y cochinilla para la industria textil. En tráficos de menor distancia, como los realizados en las cuencas de los mares del Norte y el Báltico, predominaban alimentos elaborados, material para la construcción naval, vinos, trigo, sal, pescado y lanas. La misma composición de productos de alto valor unitario predominaba en el comercio intraasiático entre China, India, las islas de las especias, el golfo Pérsico y el mar Rojo, y entre África al sur del desierto de Sahara, el Mediterráneo y el mar Rojo. En este tráfico prevalecían el oro, la sal y los esclavos. Los productos primarios de bajo valor unitario, principalmente los cereales y minerales, no podían soportar los costos de transporte y estaban prácticamente excluidos del comercio intercontinental de larga distancia.

Comercio internacional y división del trabajo. El tercer factor limitante de los alcances del comercio internacional era su ínfimo impacto sobre la división del trabajo y, consecuentemente, sobre la productividad. La inmensa mayoría del comercio estaba compuesta por bienes de uso final. Las importaciones representaban una proporción mínima del consumo aparente de alimentos y manufacturas. El comercio servía esencialmente para diversificar la oferta de bienes de consumo sofisticados para la nobleza y las clases dominantes.

En Europa es probable que el comercio generara una mayor división del trabajo que en otras partes. Existía, por ejemplo, un comercio significativo de lanas de origen inglés para las industrias textiles de Champagne y Flandes, y de materiales de construcción naval desde la cuenca del río Volga para los astilleros holandeses. De todos modos, la influencia de estos hechos sobre la productividad media de la economía era escasa. En otros términos, la ampliación del mercado a través del comercio internacional no generaba economías de escala y aumentos sustantivos de la productividad. El comercio expandía las fronteras del mercado pero la organización de la empresa y el producto por hombre ocupado no registraban cambios radicales. Esto era cierto para los comerciantes árabes, persas o indios que operaban en condiciones de competencia y con débiles vínculos con el poder político. Pero también lo era en Europa, en la cual prevalecían el monopolio y la relación privilegiada entre príncipes, banqueros y mercaderes. Todavía, hacia 1500, la tecnología disponible impedía que el comercio internacional tuviera una significación crítica como fuente de crecimiento de la productividad y, consecuentemente, de las ganancias y la acumulación de capital.

Las redes del comercio internacional

A fines del siglo XV el comercio internacional abarcaba dos grandes categorías. Por una parte, el intracontinental al interior de Europa, Oriente y África. Por otra, el comercio intercontinental entre esos tres grandes espacios. Ambas categorías estaban vinculadas. Por ejemplo, los bienes importados desde Asia al Mediterráneo oriental, bajo la hegemonía de Venecia y Génova, se difundían en el norte de Europa por tierra o vía fluvial y, desde comienzos del siglo XV, a través del estrecho de Gibraltar. Del mismo modo, mercaderes italianos intermediaban los bienes exportados desde Flandes al Medio y Extremo Oriente.

La información disponible sugiere lo siguiente:

Matriz posible del comercio internacional en 1500

| | Destino | | | |
Origen	Asia	Europa	África	Mundo
Asia	29	20	1	50
Europa	14	30	1	45
África	2	2	1	5
Mundo	45	52	3	100

El comercio internacional estaba probablemente distribuido en partes prácticamente iguales entre las civilizaciones de Oriente y Europa. El tráfico interior dentro de cada uno de los tres grandes espacios habría representado el 60% del comercio internacional y el intercontinental el 40% restante.

El Mediterráneo oriental fue uno de los centros principales del comercio internacional hasta bien entrado el siglo XV. Las Cruzadas reavivaron el interés en Oriente de los pueblos cristianos de Europa. A partir del siglo XIII, misioneros y mercaderes europeos viajaron con frecuencia hacia el Medio y Extremo

Oriente. El viaje, entre 1271 y 1295, de Marco Polo a China produjo un gran impacto en la opinión ilustrada y en los mercaderes de Europa. Venecia y Génova mantuvieron una posición dominante durante toda la Baja Edad Media. La red del comercio internacional abarcaba desde China hasta Europa occidental atravesando el Oriente Medio y el norte de África. Las caravanas provenientes de China e India llegaban hasta los puertos de Asia Menor para traficar con los mercaderes venecianos, genoveses y de otras ciudades europeas. La *ruta de la seda* comenzaba en Yunan, Nanking, Hsian y Beijing en China, y en Kashgar y Samarkanda en el Turkestán. Atravesaba Persia hasta Bagdad, Damasco y Acre y, hacia el suroeste, hasta Ormuz en el golfo Pérsico. Las caravanas que no se destinaban a Alejandría y al Mediterráneo oriental se dirigían a los puertos del mar Negro y desde allí a Moscú, Novgorod y Riga, el Báltico y los puertos de la Liga Hanseática. Las factorías de los mercaderes europeos en Asia Menor eran el centro principal del intercambio. Por la misma vía, los mercaderes orientales recibían paños, trigo y vinos. Europa cristiana tenía un déficit comercial con Oriente probablemente del orden del 50% de sus importaciones: el saldo era pagado con plata y oro que provenían de los yacimientos de oro del Sudán occidental y de los Balcanes.

Las ciudades comerciales de los mares del Norte y Báltico conformaban el segundo eje del comercio internacional de Europa. Los mercaderes flamencos y alemanes vinculados a la Liga Hanseática, cuyo centro coordinador operaba en la ciudad de Lübeck, intermediaban el tráfico entre la producción de las cuencas del Volga, el Dnieper y el Danubio con la producción de Flandes, el norte de Francia e Inglaterra. La composición del intercambio reflejaba el menor desarrollo relativo del *hinterland* de Europa oriental y de las islas británicas. La producción de lana inglesa abastecía las hilanderías de Flandes. Las pieles, miel, trigo, materiales de construcción y pescado salado tenían un peso significativo en el comercio dominado por las ciudades de la Liga Hanseática. Los paños de lujo de las tejedurías de Flandes y Champagne, las armas y herramientas formaban parte de esta incipiente división del trabajo entre productores de bienes primarios y manufacturados. Hasta la primera mitad del siglo XV, las especies provenientes de Oriente llegaban al norte de Europa por vía fluvial y terrestre. Según Pirenne,[17] el volumen físico del comercio internacional de los dos principales polos comerciales de Europa era semejante. Sin embargo, dado la diferente composición de uno y otro, el valor del controlado por las ciudades italianas era sustancialmente mayor que el de las de la Liga Hanseática.

El comercio intraasiático era, por lo menos, tan importante como el intraeuropeo. Las grandes civilizaciones de China e India mantenían una corriente de intercambio entre sí y con Malasia y el archipiélago malayo. Malaca, sobre el estrecho entre la península de Malasia y la isla de Sumatra, era el principal puerto para el intercambio entre China e India y formaba parte de una red de puertos que incluían Shanghai y Cantón en China, Bangkok en Siam, Makasar en las islas Célebes, Bantam en la isla de Java, Chitagong en la bahía de Bengala, Colombo en la isla de Ceilán y Calicut en la costa Malabar. La red de puertos se extendía hacia el Medio Oriente cuyas dos principales localizaciones eran Ormuz y Adén. La primera era el punto de entrada hacia el golfo Pérsico y la segunda controlaba el acceso al mar Rojo. Esta red portuaria abarcaba el Medio y Extremo Oriente, y a través de ella se comerciaba en especias,

---

[17] H. Pirenne, ob. cit., p. 112.

cosméticos, madera de sándalo, sedas, vidrio, porcelana, caballos y metales preciosos.

Los comerciantes árabes y moghules tenían una participación importante en el comercio intracontinental. Pero también participaban mercaderes cristianos de Etiopía, Armenia e India, judíos, persas, y de otras razas y confesiones religiosas asentados en los puertos existentes desde las costas de China hasta el mar Rojo y el cuerno de África. La organización predominante en estos emprendimientos comerciales era pequeñas empresas que competían pacíficamente y, a menudo, en forma cooperativa formando redes de intermediarios. Estos mercaderes tenían relaciones débiles con los príncipes en cuyas jurisdicciones traficaban. No formaban parte del sistema de poder.[18] Sus relaciones con los soberanos se limitaban al pago de tributos a cambio de la obtención de autorización para comerciar que raramente se confería con la exclusividad del monopolio. En ninguna parte la actividad comercial se proyectaba al campo financiero mediante la formación de casas bancarias que concentraran y asignaran las ganancias y el capital acumulado en el intercambio. La red del comercio intraasiático tenía, pues, una débil capacidad de formación de capital, de concentración financiera y de emprendimiento de empresas de mayor escala. Estaba también desvinculada de los productores rurales que producían las especias y de los artesanos y empresarios que producían los textiles y otras manufacturas transables. La función comercial predominante en el tráfico intraasiático era, pues, esencialmente de intermediación entre la oferta y la demanda, y se realizaba por gran número de mercaderes en condiciones de competencia o de cooperación en asociaciones transitorias. Esto sugiere, por

---

[18] P. D. Curtin, *Cross-Cultural Trade in World History*, Cambridge, Cambridge University Press, 1984, Cap. 7.

otra parte, que los márgenes de ganancias en el comercio intraasiático eran inferiores a los que se realizaban bajo condiciones monopólicas en el tráfico europeo. Las mismas restricciones que condicionaban el comercio europeo a larga distancia operaban en el comercio intraasiático. Los navíos que transportaban las mercaderías a lo largo de la red de puertos e intermediarios desde China hasta el Medio Oriente eran tanto o más precarios que los empleados en Europa. Antes de los importantes cambios tecnológicos en el diseño y capacidad de los navíos, y del mayor conocimiento de los regímenes de vientos y corrientes marinas, la tecnología naval disponible en Oriente no era inferior que la de los venecianos o portugueses. Por otra parte, en el mar de la China y en el océano Índico, la piratería era un flagelo por lo menos comparable al de los corsarios bereberes de Argelia en el Mediterráneo. La inseguridad aumentaba los riesgos y el costo del transporte marítimo.

La red de comercio intraasiático se ligaba al comercio europeo por vía terrestre a lo largo de la ruta que se iniciaba en China y concluía en el Mediterráneo oriental y el mar Báltico. Por vía marítima, los bienes exportados por las economías de Oriente llegaban al mar Negro y a los puertos de Asia Menor recalando en el puerto de Ormuz, navegando las aguas del golfo Pérsico y, por tierra, atravesando Damasco y Acre. El puerto de Adén y el mar Rojo eran el acceso hacia El Cairo y Alejandría y, desde allí, al comercio del Mediterráneo oriental. Estas vías convergían con las rutas terrestres provenientes de China que, en el siglo XVI, quedaron interrumpidas por el conflicto otomano-safévida. Las perturbaciones del comercio de Europa con Oriente, sumadas al dominio otomano del mar Negro y el Mediterráneo oriental desde la conquista de Constantinopla en 1451, estimularon la búsqueda de rutas alternativas. El proceso culminó en la última década del siglo XV, con el descubrimiento del Nuevo Mundo y la llegada de los portugueses a la India.

El comercio intraafricano era el relativamente menos importante dentro de los intercambios intracontinentales. El comercio de larga distancia se limitaba al tráfico a lo largo de la franja del Sudán y entre ésta y la costa mediterránea, desde Egipto hasta Marruecos. El comercio era realizado por caravanas de mercaderes que no gozaban de regímenes especiales ni privilegios monopólicos otorgados por los soberanos de las distintas jurisdicciones. Los principales productos comerciados eran oro, sal, cobre, almizcle, ganado y esclavos. La instalación de los fuertes y factorías portugueses en la costa atlántica de África desde las primeras expediciones auspiciadas por el infante Enrique abrió nuevas vías de intercambio con Europa.

En la costa oriental de África, hasta la llegada de los portugueses el comercio era realizado fundamentalmente por mercaderes árabes y persas. Los principales productos exportados a Oriente eran marfil, oro, caparazón de tortuga, madera de mangle y algunos esclavos. El oro producido en los yacimientos del Sudán occidental y, más tarde, en la cuenca del río Zimbabue, cumplió un papel importante en el comercio internacional de la época. Hasta el saqueo de los tesoros acumulados por las grandes civilizaciones americanas y la explotación de los yacimientos del Nuevo Mundo, África era la principal fuente de suministro de metales preciosos de Europa. Contribuyó también a pagar el déficit del balance comercial de Europa con el Medio y Extremo Oriente. La exportación de esclavos desde el golfo de Guinea hacia el Sudán oriental y Europa comenzó a ganar importancia. Sin embargo, recién con la conquista y ocupación del Nuevo Mundo, la esclavitud adquiriría la trascendencia que tuvo en la formación y desarrollo del Primer Orden Económico Mundial.

El oro y la plata debían representar más de un tercio de las exportaciones europeas al Medio y Extremo Oriente. El desequilibrio obedecía a la escasa demanda de los bienes manufacturados en Europa, cuya calidad y costo no eran competitivos con los fabricados en las grandes civilizaciones orientales.

Los agregados macroeconómicos

Conforme con las estimaciones antes mencionadas sobre población y producto *per capita* de las principales civilizaciones, el producto bruto de la economía mundial en el año 1500 debía ascender a alrededor de u$s 300 mil millones. El de Asia y Medio Oriente sería del 65% del total, Europa el 20% y África el 15%. El Nuevo Mundo, recién descubierto, estaba todavía al margen del emergente orden internacional.

La similitud en el ingreso medio por habitante determinaba semejanzas en la estructura de la producción, la distribución del ingreso y la composición de la demanda. Es posible que en todas partes la producción agropecuaria empleara el 80% de la población activa y generara una proporción semejante del producto. Las manufacturas y los servicios contribuirían con el 20% restante. Los productores rurales, trabajadores urbanos, artesanos y pequeños comerciantes, representarían el 90% de la población activa y probablemente percibían el 70% del ingreso total. Dado el ingreso medio, esa era la participación mínima necesaria para asegurar la subsistencia de la población. Alrededor de un 25% del ingreso aparentemente correspondía a las rentas de los propietarios territoriales y a los impuestos, y el último 5% a las ganancias de los grandes comerciantes, banqueros e industriales. Del gasto total, probablemente el 95% correspondía al consumo de las clases populares, las clases altas y las fuerzas armadas. Los gastos militares representaban posiblemente más del 50% del gasto público y éste alrededor del 10% del producto bruto. El ahorro y la inversión deberían rondar el 5% del producto. De este modo, en Europa, deberían ascender a cerca de u$s 3 mil millones anuales. El aporte de las clases populares al ahorro era prácticamente inexistente salvo el destinado a la construcción de viviendas y elementos esenciales del *habitat*. El ahorro público y de las clases terratenientes probablemente representara dos tercios del ahorro total. Su destino principal, sino exclusivo, era la construcción de castillos, palacios, iglesias y, en menor medida, agricultura, infraestructura de puertos, caminos y canales. El ahorro invertido en la ampliación de la actividad comercial y en las instalaciones fabriles debería representar alrededor de u$s 1.000 millones anuales. La principal inversión se realizaba en las existencias de mercaderías en depósitos y en tránsito y, la secundaria, en navíos e instalaciones de almacenaje en los puertos. El origen más importante de la inversión reproductiva era la clase empresaria compuesta por grandes comerciantes, banqueros e industriales.

Fuera de Europa, no debían diferir sustancialmente estas proporciones relativas a la distribución del ingreso, la composición de la demanda y la formación de capital. Sin embargo, por las razones que se mencionarán más adelante, la actividad comercial y la acumulación de capital estaban jugando, desde el despegue del capitalismo comercial europeo a comienzo del segundo milenio, funciones radicalmente distintas en Europa respecto de las civilizaciones del resto del mundo.

Todavía en el año 1500, el comercio internacional era una actividad de escaso peso relativo en el conjunto de la actividad económica. Las exportaciones no deberían representar más del 2% del producto mundial. En ese caso, habrían ascendido a alrededor de u$s 6 mil millones en el año 1500. Todas las principales civilizaciones participaban del comercio internacional pero en Europa cabe suponer que tenía mayor peso relativo que en el resto. Mientras la participación europea en el producto mundial alcanzaba solo al 20%, respecto del comercio la proporción debía de ser mayor. De todos modos, Asia era probablemente todavía el principal espacio comercial del mundo. Conforme estas estimaciones, las exportaciones de Asia debían ascender a u$s 3 mil millones de los cuales 60% se destinarían a la misma región y el 40% a los mercados europeos. Las exportaciones de Europa habrían alcanzado a alrededor de u$s 2.500 millones, de los cuales dos tercios eran de carácter intrarregional. Las exportaciones de las potencias comerciales europeas incluían la reexportación de bienes provenientes de Oriente y azúcar originaria de las plantaciones de las islas portuguesas en el océano Atlántico y de las Canarias. Conforme estas estimaciones, las exportaciones representa cerca del 5% del producto bruto de Europa y poco más del 1% del de Asia. En África, el comercio exterior tenía menor significación relativa que en los otros dos continentes.

En el incipiente orden mundial del año 1500 el movimiento internacional de capitales era todavía reducido. Sin embargo, a fines del siglo XV estaba en plena evolución el desplazamiento del centro de gravedad del comercio internacional desde el Mediterráneo oriental hacia el océano Atlántico. Lisboa, Cádiz y Sevilla fueron ganando importancia creciente como entrepuertos y centros de la actividad comercial y financiera. Numerosos mercaderes y banqueros flamencos, genoveses, venecianos y florentinos previeron las nuevas tendencias de las corrientes comerciales y se instalaron en las emergentes ciudades comerciales del litoral atlántico. Este proceso constituye el primer caso importante de transferencia de recursos humanos calificados y de inversiones privadas directas para participar en las nuevas oportunidades abiertas por la expansión comercial. Nada comparable estaba sucediendo en China, India, el Imperio otomano o el safévida.

Ni el comercio ni las inversiones internacionales generaban en aquel entonces movimientos migratorios de alguna significación. Anteriormente, las corrientes migratorias tenían motivaciones distintas a las originadas en el desarrollo de la producción y el comercio mundiales. Recién con la colonización del Nuevo Mundo y el tráfico esclavista los movimientos migratorios asociados a la formación del mercado mundial alcanzaron importancia. Pero esto forma parte de la historia que comenzaba a escribirse con la inauguración del Primer Orden Económico Mundial.

III. El surgimiento de Europa

LA COMPARACIÓN ESTÁTICA de los principales indicadores económicos y sociales, alrededor de 1500, revela la semejanza de la situación de los pueblos cristianos de Europa y las otras grandes civilizaciones. El producto era del orden de 500 a 800 dólares *per capita*, la esperanza de vida al nacer rondaba en los 30 años, la tasa de ahorro y acumulación respecto del producto no superaba en ningún lado el 5%, la relación entre las exportaciones y el producto se ubicaba entre el 1 y 5% y la composición de la producción no presentaba mayores diferencias. Lo mismo sucedía en la distribución del ingreso entre los diversos grupos sociales en Europa cristiana, China, la India o el Imperio otomano.

Existían, asimismo, semejanzas en otros planos. Desde la Primera Cruzada, a fines del siglo XI, los príncipes y los pueblos cristianos estaban obsesionados con la reconquista de los Santos Lugares. La ampliación de las fronteras del mundo conocido imprimió, al impulso evangelizador, escala planetaria. Las primeras naos portuguesas y carabelas españolas llevaron a África, Oriente y el Nuevo Mundo la misión evangelizadora. El contenido religioso fue un rasgo permanente de la expansión europea.

Las grandes religiones politeístas de Oriente no tenían pretensiones semejantes. Pero el cristianismo tenía un formidable adversario en otra gran religión monoteísta: el Islam. El mensaje de Mahoma (570-632) desencadenó un movimiento religioso de vasto alcance que, como el cristianismo, tenía pretensiones ecuménicas. Sus devotos difundieron la fe en el norte de África, el Medio Oriente, buena parte de la Península Ibérica, India y el Extremo Oriente. Hacia 1500, la expansión islámica en Europa estaba llegando a su fin pero conservaba un formidable impulso en África y Oriente. La formación del Imperio moghul en India estaba comenzando a principios del siglo XVI.

En resumen, cuando se inaugura el Primer Orden Económico Mundial el fervor religioso no era patrimonio exclusivo de los pueblos cristianos. Asimismo, en el terreno científico-tecnológico las civilizaciones orientales estaban tanto o más avanzadas que la europea. Lo mismo puede decirse del comercio internacional. En efecto, los navegantes y mercaderes musulmanes, indios, persas y chinos habían comerciado durante siglos a lo largo de las costas de China, India, los archipiélagos del sudeste de Asia, la península Arábiga y el mar Rojo. Por la *ruta de la seda*, las caravanas habían transitado desde China hasta el Mediterráneo oriental.

Sin embargo, más allá de estas semejanzas, desde principios del segundo milenio en Europa estaban en marcha cambios profundos que no ocurrieron en las otras grandes civilizaciones. Tales cambios modificarían el proceso de crecimiento, las fuentes del poder y las relaciones entre las grandes civilizaciones. Los mismos abarcaron todos los planos de la realidad y pusieron en marcha procesos acumulativos que, en el curso del Primer Orden Económico Mundial, determinaron la hegemonía de Europa sobre el resto del mundo.

Todas estas transformaciones fueron *endógenas*, es decir, gestadas en la propia realidad interior de Europa. Sus rasgos dominantes fueron la movilización del potencial de recursos y la capacidad de incorporar los factores exógenos planteados por el contexto externo, como nuevos agentes de la transformación económica, social y política interna. Los acontecimientos que sustentaron el surgimiento de Europa y diferenciaron crecientemente su desarrollo respecto del de las grandes civilizaciones del Medio y Extremo Oriente abarcan la revolución cultural, el desarrollo económico y las transformaciones políticas.

La revolución cultural
de la Baja Edad Media y el Renacimiento

La nueva visión del mundo, del hombre y de la sociedad

A partir del siglo XI, Europa fue el escenario de un cambio de la visión del mundo que estaba en pleno apogeo en las vísperas de las empresas de Colón y Vasco da Gama. El prolongado contacto de los pueblos cristianos con el Islam en el norte de África, España y el Medio Oriente permitió que la civilización europea recuperara el acervo científico del mundo helénico. Después del derrumbe del Imperio romano, las invasiones de los pueblos bárbaros y la desintegración política del espacio europeo el dogmatismo religioso sepultó en el olvido los aportes fundamentales de los científicos griegos. Fueron los sabios musulmanes quienes recuperaron este acervo y lo incorporaron a su patrimonio cultural. Los pueblos árabes se convirtieron, desde el inicio de la expansión musulmana en el siglo VII hasta el siglo XV, en los depositarios del conocimiento más avanzado de su tiempo. El esplendor cultural de las capitales del mundo islámico, Bagdad, Córdoba, Damasco, El Cairo, Samarkanda, probablemente no tenía semejantes en el resto del mundo. El Islam produjo pensadores notables, como el filósofo y médico cordobés Averroes (1126-1198), traductor e intérprete de Aristóteles y precursor de la defensa de la libertad intelectual frente al dogmatismo religioso.

Fue a través de los árabes que los pueblos cristianos de Europa recuperaron los aportes griegos en matemáticas, astronomía, medicina, farmacología y geografía. Estos hechos provocaron transformaciones trascendentes en dos campos fundamentales: por una parte, la visión del universo y de la condición humana y, por otra, las relaciones entre los hombres en sociedad. Nicolás Copérnico (1473-1543) reivindicó la visión heliocéntrica de los griegos y provocó un cambio radical en la comprensión del universo y de la ubicación de la Tierra en el mismo. En este contexto, las obras de Claudio Ptolomeo (85-165) despertaron interés por la elaboración de mapas del mundo conocido y se amplió rápidamente el conocimiento de la geografía del planeta. El convencimiento cada vez mayor en la posibilidad humana de alcanzar una comprensión científica del universo y de sus leyes de comportamiento sustentaron los proyectos de dominación de la naturaleza y de los hombres. La afirmación del derecho del individuo a realizarse en el mundo incluyó, de este modo, dos vertientes principales. Por una parte la concepción humanista y, por otra, el predominio del poder secular sobre la esfera religiosa.

La vertiente humanista se inspiró en la herencia del mundo grecorromano, cultivó las lenguas clásicas (griego, árabe y hebreo) y exaltó el idealismo platónico. El humanismo neoplatónico tuvo sus dos máximos exponentes en el florentino Marsilio Ficino (1433-1499) y el ferrarense Giovanni Pico della Mirandola (1463-1494). Ambos fueron traductores y exégetas de Platón y del mayor pensador neoplatónico de la Antigüedad Plotinus (205-270), y formularon la concepción del universo como un ente que desciende de Dios a la materia, del hombre como intermediario entre el cielo y la Tierra, y de la continuación de la Revelación Divina a través de la historia. Esta convergencia del idealismo neoplatónico con la tradición cristiana fundó el humanismo del Renacimiento y ejerció una profunda influencia en el desarrollo posterior de la filosofía y de la ciencia. El humanismo intentó una nueva síntesis entre el objetivo dominante de la Salvación en la vida posterrena y las posibilidades de realización del hombre en su existencia ahora y aquí. Este delicado equilibrio entre las esferas espiritual y material tenía profundas consecuencias en dos cuestiones principales. Por una parte, las relaciones entre el poder espiritual de la Iglesia y el terrenal de los príncipes. Por otra, desde la perspectiva de la ética del cristianismo, la legitimidad de la búsqueda del beneficio, incluyendo el del interés sobre los préstamos. Estos fueron dos conflictos dominantes a lo largo de la Baja Edad Media. Ambos fueron plenamente resueltos durante el Primer Orden Económico Mundial.

Los filósofos y artistas del humanismo renacentista contaron con el respaldo de príncipes, mercaderes y banqueros ilustrados, como Lorenzo de Médicis (1449-1492), el Magnífico. La afirmación del individualismo y de la capacidad del hombre de realizarse en la historia, promovida por estos titulares del poder, no se agotó en la promoción de la filosofía y el arte. Incluyó también el replanteo de la relación entre la Iglesia y los príncipes, y la legitimidad de las nuevas ocupaciones abiertas por la expansión del comercio.

El noble siciliano Tomás de Aquino (1224-1274) intentó conciliar el pensamiento griego con el cristianismo y justificar la existencia del orden secular y del poder terrenal de los príncipes con el destino trascendente del hombre y su salvación como fin último de la vida humana. Para santo Tomás, como para Aristóteles, la felicidad es el fin de la existencia humana. Ella se realiza en el marco de la ley eterna y natural que gobierna al universo y al ser humano. El hombre puede comprender el orden eterno y natural, y sentar las bases, en ese contexto, de una ley humana que regule el orden secular. La supremacía del poder eclesiástico y del Papa era compatible con la vigencia de las instituciones políticas y la autonomía del Estado. Pero, en definitiva, la Salvación, la vida y felicidad eterna después de la muerte es más importante que la efímera existencia terrenal. Dios había depositado en la Iglesia la responsabilidad de la Salvación del hombre. De allí la supremacía de la Iglesia sobre el orden secular. Estas eran cuestiones que afectaban profundamente el funcionamiento del sistema político y el ejercicio del poder y, también, la vida cotidiana. Porque la Salvación era la preocupación dominante del hombre del Medioevo, que era profundamente religioso.

La primacía del poder religioso sobre el secular, aún con la actitud de compromiso de santo Tomás, fue rechazada por quienes encarnaban la filosofía renovadora del Renacimiento. El florentino Dante Alighieri (1265-1321) y Marsiglio de Padua (1280-1343) subrayaron la autonomía de las esferas temporal y espiritual, y depositaron en el Emperador la autoridad suprema en el ejercicio del poder terrenal. Marsiglio anticipó el argumento de la condición agresiva del hombre y la necesidad de imponer la paz y el orden en la comunidad. Esta tesis influyó en la posterior evolución del pensamiento político, en particular, en la obra de Tomás Hobbes (1588-1679). Al final de la Baja Edad Media comenzó a plantearse también el problema de la representación en el ejercicio del poder, de decisiva importancia a partir del siglo XVI.

La reivindicación de la supremacía del poder político y su autonomía frente a la esfera eclesiástica se consumó con la obra del florentino Nicolás Maquiavelo (1469-1527). Los argumentos teológicos fueron eliminados del análisis de la naturaleza del poder y su ejercicio. "Los hombres no gobiernan el Estado rezando el padrenuestro". La religión, en todo caso, era un instrumento del ejercicio del poder. El enfoque histórico aplicado por Maquiavelo para analizar el desarrollo político, la reivindicación de Roma y de los grandes hombres de la Antigüedad, y la evaluación de la acción política en función de su capacidad de ganar y retener el poder sentaron las bases del posterior desarrollo del pensamiento político.

La acumulación mercantilista y la evolución de las ideas fueron demoliendo progresivamente la concepción de un mundo cristiano unificado, del ser humano consagrado a su Salvación eterna y de lo efímero de los intereses terrenos, los cuales, subordinados a los espirituales, debían quedar bajo la autoridad suprema de la Iglesia. En la Baja Edad Media se pusieron en marcha fuerzas incontenibles de secularización vinculadas al crecimiento de las actividades urbanas, la consolidación de las identidades nacionales y de las lenguas vernáculas, los usos del dinero y el poder financiero, la ampliación de las fronteras del conocimiento y la extensión del mundo conocido que culminaría con la llegada de los portugueses a Oriente y el descubrimiento de América.

Las ideas económicas dominantes registraron cambios convergentes con los desarrollos del pensamiento político y las transformaciones económicas impulsadas por la expansión mercantil. Durante la Alta Edad Media predominó el enfoque aristotélico que justificaba el intercambio sobre la base del precio justo, pero rechazaba la acumulación de dinero a través de las ganancias generadas por el comercio y el préstamo a interés. Este enfoque era consistente con la supremacía de la vida espiritual dentro del orden feudal precapitalista. A partir del siglo XI, la expansión comercial y el desarrollo urbano generaron una realidad distinta. Consecuentemente, la ley canónica fue cada vez más tolerante con las ganancias obtenidas en la actividad comercial y financiera. Los mercaderes compatibilizaban la especulación y el préstamo a interés con el apoyo a la Iglesia y el financiamiento de la construcción de catedrales y el arte religioso. La Salvación era compatible con el éxito en el mundo real de los negocios. Hacia 1500 el cuestionamiento de la moral cristiana al beneficio y el interés estaba en franco retroceso. A partir del siglo XVI, la Reforma amplió el sustento teológico de la acumulación de riqueza como expresión legítima de la realización del hombre en su existencia terrena y de la Salvación.[1]

Ninguna de las grandes civilizaciones del Medio y Extremo Oriente, experimentó una transformación comparable a la de Europa en los campos cultural, religioso y político. Hacia el 1500, en China, India, Persia y el Imperio otomano, seguían predominando los valores tradicionales de estructuras jerárquicas rígidas y la concentración del poder en los príncipes y los propietarios territoriales. La actividad comercial y financiera era un apéndice del poder tangible centrado en la propiedad y los excedentes de la producción primaria.

Las ciudades

En la Baja Edad Media las ciudades fueron el ámbito de la revolución cultural, el desarrollo político y la expansión mercantil y, también, núcleo crítico de la acumulación capitalista. Fue en las ciudades europeas, en primer lugar, en donde se gestó la transformación de los valores de la oración y la lucha, propios del universo señorial y religioso de la Alta Edad Media, para incorporar otros fundados en la acumulación de riquezas obtenidas en el comercio y las finanzas. Esto generó, en las ciuda-

---

[1] Max Weber, *The Protestant Ethic and the Spirit of Capitalism*, Nueva York, Scribner's Sons, 1958. Trad. esp. *La ética protestante y el espíritu del capitalismo*, Barcelona, Península, 1988. R. H. Tawney, *Religion and the Rise of Capitalism*, Londres, Penguin Books, 1990.

des, nuevas fuentes de poder. "La ciudad medieval estaba dominada política, social y culturalmente por los mercaderes y los cambistas pero también por los farmacéuticos, los notarios, los abogados, los jueces, los médicos y gentes de profesiones parecidas. Este era el complejo grupo social que desde el principio constituyó la fuerza impulsora de la formación de las ciudades como cuerpos independientes y el que se hallaba también detrás de las hermandades, las conjuraciones, con las que se había iniciado la emancipación de los ciudadanos [...] Las ciudades prevalecieron y prosperaron, con todo el orgullo y la confianza en sí mismas que traslucen los antiguos grabados, cuando muestran los perfiles de las ciudades como islas de una nueva cultura."[2]

El centro de gravedad del pensamiento que en la Alta Edad Media había estado recluido en castillos y monasterios, se desplazó hacia las ciudades. En ellas comenzaron a instalarse universidades y otros centros de investigación y enseñanza.

Los mercaderes y cambistas propiciaron una educación práctica fundada en la escritura y la aritmética. Esto contribuyó al desarrollo de los registros de contabilidad por partida doble, y a la reforma de la empresa con la aparición del concepto de la responsabilidad limitada. Más tarde, esto desembocaría en la formación de las primeras sociedades por acciones. El uso del cero, de los numerales árabes, el empleo de la datación moderna y la medición precisa del tiempo facilitaron el registro y el desarrollo del comercio y los cambios. La demanda de personal capaz de emplear las nuevas técnicas contables y administrar las cada vez más complejas redes de mercaderes y cambistas estimuló la formación de recursos humanos calificados. En Flo-

---

[2] C. M. Cipolla, *Historia económica de Europa (I)*, ob. cit., pp. 19-23.

rencia, a mediados del siglo XIV, había alrededor de 10 mil niños y niñas que aprendían a leer y 6 escuelas de matemáticas en las que alrededor de 1.200 alumnos aprendían los usos comerciales antes de pasar a trabajar con un mercader. Se difundieron manuales, como el célebre *Pratica della Mercatura* de Balduccio Pegoloti (1310-1342), que sistematizaban la experiencia de la actividad mercantil con propósitos formativos de personal calificado.[3]

El crecimiento de las ciudades en Europa provocó otro cambio trascendente: la aparición de los pobres urbanos. Esto obedeció a la concentración del ingreso en mercaderes y banqueros, y a la exclusión de parte de los inmigrantes desde las zonas rurales de las nuevas fuentes de empleo. Tales fracturas en el tejido social influyeron en el desarrollo político en las ciudades. Los pobres y marginales fueron piezas importantes en el tablero de la disputa por el poder de los grupos hegemónicos de la nobleza, los mercaderes y banqueros. Ellos nutrieron, asimismo, los contingentes de vagabundos y delincuentes urbanos que provocaron el escenario de inseguridad que predominó en diversas ciudades medievales. "La pobreza ciudadana no sólo estuvo más arraigada y fue más espectacular que la pobreza rural, sino que tuvo un carácter propio y especial que comprende desde los tugurios... hasta formas culturales que prefiguraban [...] la 'cultura de la pobreza'."[4] La pobreza urbana adquirió creciente importancia a lo largo del desarrollo de las fases posteriores del capitalismo. Hacia el siglo XV, en las principales ciudades europeas,

---

[3] J. Le Goff, "La ciudad como agente de civilización c1200-c1500" y J. Bernard, "Comercio y finanzas en la Edad Media, 900-1500", en: Cipolla, *ibid.*, p. 351.
[4] J. Le Goff, *ibid.*, p. 97.

alrededor de uno de cada cinco habitantes era un pobre marginado del sistema productivo. La ciudad fue, asimismo, el ámbito de otros procesos trascendentes. El desarrollo de la imprenta y la difusión del libro en toda Europa tuvo su origen en las ciudades. El libro dejó de ser un objeto raro para convertirse en un producto artesanal, todavía caro, pero cada vez más accesible. Lo mismo sucedió con el desarrollo de los relojes mecánicos que facilitaron la comprensión del concepto y de la medida del tiempo. También, en particular en las ciudades italianas a partir del siglo XIII, surgió una nueva clase de visión: la perspectiva, inducida por la observación del cuadriculado de las ciudades, las calles y plazas.[5]

La función cultural, de ascenso social y transformación de las fuentes del poder, de las ciudades europeas en el Bajo Medioevo no tenía semejanzas con la experiencia de las ciudades de las otras grandes civilizaciones del Medio y Extremo Oriente ni en el mundo clásico grecorromano. También en Oriente existían grandes ciudades, aun mayores que las europeas, con mercaderes, cambistas y artesanos ricos, médicos, farmacéuticos y notarios. Pero en ellas los nuevos ricos seguían conformando una clase social inferior, aceptaban pasivamente su baja posición en la escala social y la supremacía de los valores de las clases dirigentes arraigadas en el poder tangible de la propiedad de la tierra y el dominio sobre la población rural. "La ciudad no constituía (como sucedía en Europa) un organismo en sí mismo sino un simple órgano dentro del más amplio contexto de un continuo urbano-rural."[6]

La revolución cultural, que se produjo en las ciudades europeas y no en las de las otras grandes civilizaciones, estimuló la

---

[5] *Ibid.*
[6] Cipolla, *ibid.*, p. 18.

formación del espíritu innovador en todos los ámbitos de la actividad social. Desde la puramente crematística vinculada a la navegación, el comercio y las finanzas hasta la referida a los valores espirituales y religiosos fundamentales. El desarrollo del conocimiento científico fue uno de los frutos trascendentes de esta revolución cultural localizada en las ciudades de la Baja Edad Media europea.

Como dice Le Goff "esto no habría podido ser llevado a cabo sin el factor fundamental de la acumulación de capital, que dio a la evolución económica y social su fuerza motriz esencial".[7] El nuevo carácter de la aplicación del ahorro y de las inversiones en Europa provocó transformaciones radicales en la actividad económica, el desarrollo social y el comportamiento político. El cambio en el escenario europeo, asociado a la inversión de capital reproductivo, generó nuevas fuentes de poder. Éstas dejaron de depender casi exclusivamente de los factores tangibles e incorporaron otros referidos a la acumulación de riquezas obtenidas de la actividad mercantil y financiera. Surgieron, asimismo, nuevos factores de poder de carácter intangible determinados por la capacidad de cada sociedad de organizar recursos y de introducir las transformaciones exigidas por el desarrollo económico.

Las fuerzas desencadenadas por la revolución cultural y la urbanización de la Baja Edad Media y el Renacimiento permitieron que los pueblos cristianos sacaran conclusiones prácticas de las nuevas fronteras del conocimiento y fundaran un proyecto de expansión planetaria. Ellos fueron los primeros que articularon la expansión de ultramar y del comercio internacional con procesos de transformación económica, social y política de vasto alcance.

---

[7] J. Le Goff, *ibid.*, p. 102.

Desarrollo económico

La acumulación de capital

En el mundo grecorromano y hasta el inicio del segundo milenio, los excedentes de alimentos y producción artesano-manufacturera tenían dos destinos principales. Por una parte, las fuerzas armadas que eran el instrumento para la conservación y la ampliación del poder tangible, es decir, el espacio territorial y la población sujeta a la soberanía del príncipe. Por otra, la construcción de castillos, fortalezas, catedrales y otras instalaciones del poder secular y religioso. Los metales preciosos (oro y plata) tenían el mismo destino principal: la orfebrería y la decoración de templos y palacios. Esta era la naturaleza de la acumulación precapitalista.

Hacia 1500 ella seguía siendo dominante en el empleo de los excedentes generados en las economías de la dinastía Ming, el Imperio moghul, el califato turco-otomano y el Imperio persa. Pero en Europa, durante la Baja Edad Media, la utilización de excedentes incorporó otro destino principal: la ampliación de la actividad comercial y la inversión en la producción de bienes. Este cambio radical en el proceso de acumulación sentó las bases fundacionales del capitalismo. La transformación abarcó el uso de los metales preciosos. A lo largo de la Baja Edad Media, gran parte de los metales preciosos se monetizó y aumentaron la oferta de dinero y la liquidez. Esta monetización progresiva de la actividad económica, incluyendo el creciente pago en dinero y no en especies de los tributos feudales, es un aspecto decisivo de la acumulación capitalista iniciada en los albores del segundo milenio de nuestra era. En resumen, existe una línea de fractura entre la acumulación precapitalista y la capitalista que sienta las bases del surgimiento de Europa. Nada comparable en su naturaleza y alcance sucedía en el Medio y Extremo Oriente. No se trata de que los mercaderes y artesanos chinos, indios o persas no reinvirtieran parte de sus ganancias en ampliar sus negocios. Ni tampoco de la ausencia del uso monetario de los metales preciosos o de inversiones privadas y públicas en la ampliación de la frontera agrícola y en la infraestructura de canales, obras de irrigación o transporte. Pero fue sólo en Europa donde la acumulación se convirtió en un objetivo en sí misma y comprometió, global y crecientemente, a todo el sistema económico, social y político.

¿Por qué cambió la naturaleza de la acumulación de capital en los pueblos cristianos europeos y no en las otras grandes civilizaciones? Las causas son múltiples y abarcan desde el plano real de la producción, los cambios demográficos y el comercio hasta el ámbito de la religión y las ideologías. Según Weber, el afán de ganar dinero y acumular riqueza no es un atributo exclusivo del capitalismo. El mismo ha sido "un rasgo común de todos los hombres de cualquier clase y condición en todos los tiempos y los países de la tierra".[8] El capitalismo implica, además, la presencia de dos condiciones. Por una parte, la existencia de la empresa que emplea capital y mano de obra en la producción de bienes y servicios y/o su comercio en la búsqueda permanente del beneficio y su reinversión. Por otra, la progresiva organización de la mayor parte de la actividad económica sobre la base de tales empresas y de un mercado en el cual se transan los bienes y servicios producidos y los factores de la producción.

---

[8] M. Weber, *The Protestant Ethic...*, ob. cit., p. 17.

La disolución progresiva del orden feudal y el desarrollo de la empresa capitalista y del capitalismo comenzó a gestarse en la Baja Edad Media en el marco de la revolución cultural. Hasta los inicios del segundo milenio "los clérigos y los caballeros dirigían la sociedad y controlaban la mayor parte de su riqueza [...]. Sus respectivos ideales eran la oración y la lucha [...] La riqueza debía ser producida por los estamentos más bajos, por los siervos [...]. La producción era un medio, la devoción y la gallardía eran los fines. La consideración social y los laureles se concedían a los que alcanzaban el éxito en la dedicación a tan nobles fines, y no a aquellos que triunfaban en la provisión de los vulgares medios".⁹

Estos valores sociales comenzaron a cambiar progresivamente. La creación de riqueza y las ganancias obtenidas en el comercio y las finanzas se convirtieron en fines valiosos y fundamento del ascenso en la escala social. La acumulación de capital incluyó progresivamente actitudes favorables a la incorporación de nuevas técnicas y la mecanización de tareas.

El progreso técnico

En los cinco siglos abarcados por la Baja Edad Media, Europa asimiló el conocimiento científico e innovaciones desarrolladas por otras civilizaciones. Imitar, copiar y adaptar fueron entonces los procesos dominantes del avance de la ciencia y la tecnología entre los pueblos cristianos de Europa. En este terreno, los japoneses, a partir de la restauración Meiji, se parecen a los europeos del Renacimiento.

El papel, la pólvora, el sistema decimal, la cerámica provenientes de Oriente fueron introducidos principalmente por los

---

⁹ C. M. Cipolla, *Historia económica de Europa (1)*, ob. cit., pp. 14-15.

árabes ibéricos a partir del siglo XIII. Lo mismo sucedió con instrumentos científicos y aparatos de medición, algunos de los cuales, como el astrolabio, eran esenciales para la navegación. Sabios árabes y judíos formaban parte de la corte del príncipe Enrique e hicieron posible la epopeya portuguesa. La imprenta de Gutenberg (1400-1467) facilitó la difusión de las obras y de la cartografía con la nueva visión del mundo que se estaba ampliando rápidamente con los aportes de los navegantes y de los mercaderes. La cartografía y la construcción de los primeros globos terráqueos hacia 1500, revelan la rapidez con que se difundió en Europa el conocimiento geográfico. La curiosidad y la indagación científica se proyectaron a todas las esferas de la civilización europea.

Un hecho notable del desarrollo de la tecnología europea en los cinco siglos previos al despegue del Primer Orden Económico Mundial es el proceso de copia y adaptación de instrumentos, máquinas y procesos inventados por otras civilizaciones y, sobre estas bases, la puesta en marcha de innovaciones originales. El molino de viento fue un invento persa, la devanadera para enrollar el hilado era conocida en China en el siglo XI y este mismo origen tenían la aguja magnética, el papel, la imprenta y la pólvora. Pero fue sólo en Europa que estos avances tecnológicos fueron incorporados, aunque todavía de manera acrítica y asistemática, al proceso productivo. En Oriente no sucedía lo mismo. La pólvora, por ejemplo, que los chinos usaban sobre todo para fuegos artificiales, en Europa fue empleada en armas de fuego cuya construcción, además, promovió el desarrollo de la metalurgia del bronce y del hierro. La revolución que esto provocó en el arte de la guerra sentó las bases de la expansión europea de ultramar.

Procesos semejantes ocurrieron con otras innovaciones: la aguja magnética desembocó en la brújula, la imprenta en la impresión de libros en gran escala, los molinos de viento y de agua en fuentes de energía mecánica para la producción de harina, pasta de papel y la minería. La pasión europea por la mecánica y las máquinas transformaron las innovaciones creadas en otras civilizaciones en nuevas inversiones de capital reproductivo. Como dice Cipolla: "Los anteojos, el reloj mecánico, los nuevos tipos de barcos de vela y las nuevas técnicas de navegación, junto con otras mil innovaciones grandes y pequeñas, fueron el producto original de la curiosidad experimental y de la imaginación europea".[10]

Este proceso de cambio tecnológico era de alcances continentales. Artesanos, herreros, científicos, creadores diversos de conocimientos y tecnologías se desplazaban por el escenario europeo atraídos por buenas oportunidades de empleo o expulsados por la intolerancia religiosa y política.

En los cuatro o cinco siglos previos al despegue del Primer Orden Económico Mundial, la ciencia y la tecnología estaban ya cumpliendo funciones crecientemente distintas en Europa respecto de las civilizaciones del resto del mundo. Las causas de tales diferencias son complejas pero, entre ellas, es decisiva la nueva significación de la acumulación reproductiva de excedentes. En Oriente, la ciencia y la tecnología eran frecuentemente divertimentos de escasa significación para la actividad económica e, incluso, para las artes de la guerra. En Europa, en cambio, eran cada vez más instrumentos de la diversificación de la producción y de la reducción de costos y, sobre todo, para la ampliación del comercio y el fortalecimiento de la capacidad militar.

Es necesario, sin embargo, precisar la significación de la ciencia y la tecnología como factores determinantes del despegue de

---

[10] C. M. Cipolla, *Historia económica de la Europa preindustrial*, ob. cit., Cap. 6.

Europa. Pese a los avances registrados, el progreso técnico fue muy lento hasta el siglo XV e, incluso, en los tres siglos del Primer Orden Económico Mundial. Esto se refleja en el pausado aumento del producto por hombre ocupado. Entre 1500 y 1800 el crecimiento de la productividad en las actividades primaria y artesano-manufacturera no excedió del 0,2% anual. El modesto impacto del cambio técnico se refiere a la producción de bienes en la actividad rural y en las ciudades. En cambio, el progreso técnico tuvo consecuencias revolucionarias en dos campos principales: la navegación y la guerra. Hasta mediados del siglo XV, la tecnología naval disponible limitaba la autonomía de los navíos. Paulatinamente se fueron registrando avances importantes en cuatro campos principales: los instrumentos para la estima de la posición (el astrolabio, la brújula, el compás y el cuadrante náutico), el timón de popa, los velámenes y la ingeniería naval que permitió aumentar el tonelaje y mejorar la operabilidad de las naves. En todos estos terrenos los portugueses cumplieron una función pionera.

La tecnología militar registró también progresos decisivos con el desarrollo de la artillería y las mejoras organizativas en la disposición de las fuerzas y las formaciones de combate. "Las consecuencias del uso de la artillería con pólvora en Europa aparecieron lentamente, y las armas manuales no se convirtieron en armas efectivas hasta la segunda mitad del siglo XV. No obstante, hacia 1500, los europeos poseían con mucho el mejor equipo militar del mundo y habían creado una gran industria química para producir la pólvora y una poderosa metalurgia para la fabricación de cañones. Así, pues, habían producido un arsenal capaz de conquistar el globo." La supremacía militar europea se mantuvo aun cuando, tempranamente, la nueva tecnología de la artillería se difundió en Oriente. "Los cañones aparecen en Occidente en 1320; en China, se tiene prueba segu-

ra de su existencia en 1332. El Islam copió el cañón de Occidente e igual hicieron los japoneses en el siglo XVI."[11]
El artillado de los buques con cañones confirió una ventaja decisiva a los marinos portugueses en sus batallas con las flotas árabes, moghules y chinas, con las cuales se enfrentaron desde la presencia inicial de Vasco da Gama en el mar Arábigo y el océano Índico. El avance simultáneo de la tecnología naval y militar sentó las bases de la guerra en el mundo moderno y, en particular, de la guerra naval.

De este modo, hacia 1500, la ciencia y la tecnología estaban ya incorporadas en Europa como elementos decisivos del desarrollo de la navegación y la guerra.

Paulatinamente, el progreso técnico penetraba, también, en la producción de bienes. Nada semejante ocurría en el resto del mundo. Las oportunidades abiertas por la acumulación capitalista estaban penetrando en todo el sistema económico, social y político de Europa y articulando, progresivamente, el emergente orden mundial.

El comercio internacional y la acumulación de capital

La rentabilidad de las inversiones en el comercio internacional eran mucho más altas que en las otras actividades y, en promedio, debía rondar en torno del 30 al 50% del capital invertido. En dos o tres años se recuperaba la inversión inicial. La rentabilidad de las inversiones en la producción primaria, la minería y las manufacturas eran, probablemente, apenas de un tercio de las registradas en la actividad comercial. Es decir, de alrededor del 10% anual sobre el capital invertido.

---

[11] Lynn White Jr, "La expansión de la tecnología, 500=1500", en C. M. Cipolla, *Historia económica de Europa (I)*, ob. cit., p. 177.

Las causas de la mayor rentabilidad de las inversiones en el comercio y las finanzas en la Baja Edad Media obedecen a la tecnología disponible en la época. El lento aumento de la productividad no generaba fuentes importantes de utilidades y de acumulación de capital en la producción de bienes. La lentitud del progreso técnico ponía también límites estrechos a la posibilidad de elevar la producción por hombre ocupado mediante el aumento de la dotación de capital por trabajador y la introducción de reformas de organización de la firma. En tales circunstancias, el aumento de la producción descansaba en el incremento del empleo de mano de obra reflejado en el tamaño de las firmas o la creación de redes de subcontratistas, como sucedía en la industria textil de Flandes, Champagne y otras regiones de Europa. En todo caso, el aumento de la nómina de salarios absorbía la mayor parte del incremento del producto y del ingreso.

En las circunstancias dadas, la ampliación de las fronteras del mercado no daba lugar a una mayor división del trabajo, a economías de escala o aumento de la productividad y las ganancias. El mercado podía expandirse pero la organización de la producción y el producto por hombre ocupado permanecían sin cambios mayores en la mayor parte de la economía. La relación entre comercio internacional y desarrollo radicaba esencialmente en la ampliación de la misma actividad comercial.

De este modo, la fuente principal de las ganancias y la acumulación radicaba en el comercio internacional. El comercio dentro del espacio de los mercados locales, en donde se aglomeraban productores y consumidores, era importante. Sin embargo, ese intercambio estaba, en gran medida, a cargo de los mismos productores rurales y las corporaciones de artesanos. Los márgenes de ganancia en el comercio local eran pequeños. Por lo tanto, no existía en ese ámbito espacio suficiente para el desarrollo de actividades mercantiles en gran escala, capaces de generar elevados márgenes de ganancia y fuentes importantes de acumulación. Esto sí era posible en el comercio internacional para el cual era necesario disponer de capital, capacidad organizativa y conexiones con el poder político. Estos requisitos sólo estaban al alcance de los banqueros y grandes mercaderes.

Hacia 1500, y a lo largo de todo el Primer Orden Económico Mundial, el comercio internacional era la *locomotora* del desarrollo y la principal fuente de ganancias y acumulación de capital reproductivo. Por las mismas razones, las inversiones más rentables radicaban en la propia actividad comercial. Incluso las áreas productivas más avanzadas, como la producción de alimentos en la agricultura holandesa, estaban asociadas al comercio internacional.

En las grandes civilizaciones del Medio y Extremo Oriente, la situación era radicalmente distinta a la observable en Europa. La acumulación de capital seguía, hacia 1500, concentrada en manos de los príncipes y los propietarios territoriales, y destinada a los fines tradicionales de la construcción de castillos, fortalezas, templos y precarias redes de transporte. A pesar de la importancia que el comercio a larga distancia alcanzó en China, la India y el Imperio otomano, la inversión en la actividad comercial seguramente alcanzó proporciones mucho menores que en Europa. Sobre todo, la acumulación de capital reproductivo no constituyó una fuente de poder y ascenso social. Hacia 1500 sólo en los pueblos cristianos de Europa estaban en auge la revolución cultural, el proceso de urbanización y la acumulación capitalista que transformarían, en el transcurso del Primer Orden Económico Mundial, las fuentes del desarrollo y las relaciones internacionales.

El monopolio mercantil

El surgimiento en Europa de la acumulación de capital como nueva fuente de poder provocó transformaciones fundamentales en dos campos principales: la naturaleza del comercio internacional y la incorporación del progreso técnico a las actividades productiva y mercantil. En ambos terrenos, la experiencia europea fue difiriendo cada vez más de la observable en las grandes civilizaciones de Medio y Extremo Oriente.

Como el intercambio no generaba crecimiento y ganancias vía la división internacional del trabajo y el aumento de la productividad, lo fundamental era la ampliación del control y el dominio de las rutas comerciales. El competidor era un enemigo para los intereses vinculados al comercio internacional y para el poder político que los respaldaba. Señala Pirenne que "entre las ciudades italianas las guerras son constantes y cada cual se empeña en destruir el comercio de sus rivales para aprovecharse de su ruina". Y agrega: "Durante toda la Edad Media dichas ciudades se combaten en el Mediterráneo con tanto encarnizamiento como Francia, España e Inglaterra, desde el el siglo XV hasta el XVIII".[12]

El comercio no estaba desvinculado del crecimiento y la transformación de la producción interna. La expansión del comercio dependía del acceso a nuevas fuentes de suministros en el exterior pero, al mismo tiempo, también del aumento de la oferta interna de productos exportables. Aun cuando la ampliación de los mercados no indujera una división del trabajo e incrementos de productividad significativos, la expansión del comercio estaba asociada al crecimiento y transformación de la

---

[12] H. Pirenne, ob. cit., p. 107.

producción interna. Las importaciones deseables eran las de bienes suntuarios, como las especias y los paños de lujo, que no podían producirse internamente, y las de materias primas, como los materiales de construcción naval, indispensables para los astilleros. Las exportaciones eran indispensables para pagar esas importaciones y para generar un excedente comercial para satisfacer la creciente demanda de dinero.

Dado el déficit del comercio con Oriente, la lucha por generar un superávit en el resto del intercambio agravaba el enfrentamiento entre las ciudades mercantiles y las emergentes potencias nacionales.

Inicialmente, los viajes comerciales eran expediciones armadas que contaban con el respaldo del poder político de la ciudad y, más tarde, de la corona y el Estado. Estos rasgos excluyentes y agresivos del capitalismo comercial determinaban quiénes eran sus protagonistas principales: comerciantes, banqueros, navegantes, armadores de flotas y hombres de armas amparados y, a menudo, convocados por el príncipe. En Portugal, el infante Enrique controlaba la exploración y explotación del litoral africano. Sólo él autorizaba las expediciones y recibía un quinto de las mercaderías que llegaban si los navíos eran armados por particulares y la mitad si eran equipados a su costa.

Las diversas funciones envueltas en el emprendimiento comercial se personificaban en el mismo individuo. En la Baja Edad Media, el capitán de una flotilla solía ser, al mismo tiempo, financista, comerciante y militar. Sobre los banqueros dice Pirenne: "al mismo tiempo que la banca, efectúan las operaciones comerciales más diversas. Compran lana, venden paños, especias, orfebrería, brocados, telas de seda. Son armadores de buques al mismo tiempo que propietarios de mansiones en París, Brujas o Londres".[13]

[13] *Ibid.*

A lo largo del Primer Orden Mundial estas funciones se diferenciaron progresivamente. A partir del siglo XVII las sociedades por acciones holandesas y británicas asumieron un protagonismo decisivo en la expansión comercial. Estas nuevas formas de organización de la empresa comercial mantuvieron el contenido monopólico y agresivo del capitalismo mercantil. En contraste con la experiencia europea, en el comercio intracontinental de Asia y el Medio Oriente predominaban los mercaderes independientes que comerciaban generalmente en condiciones de competencia y asociados en redes. Raramente contaban con privilegios monopólicos o el respaldo de la fuerza de sus respectivas esferas política y militar. Esto no implica la existencia de un escenario de comercio internacional de competencia siempre pacífica. Estallaban, a menudo, conflictos armados entre mercaderes rivales. Por otro lado, la piratería asolaba las rutas de comercio y representaba una forma de actividad lucrativa de vasto alcance. Los piratas japoneses, entre otros, eran un azote de los mercaderes que traficaban en el mar de la China y las islas de las especias.

De todos modos, desde comienzos del siglo XVI, cuando los portugueses y, más tarde, holandeses, franceses e ingleses afirman su presencia en Oriente, aparece el claro contraste entre las formas europeas y orientales de organización del comercio internacional. Mientras no pudieron imponer su organización por la fuerza los mercaderes europeos se adaptaron a la predominante en Oriente y compartieron pacíficamente con chinos, persas, indios y musulmanes el tráfico de especias y otros bienes objeto de comercio. En cambio, entre portugueses, ingleses, holandeses y españoles, la competencia en Oriente y en los otros escenarios del comercio internacional fue siempre salvaje y, a menudo, literalmente a muerte.

El capitalismo mercantil europeo llevaba en su seno un formidable potencial de transformación. Un rasgo importante del sistema emergente fue su capacidad de ubicuidad de recursos en los zonas más lucrativas dentro del espacio europeo. Esto fue cierto por lo menos hasta la consolidación de los estados nacionales, fundamentalmente de Inglaterra y Francia, a partir del siglo XVI. Hasta entonces, los banqueros y mercaderes italianos cumplieron un papel importante en el desarrollo de las nuevas oportunidades abiertas por la expansión de ultramar de Portugal y España. Particularmente en la producción azucarera en Algarbe y en los archipiélagos de las islas Azores y Canarias. Pisanos, genoveses y venecianos aportaron capitales y, sobre todo, su capacidad de organización de recursos para la producción y el establecimiento de redes comerciales. Estos mercaderes contribuyeron al progresivo desplazamiento del polo hegemónico del comercio internacional desde el Mediterráneo oriental hacia el Atlántico. Se anticiparon, pues, a la caída de Constantinopla en manos de los turcos, la consolidación del Imperio safévida en Persia, a las nuevas fronteras abiertas por la epopeya portuguesa y, finalmente, al descubrimiento y conquista de América. Sin embargo, esta presencia pionera de los mercaderes y banqueros de las ciudades comerciales italianas fue perdiendo importancia a partir del siglo XVI con la consolidación de los estados nacionales de las emergentes potencias atlánticas.[14]

En ninguna otra de las grandes civilizaciones fuera de Europa, los mercaderes y banqueros cumplieron una función de semejante trascendencia en la organización de recursos y la apertura de nuevos cauces al desarrollo económico.

---

[14] Véase las referencias sobre la presencia pionera de mercaderes italianos en España y Portugal en I. Wallerstein, *The Modern World System (I)*, San Diego, Academic Press Inc., 1974, p. 49. Trad. esp. *El moderno sistema mundial*, 2 volúmenes, Madrid, Siglo XXI, 1984.

Moneda y crédito

El aumento del comercio y de las ganancias multiplicó la demanda de dinero. Éste cumplía funciones cada vez más importantes para el desarrollo del sistema, a saber: medio de pago, instrumento de la acumulación y unidad de valor de las transacciones en el mercado.

El comercio era el principal destinatario del crédito. La banca participaba de los beneficios del comercio tanto cuando compartía directamente el negocio como cuando lo hacía a través del interés y de bonificaciones compensatorias de los riesgos. Al mismo tiempo, el financiamiento de los príncipes, los emergentes estados nacionales y sus fuerzas armadas demandaban mayores medios de pagos y de crédito. Lo mismo sucedía con la monetización de las relaciones feudales y el creciente pago en dinero, en vez de especies, de los tributos señoriales. Desde los inicios del segundo milenio, el aumento de la demanda de dinero promovió el desarrollo de la actividad financiera. Nuevos instrumentos de crédito, cancelación de pagos y compensación de saldos, dieron lugar a la formación de casas bancarias y de redes de cambistas que manejaron recursos crecientes. Éstos cumplieron funciones cada vez más importantes en la acumulación de capital reproductivo.

Las primeras casas bancarias y nombres famosos de financistas (Médici, Tolomei, Folcachieri, Bardi, Strozzi) aparecen en Venecia, Siena y Florencia. En el norte, vinculado al desarrollo del comercio de las ciudades hanseáticas, se verificó un desarrollo comparable de la actividad financiera. La casa de los Fuggers ilustra acerca de la importancia creciente de los banqueros en el territorio del Sacro Imperio Romano Germánico y en el norte de Europa.

Aparte de la fraudulenta degradación del contenido de oro y

plata de las monedas, las únicas dos vías de aumentar la oferta de dinero eran la producción de metales preciosos y el superávit comercial. En la Baja Edad Media, la oferta de metales preciosos en Europa tenía dos orígenes principales: la producción de plata de las minas de Serbia, Bosnia, Sajonia, Bohemia y Hungría, y el oro proveniente de los yacimientos africanos localizados en el territorio del Imperio malí (actual República del mismo nombre). A mediados del siglo XV la producción de Europa central aumentó considerablemente por la mejora técnica en los procesos de perforación, drenaje y ventilación de las minas. Sin embargo, la caída de Constantinopla en 1452 y la ocupación turca de la mayor parte de aquellos territorios interrumpió esta fuente de abastecimiento de plata.[15]

Braudel estima que, en vísperas del descubrimiento de América, el volumen total de moneda en circulación en Europa alcanzaba a 5 mil toneladas de oro y 60 mil toneladas de plata.[16] Como la paridad oro-plata era, hacia la misma época, de alrededor de 1 a 10, la plata contribuía con el 25% del valor del *stock* de monedas. Considerando que las ocupaciones de subsistencia representaban alrededor de dos tercios de la actividad económica, la relación entre los metales preciosos amonedados y el producto era elevada. Sin embargo, la velocidad de circulación del dinero era en aquel entonces muy baja. De este modo, hacia fines del siglo XV, la liquidez era seguramente insuficiente para satisfacer la demanda de dinero estimulada por la expansión comercial, el desarrollo de las finanzas y la demanda de crédito de reyes y príncipes. La conquista de América trastocaría esta situación en el transcurso del siglo XVI.

---

[15] *Ibid.*, p. 39.
[16] F. Braudel, *El Mediterráneo...(I)*, ob. cit., p. 599.

La segunda fuente de metales preciosos era el superávit que las ciudades mercantiles y los emergentes estados nacionales procuraban realizar en su comercio internacional. Sin embargo, existía un déficit estructural en el comercio de Europa con Oriente. En China, India, Persia y el Imperio otomano, existía una baja demanda por los textiles y otras manufacturas de origen europeo, cuyos precios y calidad eran inferiores a las producidas en Oriente. Dado los costos de transporte, tampoco existía una demanda significativa por los cereales y diversos productos primarios que componían parte principal de las exportaciones de Europa. Ésta, en cambio, registraba una demanda creciente por las especias, joyas, sedas y otros bienes suntuarios, fabricados en las sofisticadas civilizaciones orientales. "La relación de Europa con Asia se resumía en el intercambio de preciosidades. Los metales preciosos iban hacia el este para decorar templos, palacios y el vestuario de las clases aristocráticas; las joyas y especias seguían el camino inverso."[17] El déficit europeo debía representar entre un tercio y la mitad del valor total de las importaciones provenientes de Oriente y se saldaba con la exportación de metales preciosos. La situación se prolongó durante la mayor parte del Primer Orden Económico Mundial. Desde la llegada de los portugueses a principios del siglo XVI y, más tarde, de los mercaderes holandeses, ingleses y franceses, la carga que transportaban los navíos europeos a Oriente era principalmente metales preciosos.

Este drenaje continuo de metales preciosos hacia Oriente obedecía a factores estructurales y era incorregible por decisiones de política comercial. Este hecho contribuyó a hacer aún más violenta y agresiva la relación comercial entre las mismas ciudades y emergentes potencias comerciales europeas. Éstas

---

[17] I. Wallerstein, ob. cit., p. 41.

trataban de compensar la corriente de oro y plata hacia Oriente excluyendo de sus mercados internos a los competidores europeos y dominando por la violencia las rutas comerciales.

Salvo en el caso del financiamiento del comercio con Oriente, el aumento de la oferta de dinero no era importante por el aumento de la capacidad de importar sino, principalmente, por su aptitud de impulsar el proceso de acumulación y transformación productiva al interior de las economías nacionales. Nada semejante ocurrió en el resto del mundo. En China, India, el Imperio otomano y el Imperio safévida en Persia, la actividad comercial promovió la formación de intermediarios financieros y la creación de medios de pago e instrumentos de crédito. Pero el desarrollo de la actividad financiera no alcanzó en ningún lado un desarrollo comparable al de Europa. La diferencia se advierte en la distinta función que cumplían los metales preciosos. En Europa se destinaban, en parte, al gasto suntuario. Pero el oro y la plata eran, asimismo, la base de la ampliación de la oferta de dinero y del financiamiento del déficit comercial con Oriente. En éste el aumento del *stock* de metales preciosos no se destinaba primordialmente, como en Europa, a expandir las bases de la acumulación de capital reproductivo y del capitalismo mercantil. Su destino principal eran el atesoramiento, la fabricación de joyas y la decoración de templos y palacios.

En Oriente, la actividad financiera cumplió un papel secundario en la actividad económica y en el sistema de poder. En cambio en Europa, hacia el año 1500, comenzaba a jugar un papel decisivo en el financiamiento de la expansión de ultramar, la conquista y la organización de empresas comerciales.

Fuentes y usos de recursos

El desarrollo de la actividad mercantil desde los inicios del segundo milenio y la consolidación progresiva de las ciudades como centros de actividad artesanal, comercial y financiera transformaron progresivamente las fuentes de generación del producto y del ahorro, y el destino de la acumulación de capital. Al mismo tiempo, la introducción de mejoras técnicas en la agricultura (rotación de cultivos, el empleo de caballos, riego, fertilizantes, etc.) y la diversificación de la producción con el desarrollo de la ganadería y la horticultura permitieron un aumento de la productividad. El incremento del ingreso rural estimuló el crecimiento demográfico y permitió una mejora de los niveles de consumo de los campesinos, alimentar a la creciente población de las ciudades y elevar los tributos pagados a los propietarios territoriales y los príncipes.

Hacia el siglo XV el ahorro se sustentaba en la mayor producción agrícola y en los beneficios generados por la producción artesanal, comercial y financiera de las ciudades. Al mismo tiempo, el destino de ese ahorro había experimentado cambios trascendentales.

Los recursos disponibles de la nobleza seguían destinándose a las inversiones tradicionales del universo precapitalista. En las ciudades, la nueva riqueza de los mercaderes, banqueros y artesanos ricos se destinaba en buena parte también a la construcción de palacios e iglesias como lo atestiguan, por ejemplo, el desarrollo edilicio de Florencia, Venecia y otras ciudades italianas durante el Renacimiento. Pero parte principal del ahorro urbano (probablemente entre un tercio y la mitad del total) se destinaba a la acumulación de capital reproductivo.

Aun cuando la actividad agropecuaria generaba alrededor del 75% del producto total, el ahorro urbano contribuía sustancialmente a la acumulación capitalista. De todos modos, parte del incremento del excedente agrícola disponible por los propietarios territoriales y los campesinos más prósperos, probablemente se destinara también a los mismos fines. Por otra parte, uno de los rasgos del ascenso social de la nueva clase de mercaderes y banqueros era la adquisición de tierra y la compra de títulos de nobleza. Seguramente esto contribuyó a la difusión de técnicas de explotación capitalista en la actividad primaria y a la gestación, dentro del sector, de procesos de acumulación reproductiva.

Dado el nivel de la tecnología disponible en la producción primaria y en las manufacturas la demanda de máquinas y equipos era relativamente pequeña. Toda la producción de bienes era trabajo intensivo. La productividad dependía más de la habilidad de agricultores y artesanos que de la disponibilidad de máquinas y equipos. Las inversiones de infraestructura en caminos y puentes eran también reducidas. Una excepción importante se registraba en los Países Bajos en donde la reclamación de tierras al mar y las obras de irrigación demandaron inversiones significativas. "Los pocos ejemplos de producción de capital intensivo que existían en la Europa medioeval eran los que estaban asociados con los trabajos de la minería, la metalurgia, la construcción de barcos [...] y los molinos (de viento y agua, para la producción de harinas, cerveza, aceite y las industrias metalúrgica y textil)."[18]

El comercio internacional era el destino principal de la acumulación capitalista. Las inversiones fijas incluían las realizadas en muelles y galpones para la carga, descarga y depósito de mercaderías. Más importante aún era la inversión en astilleros y la construcción de navíos para el transporte del creciente vo-

[18] R. Roehl, ob. cit., pp. 144-145.

lumen del comercio de ultramar. Sin embargo, el capital de explotación, circulante o de trabajo, era el principal componente de las inversiones. Esto incluía las mercaderías en tránsito, los depósitos en los galpones en los puertos de embarque y llegada, los salarios pagados y las materias primas empleadas durante la producción de textiles y otros bienes exportables. Hacia 1500, el capital circulante representaba probablemente el 50% de la acumulación total de capital reproductivo.

El capitalismo mercantil y el poder político

La formación de nuevas fuentes de recursos y de poder a través de la acumulación mercantil, transformó radicalmente la relación entre los agentes económicos y el poder político. Los reyes y príncipes encontraron nuevos recursos para el sostenimiento de sus cortes y, sobre todo, el financiamiento de sus fuerzas armadas y aventuras militares.

Esta nueva relación entre la actividad comercial y financiera era un camino de doble mano. El nuevo poder económico de las ciudades respaldaba al poder político pero, a su vez, éste debía apoyar la expansión de la actividad mercantil.

Dado las características monopólicas, proteccionistas y agresivas del comercio internacional europeo, su desarrollo era imposible sin el pleno respaldo del poder político y de la fuerza. Se crearon así lazos cada vez más estrechos entre los príncipes, mercaderes y banqueros. El poder político y el financiamiento de la guerra pasó a depender crecientemente de la participación pública en las ganancias del comercio y del crédito de los banqueros. Al mismo tiempo, el desarrollo del comercio dependía de la concesión de privilegios monopólicos y del apoyo de la fuerza para destruir a los competidores.

La progresiva simbiosis entre la actividad comercial y financiera y la esfera política convirtió al desarrollo de la primera en una cuestión de Estado. La política comercial, como una de las cuestiones centrales del ejercicio de la política y del poder es, estrictamente, un invento europeo. El mercantilismo fue la política comercial de las emergentes potencias europeas que predominó desde la Baja Edad Media y a lo largo de todo el Primer Orden Económico Mundial. Sus alcances excedieron el ámbito comercial y abarcaron, de hecho, todas las áreas que comprende la política económica.

El principio de que un país empobrece si registra un déficit comercial y enriquece con el superávit tenía raíces profundas en el proceso real de la producción, el comercio y la acumulación de capital. La función central de la política pública para el desarrollo del sistema reflejaba, asimismo, la creciente interrelación entre el poder político y los intereses emergentes vinculados a la expansión del comercio internacional.

Max Weber resume así la cuestión: "Mercantilismo significa el paso de la empresa capitalista de utilidades a la política. El Estado es tratado como si constara única y exclusivamente de empresas capitalistas; la política económica exterior descansa en el principio dirigido a ganar la mayor ventaja posible del adversario: a comprar lo más barato posible y a vender a precios mucho más caros. El objeto consiste en reforzar el poder de dirección del Estado hacia afuera. Mercantilismo significa, pues, formación moderna del poder estatal, directamente mediante aumento de los ingresos del príncipe e, indirectamente, mediante aumento de la fuerza impositiva de la población". Y más adelante: "el mercantilismo estaba en conexión directa con la política de poder del sistema, es decir, el del mayor aumento posible de la población, la creación de posibilidades de exportaciones y de productos que comprendían un máximo de mano de obra del país, o sea, de bienes acabados y no de materias primas".[19] Nada comparable sucedía en la actividad comercial del Medio y Extremo Oriente. En las grandes civilizaciones fuera de Europa, la actividad mercantil tenía débiles lazos con la esfera política y militar. Esta seguía descansando primordialmente en el poder tangible fundado en el espacio territorial y los tributos directos de los productores del campo y las ciudades. Fuera de Europa, el comercio internacional no era una cuestión principal de Estado. En consecuencia, no podría hablarse de políticas de comercio de la dinastía Ming en China, el Imperio moghul en India, el Imperio otomano en el Mediterráneo oriental o el Imperio safévida en Persia.

Cuando se acelera el surgimiento de Europa alrededor de 1500, los pueblos cristianos ya tenían un comportamiento muy distinto del de las otras grandes civilizaciones. Se habían trazado un proyecto de dominación de alcances planetarios y disponían de los recursos humanos, técnicos y materiales para ponerlo en marcha. Contaban con un fervor religioso asociado a los objetivos materiales, un sector dinámico centrado en el capitalismo mercantil y una asociación cada vez más estrecha entre el poder político y los grupos económicos emergentes. A lo largo de su desarrollo, el Primer Orden Mundial movilizó nuevos factores de crecimiento y fuentes más sutiles y complejas de formación del poder nacional. La nueva etapa planteaba, al mismo tiempo, nuevos desafíos al desarrollo político y a la organización social e institucional de los pueblos europeos.

---

[19] Max Weber, *Economía y sociedad*, ob. cit., pp. 1053-1054.

Las potencias atlánticas

En el transcurso del siglo XV, un pequeño país con un territorio de menos de 100 mil km² y una población que no alcanzaba a dos millones de personas fue protagonista de una de las mayores epopeyas de la historia. Portugal inició la expansión de ultramar de los pueblos cristianos de Europa y sentó las bases fundacionales del Primer Orden Económico Mundial. La gesta portuguesa comenzó a principios del siglo XV. En 1415 el rey João I armó una fuerza expedicionaria compuesta por 200 navíos y 20 mil hombres para la conquista de Ceuta. Este esfuerzo gigantesco, dado los recursos materiales y humanos del país, fue el anticipo de la audacia y los alcances de la descomunal empresa portuguesa. Los objetivos de João I fueron dominar las corrientes comerciales del norte de África con la Península Ibérica y controlar la navegación entre el mar Mediterráneo y el océano Atlántico a través del estrecho de Gibraltar. En su contenido religioso, la expedición a Ceuta formó parte de la cruzada de los pueblos cristianos contra el Islam. El príncipe Enrique (1394-1460) se distinguió en esa campaña militar. Después de la batalla, su padre lo armó caballero en la antigua mezquita conquistada para el culto cristiano.

Los portugueses no lograron consolidar su posición en el norte de África. En 1437 sufrieron una severa derrota en Tanger y su presencia quedó confinada a la región de Ceuta. Este contraste no desalentó los proyectos expansionistas de Portugal. Con el liderazgo del príncipe Enrique, la corona portuguesa comenzó a organizar expediciones cuyo destino era encontrar, por vía marítima y navegando hacia el sur y el este, nuevas rutas para el comercio con Oriente.

El infante Enrique, que no volvió a viajar al exterior después de acompañar a su padre en la campaña de Ceuta, se rodeó del conocimiento más avanzado de su tiempo. Científicos, cartógrafos e ingenieros navales, sin distinción de credos (cristianos, musulmanes y judíos) inventaron nuevos instrumentos de navegación, construyeron carabelas y naos, trazaron cartas marítimas y mapas, y aportaron nuevas informaciones sobre los vientos y las corrientes marítimas. El avance progresivo y sin pausa de las naves portuguesas a lo largo de la costa de África occidental abrió bien pronto el acceso a nuevas riquezas. En 1425, los portugueses comenzaron el poblamiento de la isla de Madeira; en 1427 descubrieron el archipiélago de las islas Azores; en 1434 alcanzaron el cabo Bojador; en 1461 ocuparon las islas de Cabo Verde; y en 1472 la isla de Fernando Poo en el golfo de Guinea.[20]

El comercio con el litoral Atlántico de África fue muy lucrativo. Los portugueses obtenían oro, marfil, pimienta y pieles a cambio de tejidos, armas y herramientas. Por su intermedio, el comercio de azúcar y el tráfico de esclavos alcanzaron proporciones desconocidas hasta entonces. El protagonismo de Portugal se debilitó en el curso del siglo XVI, pero el azúcar y la esclavitud ejercerían un papel decisivo en la formación y desarrollo del Primer Orden Mundial.

En Europa occidental, hasta el siglo XIV, el azúcar era un producto de lujo y muy escaso que provenía de Oriente y África. La posibilidad de utilizar mano de obra esclava en las tierras calientes de Algarve en Portugal, de Andalucía en España y del norte de África abrió la posibilidad del desarrollo de plantaciones de azúcar. Más importante fue la conquista de los archipiélagos de las islas Azores y las Canarias, y las islas de Fernando Poo y São Tome en el golfo de Guinea. Con la activa participa-

---

[20] Comissariado de Portugal para a Exposição Universal de Sevilha, *Portugal e os descobrimentos*, Lisboa, 1992.

ción de mercaderes y banqueros genoveses y con el empleo de esclavos africanos, las islas portuguesas en el océano Atlántico se convirtieron rápidamente en la principal fuente de suministro de azúcar. Antes de 1470 el azúcar producido en la isla de Madeira se vendía en Flandes, Inglaterra y otros mercados europeos. La producción de caña, la refinación y el comercio de azúcar, dio lugar al desarrollo de la primera actividad capitalista en gran escala totalmente volcada al comercio internacional. Fue también la primera empresa transnacional. Los comerciantes y banqueros genoveses y florentinos tuvieron una activa participación en las inversiones en las plantaciones, la organización de la producción y la comercialización del azúcar en los mercados europeos. Hacia fines de siglo, las islas Canarias, bajo dominio español, fueron incorporadas al circuito azucarero con la intervención, también, de mercaderes y financistas italianos.

A mediados del siglo XV, la captura y el comercio de esclavos era ya una actividad establecida. Al tiempo de la llegada de los portugueses, preexistía entre las culturas africanas la captura de seres humanos para su venta como esclavos. Los portugueses convirtieron rápidamente esta actividad en una importante fuente de lucros. En las últimas décadas del siglo XV, desde el golfo de Guinea y la región dominada por el castillo de São Jorge de Mina, los traficantes portugueses enviaban anualmente a la metrópoli 400 kilos de oro y alrededor de mil esclavos.

La coincidencia de la expansión portuguesa en el litoral de África y la ocupación por Castilla y Aragón de las islas Canarias agravaron los conflictos en la Península Ibérica. En 1479 el Tratado de Alcacovas entre los reyes Católicos y el rey Alfonso V, reconoció el dominio español sobre las Canarias y reservó la exclusividad de las exploraciones, debajo de un paralelo al sur de las mismas, a la corona portuguesa.

Al mismo tiempo, mientras los descubrimientos y expansión comercial portuguesa estaban en pleno desarrollo se produjo un acontecimiento que tendría una enorme influencia en el curso posterior de los hechos. Cristóbal Colón había llegado a Portugal en 1476, a los 25 años de edad, casado con una dama portuguesa allegada a la casa real y dispuesto a poner en práctica su proyecto de llegar a la India, es decir Oriente, navegando hacia el oeste. Colón amplió su experiencia participando en viajes de naves portuguesas a Madeira y el litoral africano hasta el golfo de Guinea. En estas travesías el navegante genovés incorporó el conocimiento más avanzado disponible de náutica astronómica, régimen de los vientos y las corrientes marítimas. En algún momento de 1484 Colón se entrevistó con el rey João II y solicitó su respaldo para armar una flota que abriera los mercados de Oriente y difundiera la fe cristiana, por una ruta distinta a la que los portugueses venían transitando con tanto éxito desde hacía más de medio siglo. El navegante genovés no tenía una estima acertada de las distancias a recorrer y su propuesta tenía un alto componente de fantasía e incerteza. Los portugueses estaban alcanzando logros reales y lucrativos con su estrategia de explotar el litoral africano y las islas del océano Atlántico. Estaban, además, muy cerca, faltaba apenas una década, para llegar a Oriente circunnavegando el extremo septentrional de África. Dado las circunstancias, la negativa de la corona portuguesa a respaldar el proyecto de Colón fue una resolución prudente y sensata.

La decisión de Isabel de Castilla de apoyar el proyecto de Colón desestimado por la corona portuguesa permitió a España, cuya expansión de ultramar se limitaba hasta entonces a la ocupación del archipiélago de las islas Canarias, descubrir el Nuevo Mundo y liderar la empresa inmediata de la conquista. Poco después del primer viaje de Colón los estados ibéricos llegaron a un nuevo acuerdo, el Tratado de Tordesillas (1494), que sustituyó la línea demarcatoria trazada por un paralelo sur de las islas Canarias por la de un meridiano a trescientos setenta leguas al oeste de las islas Azores. A fines del siglo XV, España se incorporó decididamente al proceso de expansión de ultramar abierto por los portugueses casi siete décadas antes. Las dos naciones ibéricas asumieron así el liderazgo inicial de la expansión europea de ultramar y la formación del Primer Orden Económico Mundial.

En la última década del siglo XV, Cristóbal Colón (1451-1506) desembarcó en la isla Guanahani del archipiélago de las Bahamas y Vasco da Gama (1460-1524) fondeó su nave insignia, el *San Gabriel*, frente a Calicut en la costa sudoccidental de la India. Cien españoles y 170 portugueses culminaron así, el 12 de octubre de 1492 y el 20 de mayo de 1498 respectivamente, el período de exploraciones y descubrimientos iniciado por Portugal a principios del siglo. Ellos fueron los adelantados que pusieron en práctica la nueva visión del mundo dominante entonces en los pueblos cristianos de Europa. Esa visión era radicalmente distinta de la prevaleciente en la Antigüedad y la Alta Edad Media y, por cierto, de la predominante hacia 1500 en las otras grandes civilizaciones del Cercano y Extremo Oriente. Ellos fueron también los adelantados de un proyecto inédito de dominación a escala planetaria.

La ubicación geográfica de Portugal y España contribuye a explicar su liderazgo inicial en los descubrimientos, la exploración y la conquista. La Península Ibérica se convirtió en una privilegiada plataforma de lanzamiento para la expansión de ultramar. Pero los navegantes ibéricos fueron sólo los adelantados de un proceso más amplio de expansión de los pueblos cristianos de Europa, que culminaría con el alumbramiento del Primer Orden Mundial.

En el transcurso el siglo XV se fue produciendo un progresivo desplazamiento del centro de gravedad del comercio internacional de Europa desde el Mediterráneo oriental y las ciudades italianas sobre los mares Tirreno y Adriático hacia el océano Atlántico. Este cambio obedeció, inicialmente, a la mejora de los navíos y a la rebaja de los fletes marítimos para el comercio entre el mar Mediterráneo y los mares del Norte y Báltico. La presencia portuguesa en la costa occidental de África, el creciente desarrollo de la producción de azúcar en los archipiélagos de las islas Azores y de las Canarias, y la apertura de nuevas fuentes de suministros de oro, especias y esclavos reforzaron el proceso. Finalmente, la llegada a Oriente de las naves europeas circunnavegando el cabo de Buena Esperanza y el descubrimiento y conquista de América consagraron el protagonismo de las costas del Atlántico en el comercio europeo. De este modo, Lisboa, Sevilla, Cádiz y otros puertos españoles y portugueses adquirieron una importancia creciente y fueron asiento de la radicación de comerciantes y banqueros italianos, alemanes y flamencos.

Portugal y España, en primer término y, poco después, Holanda, Inglaterra y Francia, es decir las potencias con acceso al océano Atlántico, asumieron el liderazgo de la expansión europea de ultramar a lo largo del Primer Orden Económico Mundial.

Parte 2
EUROPA: LAS NUEVAS FRONTERAS DEL CONOCIMIENTO, EL CISMA RELIGIOSO Y LOS CAMBIOS POLÍTICOS

IV. Ciencia y tecnología

ENTRE LOS SIGLOS XVI y XVIII la ciencia registró un extraordinario avance. En el transcurso de las tres centurias del Primer Orden Mundial se sentaron la fundaciones del método científico moderno y de las principales ramas del conocimiento: matemática, cálculo, astronomía, óptica, física, magnetismo, electricidad y medicina. Recién en el siglo XX, con los avances en la física nuclear y en la biología, emergen contribuciones de trascendencia comparable.

En aquel período se establecieron también las bases de la actividad y la cooperación científicas. La creación de universidades, laboratorios, sociedades y bibliotecas multiplicaron las vías de difusión de la información y los contactos entre los creadores de conocimiento. Desde su mismo inicio, la ciencia y los científicos fueron auténticamente europeos. Los mayores creadores, investigaron y difundieron sus ideas en los principales centros de excelencia de Italia, el espacio germánico, Inglaterra, Francia y los Países Bajos. Sólo a fines del siglo XVIII se incorpora una figura relevante de la periferia pero también de raíces europeas: el norteamericano Benjamin Franklin.

El conocimiento acumulado a lo largo de los siglos por los sabios y tecnólogos chinos, árabes, persas e indios fue transferido sin regalías ni patentes a los pueblos cristianos de Europa. Esta transferencia fue una de las bases fundacionales del Renacimiento. Desde entonces, la ciencia y la tecnología europeas dejaron de ser tributarias de las otras civilizaciones e iniciaron su despegue autónomo.

La aplicación del conocimiento científico a la producción de bienes y servicios en los tres siglos del Primer Orden Mundial, fue relativamente modesta. Sin embargo, el desarrollo tecnológico cumplió una función decisiva en tres áreas fundamentales: la difusión de la revolución cultural, la guerra y la navegación. En los tres campos se registraron avances tecnológicos que promovieron la redistribución del poder dentro de Europa y posibilitaron la expansión de ultramar de los pueblos cristianos. Esos avances fueron la imprenta, la artillería con pólvora y los nuevos navíos y conocimientos marinos. En los otros terrenos, la brecha entre ciencia y tecnología fue removida sólo a partir del siglo XIX, bajo el impacto de la Revolución industrial.

La Revolución científica

El extraordinario avance del conocimiento científico durante el Primer Orden Mundial procedió en dos grandes ciclos de descubrimientos y formación de nuevas concepciones sobre el mundo físico y el hombre. El primero abarca desde mediados del siglo XVI hasta mediados del XVII. El segundo, desde esta última época hasta fines del siglo XVIII.

El *primer ciclo*. Abarca a científicos y filósofos que ampliaron las fronteras del conocimiento y fundaron las bases del método científico. Los avances pioneros se registraron en el norte de Italia en donde actuaban los arquitectos e ingenieros técnicamente más competentes de Europa. Ellos combinaron el método cuantitativo y experimental con la matemática para resolver problemas prácticos de la construcción de palacios y catedrales y, también, del lanzamiento de proyectiles, fortalezas y equipamiento militar y naval. Leonardo da Vinci (1452-1519) expresa el espíritu universal del hombre del Renacimiento y su vocación de combinar todas las ramas del saber en una comprensión abarcativa del mundo real y del hombre. De esos aportes emergieron deducciones sobre las leyes de comportamiento del mundo físico que influyeron decisivamente en los posteriores avances de la ciencia.

Pero fueron, en primer lugar, los británicos quienes gestaron la primera interacción sistémica y trascendente entre los hombres prácticos (navegantes, herreros, forjadores, artesanos, ingenieros, agricultores) y los creadores de teorías científicas. En Inglaterra, Francis Bacon (1561-1626), *lord* canciller bajo Jacobo I, era filósofo antes que científico. Sin embargo, fue de los primeros pensadores en comprender el papel histórico de la ciencia y su importancia para el hombre. Sus aportes fundaron el método experimental apoyado en la vinculación entre los investigadores, ingenieros y los artesanos, es decir "el verdadero enlace entre las capacidades empíricas y racionales, cuya desgraciada separación ha provocado tanta confusión en la familia humana".[1] Bacon identificó la interdependencia de la reflexión teórica y de la tecnología. Este enfoque provocó un impacto profundo durante el Primer Orden Mundial pero alcanzaría una trascendencia revolucionaria sólo a partir de la Revolución industrial.

La visión de Bacon era esencialmente experimental e inductiva. Este enfoque sentó una de las grandes tradiciones del método científico. La otra se apoya en las contribuciones del francés René Descartes (1596-1650). En contraposición con el énfasis en los datos empíricos, Descartes privilegió el método deductivo y matemático. A principios del siglo XVII la matemá-

---

[1] Citado en S. F. Mason, *A History of the Sciences,* Nueva York, Collier Books, 1962, p. 141. Trad. esp. *Historia de las ciencias,* Madrid, Alianza.

tica había consolidado su importancia como instrumento de análisis. Sus aplicaciones fueron en la mecánica antes que en la astronomía. La ampliación de las fronteras del conocimiento y de la libertad influyeron, en primer lugar, en Bacon y en Descartes. En aquél, para fundamentar su método experimental. En éste, para enfatizar la reflexión deductiva y el papel de la matemática en la investigación de las leyes del mundo físico. A mediados del siglo XVII estaba definitivamente consolidada la convergencia de ambos enfoques como fundamentos del método científico del mundo moderno.

El debate metodológico se proyectó a la investigación cuyas tres figuras dominantes en el período son Kepler, Galileo y Harvey. El astrónomo y matemático alemán Johann Kepler (1571-1630), profesor de las universidades de Tubingia y Praga, procuró conciliar la tradición teológica con la teoría copernicana sobre el sistema solar y el lugar de la Tierra en el mismo. Kepler clarificó la configuración espacial del sistema solar y abrió las fronteras para la comprensión del universo en términos del equilibrio dinámico de fuerzas mecánicas. Galileo Galilei (1564-1642), profesor de las universidades de Padua, Pisa y Florencia, aplicó la matemática para investigar las fuerzas de gravedad, el comportamiento de los cuerpos celestes y la balística. Empleando las nuevas lentes desarrolladas por artesanos holandeses, aplicó la óptica para la observación astronómica. Las contribuciones de Kepler y Galileo terminaron por demoler la tradición cosmológica ptolemeica y de consolidar definitivamente la teoría copernicana. Las sanciones de la Inquisición contra Galileo revelaron el conflicto profundo entre el pensamiento teológico y el mundo real. Esta pugna contribuye a explicar la Reforma y el alzamiento contra la autoridad de la Iglesia.

Los pioneros de la Revolución científica y la Reforma protestante rechazaron la concepción jerárquica y geocéntrica del universo y se empeñaron en compatibilizar los nuevos conocimientos con la creencia en Dios y los fundamentos del cristianismo. La ausencia de la Inquisición en los países en que se difundió la Reforma protestante eliminó o, por lo menos, debilitó las restricciones impuestas a la investigación por el dogmatismo religioso. Según Mason,[2] el predominio de los científicos de credo protestante sobre los católicos en el período obedeció a tres causas principales, a saber: la compatibilidad entre las posturas iniciales del protestantismo con la actitud científica, el empleo de la ciencia para alcanzar objetivos religiosos y la convergencia de la concepción cósmica de la teología protestante con los hallazgos de Copérnico, Kepler y Galileo.

En los primeros tiempos de la Reforma los protestantes alemanes y suizos predicaron el rechazo de la autoridad de los sacerdotes católicos y la búsqueda de la verdad espiritual en la propia experiencia religiosa. El mensaje de la Biblia debía ser interpretado por cada uno y la verdad encontrada en la propia experiencia empírica. En la historia de la Royal Society inglesa, publicada en 1667 por Thomas Sprat, se destacaba el "acuerdo que existe entre los objetivos de la Royal Society y los principios fundacionales de nuestra Iglesia" (anglicana).

A principios del siglo XVI, en medicina y biología el enfoque espiritualista y romántico alemán ejercía considerable influencia. La fuerza vital que se expresaba en la actividad de la mente humana, penetraba también el mundo físico. Según este enfoque no existe la materia inerte y cada cuerpo deriva su comportamiento de su fuerza vital interna no de fuentes externas de energía. El médico y químico suizo Paracelso (1493-1541) integró la alquimia heredada del Medioevo con los nuevos conoci-

2 *Ibid.*, p. 175.

mientos químicos y la medicina para fundar una nueva disciplina denominada iatroquímica. El carácter místico y precientífico de este enfoque convergió con el vitalismo y romanticismo alemán y desembocó, más tarde, en aportes innovadores fundados en el estudio de los animales vivos, su morfología y la teoría de la célula. Pero estos avances tendrían lugar recién a partir de fines del siglo XVIII.

Mientras tanto, la actitud indagadora se esparció desde el mundo físico hacia la biología y la medicina. La aplicación de los métodos de una disciplina a la otra fue un rasgo dominante del desarrollo científico del período. Así como también la estrecha interacción entre los investigadores de las diversas disciplinas en todo el ámbito europeo. El nuevo enfoque confirió al corazón y la sangre la posición dominante en el cuerpo humano que el Sol ejercía en el sistema heliocéntrico. Los aportes de médicos y biólogos culminaron con el inglés William Harvey (1578-1657), médico de Carlos I de Inglaterra, que incorporó a la medicina el enfoque sistémico de la mecánica y estableció la teoría de la circulación de la sangre. En su concepción, el corazón, las venas y las arterias constituían un sistema mecánico para el transporte de la sangre.

Es comprensible que las mayores contribuciones de este primer ciclo de la Revolución científica del Primer Orden Mundial se verificaran en la astronomía, la óptica y la mecánica. En todos estos terrenos, la expansión de ultramar de los pueblos cristianos de Europa planteaba desafíos que no podían ser resueltos con los enfoques fundados en la tradición aristotélica y ptolomeica heredada del Medioevo. Era indispensable un conocimiento certero de la Tierra y el universo, del régimen de los vientos y de las corrientes marinas para aventurarse a los horizontes inexplorados del mundo que se abría a los mercaderes, marinos y aventureros europeos. Para abordar semejante empresa era imprescindible, también, mejorar los instrumentos y medios de la navegación. La convergencia de la curiosidad desatada por el Renacimiento con los desafíos planteados por la expansión planetaria de los pueblos cristianos de Europa provocó una explosión de genio y creatividad en la ciencia y en todos los planos de la cultura europea.

El *segundo ciclo*. Éste fue tanto o más trascendente que el primero. Los paradigmas dominantes de la ciencia moderna y las leyes que gobiernan el mundo físico terminaron de configurarse entre mediados del siglo XVII y fines del XVIII. Las leyes de la gravitación universal y la mecánica, el cálculo infinitesimal, el magnetismo, la electricidad, la embriología, la química orgánica e inorgánica fueron investigados y descubiertos en ese período.

El centro de gravedad de la investigación científica se fue desplazando desde sus primeras localizaciones en Alemania y el norte de Italia hacia las potencias atlánticas que estaban liderando la formación del Primer Orden Mundial: Holanda, Francia e Inglaterra. Ellas asumieron el liderazgo de la investigación científica y de sus aplicaciones tecnológicas. La investigación dejó de ser predominantemente una ocupación de investigadores profesionales y profesores universitarios. Fue incorporando, también, a funcionarios, empresarios, políticos y miembros de la nobleza. Es decir, la ciencia recibió nuevo impulso de hombres prácticos y pensadores ocupados en ampliar los conocimientos y, sobre todo, aplicarlos a la resolución de problemas concretos. Esta vinculación entre ciencia y tecnología, fundada en los principios promovidos por Francis Bacon, se constituyó en un nuevo y formidable factor endógeno del desarrollo y, consecuentemente, en un componente intangible de poder de creciente importancia.

Es comprensible que este contrapunto creativo *ciencia-tec-*

nología-producción-política se desarrollara principalmente en las regiones en que se había difundido la Reforma protestante. Influían no sólo los factores ideológicos antes apuntados. Al mismo tiempo, en Holanda, Inglaterra y parte de Francia se estaban verificando las mayores transformaciones políticas y los desarrollos de frontera en la agricultura, la industria, la administración del territorio y la navegación. A partir de la declinación de Portugal y España, aquellas potencias atlánticas habían asumido el liderazgo de la expansión planetaria de los pueblos cristianos europeos.

El desarrollo científico del *segundo ciclo* está dominado por la gigantesca figura de Isaac Newton (1642-1727). El profesor de la Universidad de Cambrige estableció los paradigmas dominantes de la ciencia moderna en la gravitación universal, mecánica, óptica, matemática, cálculo y astronomía. En los aportes de Newton convergieron los hallazgos de sus predecesores y contemporáneos. Sus hallazgos formaron parte de un período de extraordinaria actividad de investigadores formados en las mismas fuentes y en busca de respuestas a los mismos problemas.

En los principales centros de investigación de Europa se estaba produciendo una Revolución científica. Sus principales protagonistas mantenían estrechas relaciones de colaboración o competencia. Esto dio lugar a una agria disputa sobre la precedencia en los hallazgos científicos como la controversia entre Newton y Gottfried Wilhem Leibnitz (1646-1716) sobre la precedencia en el descubrimiento del cálculo infinitesimal. Leibnitz profesó en las universidades de Mainz, París, Londres y Hannover, y ejemplifica la amplitud de intereses de los grandes pensadores del período. En Leibnitz coexisten el filósofo, el teólogo y el hombre de ciencia, no sólo interesado en ampliar las fronteras del conocimiento del mundo físico y del hombre, sino en dar respuesta a las incógnitas fundamentales de la condición humana. Esta actitud confiere a las mayores figuras del período una proyección humanística que no está presente en fases posteriores, más especializadas, del desarrollo científico.

En Francia, la física newtoniana fue difundida y profundizada con el empleo del cálculo por Jean le Rond D'Alambert (1717-1783), Joseph Luis Lagrange (1736-1783) y Pierre Simon Laplace (1749-1827). Otro científico francés, Antoine Lavoisier (1743-1794), sentó las bases de la química moderna y el alemán Caspar Friedrich Wolff (1738-1794) de la embriología. Hacia fines del Primer Orden Mundial estaba consolidado el paradigma de la ciencia moderna en las principales ramas del conocimiento. Todos los principales investigadores eran europeos con una excepción importante.

Era la del norteamericano Benjamin Franklin (1706-1790) cuyas investigaciones sobre la electricidad y el magnetismo y su invención del pararrayos lo habían convertido en una celebridad en las cortes de Gran Bretaña y Francia y en los medios científicos europeos. En la mejor tradición británica, coexistían en él la actitud analítica y experimental con la capacidad de aplicación práctica de los descubrimientos y de difundirlos por diversos medios, incluyendo su célebre almanaque *Poor Richard*. Su ocupación como imprentero y publicista no iba en zaga de su actividad científica. La notoriedad de Franklin era premonitoria de la emergencia de los futuros Estados Unidos de América como nueva potencia mundial. Sobre la base de transformaciones gestadas durante el período colonial convergieron en ese país la expansión territorial y el aumento de la población con fuerzas endógenas del desarrollo, entre las cuales, los aportes científicos y tecnológicos de Franklin eran un ejemplo. Esta combinación de factores tangibles e intangibles del poder, en el creciente espacio norteamericano, comenzó a ganar impulso desde fines del Primer Orden Mundial.

El desarrollo institucional de la ciencia

Durante los tres siglos del Primer Orden Económico Mundial, la formación de grupos y sociedades científicas estuvo localizada en los principales centros de excelencia. Como en otros campos de la cultura, los italianos fueron pioneros también en el desarrollo institucional de la actividad científica. Las academias de Nápoles, Roma y Florencia, fundadas en 1531, 1601 y 1657 respectivamente, fueron las primeras instituciones de esa naturaleza. Su creación contó con el patronazgo de personajes de la nobleza, como los Médici en la Academia de Florencia. Fueron miembros de las mismas los principales sabios y científicos italianos en todos los campos del conocimiento. Galileo, por ejemplo, formó parte de la Academia de Roma. Sin embargo, la existencia de las nuevas instituciones fue relativamente efímera. El dogmatismo religioso predominante era incompatible con el desarrollo de la investigación científica. Sometidas al rechazo de la concepción copernicana del universo y, en algunos casos, bajo denuncias de brujería, concluyeron por disolverse. Hacia 1670 no subsistía ninguna academia científica en Italia.

En Alemania, en Rostock (1622) y Altdorf (1672), se crearon por la iniciativa individual de varios científicos sociedades y colegios que no sobrevivieron a sus fundadores. Recién en 1700, por iniciativa de Leibnitz y con el respaldo del elector Federico I de Prusia, se creó la Academia de Ciencias de Berlín. Poco después, en 1724, el emperador ruso Pedro el Grande, estableció la Academia de Ciencias de San Petersburgo. Pero en ambos casos la creación de esas instituciones académicas reflejó más la imitación de lo que estaba sucediendo en las dos potencias atlánticas líderes, Gran Bretaña y Francia, que la densidad y trascendencia de la actividad científica de Prusia y Rusia. La mayor parte de los científicos y directivos de ambas academias eran extranjeros y en la de Berlín el idioma oficial era el francés.

Fue en Gran Bretaña y Francia en donde se produjo un desarrollo institucional de la ciencia fundado en las comunidades científicas de cada país y en la estrecha asociación entre el poder político, la actividad económica y los creadores de conocimiento. En Gran Bretaña, el clérigo puritano John Wilkins (1614-1672) lideró el nucleamiento de jóvenes investigadores en el Philosophical College que se reunió regularmente a partir de 1644, inicialmente en Bull Head Tavern en Cheapside y, más tarde, en el Gresham College en Bishopsgate. Wilkings popularizó la visión copernicana del universo y procuró compatibilizarla con la teología calvinista. Formaron parte del colegio los científicos británicos más significativos de la época. La guerra civil y la disputa entre puritanos y anglicanos, entre parlamentaristas y monárquicos, perturbó pero no interrumpió el desarrollo institucional de la ciencia en las islas británicas. El conflicto se propagó a los dos grandes centros de excelencia, las universidades de Oxford y Cambridge. Varios de los principales científicos fueron expulsados de sus cátedras por sus adherencias religiosas y políticas. Primero los de filiación monárquica y anglicana bajo el régimen de Cromwell, más tarde, con la restauración monárquica, los puritanos y republicanos.

En 1660, con la restauración de Carlos II, Londres reasumió el liderazgo. La creciente actividad científica y el relajamiento del conflicto religioso culminó en 1662 con la creación de la Sociedad Real para el Avance del Conocimiento Natural. Con altibajos, el número de miembros de la Royal Society aumentó de 100, al tiempo de la fundación, a 500 en 1800. Formaron parte de la misma los científicos más destacados, políticos, comerciantes y personas, como el mismo John Wilkins, que eran auténticos administradores de la ciencia.

Desde su creación, la Royal Society se orientó a la investigación pura y aplicada. Su numen eran las ideas de Francis Bacon que quedaron plasmadas en los estatutos de la entidad, redactados por su curador, Robert Hooke, en 1663. Dice un pasaje de los estatutos: "La tarea y el objetivo de la Royal Society es ampliar el conocimiento de las cosas naturales y de todas las artes útiles, manufacturas, prácticas mecánicas, motores, inventos y experimentos. La Sociedad procurará, asimismo, rescatar todas las artes e inventos que están ahora perdidos; examinar todos los sistemas, teorías, principios, hipótesis, elementos, historias y experimentos de las cosas naturales, matemáticas y mecánicas, inventadas, registradas o practicadas por todo autor importante, antiguo o moderno. Se trata de compilar un sólido sistema filosófico para explicar todo fenómeno producido por la naturaleza o arte y de registrar la causa racional de las cosas. No es el objetivo de la Royal Society ocuparse de cuestiones divinas, metafísica, moral, política, gramática, retórica o lógica".

La gravitación relativa de las investigaciones puras y de las aplicaciones tecnológicas cambió con el correr del tiempo. En los primeros, años la influencia de Bacon se reflejó en el predominio del estudio de cuestiones prácticas. Con la incorporación de Newton, en 1671, ganaron peso las cuestiones teóricas, la matemática y la investigación pura. Estas tendencias quedaron reflejadas en los artículos publicados en las *Philosophical Transactions*, editadas por la Royal Society. A lo largo del siglo XVIII, volvió a prevalecer la investigación aplicada sobre problemas prácticos.

Los mercaderes ejercieron una gran influencia en las actividades de la Royal Society, aún después de que la transformación productiva del país ampliara la gama de problemas prácticos a resolver. Inicialmente el tema dominante de la actividad comercial se refería a las artes de la navegación. Más tarde, se incorporaron las cuestiones de tecnología aplicada a las manufacturas, artesanías y agricultura. El vínculo entre el sector productivo y la comunidad científica quedó reflejado en las actividades de la Royal Society desde su fundación y a lo largo de su historia. A su vez, las relaciones de la Sociedad, como polo productivo-científico, con el poder político movilizaron factores endógenos del crecimiento británico que sustentaron nuevos componentes intangibles del poder. Radica aquí una causa principal del papel hegemónico que alcanzó Gran Bretaña hacia finales del Primer Orden Económico Mundial y su protagonismo durante la Revolución industrial.

La estabilidad institucional construida a partir de la guerra civil se proyectó al terreno científico. La ciencia moderna y la religión del Estado eran compatibles. Con la Restauración, los científicos no anglicanos aceptaron el credo oficial. Incluso John Wilkins, puritano y cuñado de Cromwell, concluyó sus días como obispo de la Iglesia Anglicana en Chester. La prudencia confesional de los científicos no anglicanos, como Newton y John Locke que eran unitarios, y la tolerancia de la Corona crearon el clima adecuado para el desarrollo científico-tecnológico. Incluso disidentes cuáqueros y bautistas, excluidos de los puestos oficiales en las universidades, pudieron crear sus propias instituciones académicas. A través de las mismas ejercieron una considerable influencia en el desarrollo científico-tecnológico del reino.

En el continente, el desarrollo institucional de la ciencia más importante tuvo lugar en Francia. Probablemente influidos por las diferentes dimensiones del territorio y la población de Francia y Gran Bretaña, la actividad científica y los desarrollos institucionales pioneros estuvieron menos concentrados en París que en Londres. En 1518, a pesar de la oposición de los directivos de la Universidad de París, Francisco I creó el College de France, para el desarrollo de las disciplinas humanistas. Posteriormente, miembros del College fueron destacados investigadores científicos. Hacia 1620 el primer grupo de científicos notables comenzó a reunirse en Aix, en la casa de Claude de Peiresc (1580-1637). Miembros de este grupo se trasladaron a París, en donde la celda de un fraile minorita, Marin Mersenne (1588-1648), se convirtió en centro de reunión y de correspondencia con los mayores sabios europeos de la época, entre ellos Galileo, Hobbes y Descartes. En 1654, en la casa de un consejero de Estado, Habert de Montmor (1600-1679), las reuniones científicas conformaron de hecho una academia que no logró sobrevivir. Pero estos pioneros lograron convencer a Colbert de la importancia de la ciencia y la tecnología para el desarrollo de la industria y del comercio de Francia.

En 1666 se creó la Academia de Ciencias de París cuyos primeros veinte miembros fueron funcionarios a sueldo de la Corona. Este fue un rasgo distintivo de esta Academia respecto de la Royal Society: su fuerte dependencia del patronazgo público y la relación más débil con el sector privado. La Academia de París era un cuerpo de científicos profesionales que trabajaban sobre problemas que le planteaban los ministros de Estado y tenía una estructura jerárquica dispuesta por los delegados de la Corona. La entidad mantuvo estas características hasta la Revolución.

Inicialmente, la Academia estuvo fuertemente influida por las ideas de Francis Bacon. Dedicó buena parte de su actividad a compilar historias de los fenómenos naturales y de los procesos productivos. De este modo formó equipos de investigadores para elaborar una historia natural de plantas y animales, y un catálogo de máquinas e inventos. Se abocó también a resolver problemas prácticos, como la determinación de la longitud de los navíos en altamar. Posteriormente, la influencia de Descartes promovió el desplazamiento desde los aspectos prácticos de la ciencia hacia los literarios y filosóficos.

Durante el siglo XVII y principios del XVIII en diversas ciudades francesas se establecieron cerca de 40 academias científicas vinculadas a la de París. Estas academias de alcances regionales realizaron significativos aportes al desarrollo científico-tecnológico. Su importancia declinó con la Revolución, a partir de la cual la actividad se concentró en París. Hacia la misma época en Gran Bretaña se registraba, en cambio, un proceso inverso con la emergencia de nuevos centros de importancia, fuera de Londres, en varios puntos del reino.

Otra diferencia importante entre el desarrollo institucional de la ciencia en las dos potencias atlánticas hegemónicas se vincula a la cuestión religiosa. En Gran Bretaña, durante la Restauración, se acentuó la tolerancia religiosa y el clima propicio para el trabajo de investigadores de diversos credos. En Francia, en cambio, la revocatoria del Edicto de Nantes (1685) provocó la pérdida de destacados científicos hugonotes que emigraron, principalmente, hacia Suiza y Gran Bretaña. Estas diferencias en el marco institucional y político de los dos países contribuye a explicar el liderazgo de Gran Bretaña en el desarrollo científico-tecnológico del Primer Orden Económico Mundial y su posterior protagonismo durante la Revolución industrial.

La tecnología

El desarrollo de la imprenta y la divulgación del libro tuvo un papel decisivo en la difusión de la ciencia y de la técnica. La aparición de la prensa periódica forma parte del mismo proceso. Los primeros periódicos aparecieron en Londres en el siglo XVII y, a mediados del siguiente, la venta total de periódicos en Europa había alcanzado más de siete millones de ejemplares.[3] El segundo desarrollo tecnológico de vasto alcance se refiere a la artillería con pólvora. Los portugueses fueron los primeros en reconocer que, en la lucha naval, lo decisivo era el poder de fuego y no el abordaje. Los primeros enfrentamientos navales en que se utilizó la artillería tuvieron lugar en el océano Índico. Los combates entre los navíos portugueses y los del Islam sancionaron la supremacía de la nueva tecnología en la guerra naval. La batalla de Lepanto (1571), entre el Imperio otomano y las fuerzas cristianas coaligadas bajo el liderazgo español, fue la última en que el abordaje jugó un papel importante. Poco después (1588), en el océano Atlántico, frente a las costas inglesas, la artillería fue el factor decisivo de la destrucción de la armada invencible de Felipe II por la escuadra de Isabel I de Inglaterra.

El tercer cambio tecnológico trascendental se refiere a los conocimientos disponibles para la navegación y a la industria naval. La expansión de ultramar hacia Oriente y el Nuevo Mundo, confrontó a los navegantes europeos con problemas inéditos. Hasta principios del siglo XV, la navegación se realizaba normalmente con la costa a la vista. Los viajes a Oriente circunnavegando África y hacia el Nuevo Mundo, obligaron a navegar en altamar cada vez más lejos de las costas. Esto planteó el problema de la determinación de la posición de los navíos y el registro de las rutas seguidas para información de los viajes

---

[3] W. Minchinton, "Tipos y estructura de la demanda (1500-1700)", en: C. M. Cipolla (ed.), *Historia económica de Europa (II), Siglos XVI y XVII*, Barcelona, Ariel, 1987, p. 86.

posteriores. La construcción de cartas marítimas exigía representar la esfera terrestre en un planisferio. El flamenco, constructor de instrumentos, agrimensor y dibujante de mapas, Gerard Mercator (1592-1594), resolvió el problema. En 1569 publicó un planisferio con una proyección de la esfera terrestre en un plano. La otra cuestión crucial era la determinación de la longitud de los navíos en altamar. El problema de la latitud respecto de la línea del Ecuador estaba resuelto por la observación del Sol y de la Estrella Polar. Pero el de la longitud estaba aún pendiente a mediados del siglo XVIII.

El tema era una cuestión de Estado. Felipe II en 1598 estableció un premio de mil coronas para quien resolviera la determinación de la longitud y, en la misma época, los holandeses otro semejante de 10 mil florines. En Gran Bretaña se tomó una decisión más importante: la creación en 1675-1676 del observatorio de Greenwich. Diversos métodos fueron intentados como el de determinar la posición de la Luna respecto de las estrellas, el de Galileo de observar los eclipses de las lunas de Júpiter y el del comportamiento de la aguja magnética. El más simple era medir la diferencia de tiempo, determinada por la rotación de la tierra, entre dos lugares. El problema práctico era, sin embargo, disponer de cronómetros marinos capaces de medir el tiempo respecto de un punto de referencia, como el meridiano de Greenwich.

Fueron los ingleses y los franceses los que dieron los pasos decisivos para resolver el problema de la determinación de la longitud. En 1714, el gobierno británico estableció una Junta de Longitud y premios sustantivos y, dos años después, la corona francesa hizo otro tanto. La cuestión fue finalmente resuelta con la construcción de cronómetros marinos por el relojero de Yorkshire, John Harrison (1693-1776), y el relojero del Rey de Francia, Pierre Le Roy (1717-1785). A mediados del siglo XVIII estaban definitivamente resueltos todos los problemas principales de la cartografía marítima y de la determinación de la posición de los navíos en altamar. La creciente importancia de la guerra naval y el aumento del comercio internacional y de las distancias a recorrer promovió importantes mejoras en la industria naval. Para aumentar la rapidez, capacidad de carga, maniobrabilidad y seguridad de los navíos se introdujeron avances en la construcción y en el diseño de los cascos y los aparejos. En todos estos terrenos, hasta principios del siglo XVIII, los holandeses fueron los pioneros. El célebre *fluit* fue el navío más eficaz a lo largo de todo el siglo XVII. Podía navegar contra el viento y era el más rápido y maniobrable de su tiempo. El *fluit* fue una de las causas del predominio marítimo de Holanda cuya flota, en 1700, totalizaba 900 mil toneladas y era igual o aun mayor que las de Francia, Inglaterra, España y Portugal combinadas.[4]

El progreso técnico en la minería, la industria y la agricultura provocaron un efecto modesto sobre el incremento de la producción y la productividad a lo largo de los tres siglos del Primer Orden Económico Mundial. Sin embargo, particularmente en el siglo XVIII, se registraron innovaciones que sentaron las bases de la Revolución industrial y el vertiginoso desarrollo tecnológico registrado en el siglo XIX. En la producción de bienes, los mayores avances técnicos del período se refieren a la minería del carbón, la generación de energía mecánica y la industria textil.

Los problemas técnicos de la producción carbonífera se acrecentaron en el siglo XVIII. La demanda de madera para la industria naval y de la construcción crecía rápidamente y competía

---

[4] W. Minchinton, *ibid.*, p. 131.

con su uso como combustible. En Gran Bretaña, entre 1500 y 1640 el precio de la leña, deflacionado por el nivel general de precios, aumentó cerca de 200%. Consecuentemente, el aumento de la demanda de combustibles se desplazó hacia el carbón y su producción desde los bosques del sur hacia las minas del centro y norte de Gran Bretaña. La resolución de los problemas técnicos de la explotación de las minas se convirtió en una cuestión crucial. Entre mediados del siglo XVI y XVII alrededor del 75% de las patentes otorgadas en Gran Bretaña se referían directa o indirectamente a la minería del carbón.

A medida que aumentaba la profundidad de los yacimientos en explotación, el problema de la inundación de las minas era cada vez más grave. Su solución dependía de contar con una fuente de energía mecánica de bajo costo para operar las bombas de drenaje. Este fue un problema técnico crucial cuya resolución impactó, primero, en la minería del carbón y, luego, en otras actividades productivas.

El empleo del calor y del vapor de agua como fuente de energía en pequeña escala era conocido desde tiempos remotos. Su empleo en gran escala para desagotar las minas de carbón planteaba problemas técnicos inéditos. Ingenieros italianos, franceses e ingleses aportaron diversas soluciones parciales pero de alto costo. Finalmente, el herrero de Dartmouth, Thomas Newcomen (1663-1729) desarrolló una caldera atmosférica que fue el primer artefacto que transformó el gas en energía mecánica en gran escala. La nueva máquina de vapor fue rápidamente empleada en el drenaje de las minas de carbón y otros minerales, y comenzó a exportarse a partir de 1720. La invención de Newcomen fue un ejemplo de la significación de los artesanos en el desarrollo tecnológico y de su participación en la aplicación de desarrollos teóricos a la tecnología y la producción.

Los desarrollos posteriores de la invención de Newcomen culminaron con James Watt (1736-1819), fabricante de instrumentos para la Universidad de Glasgow. Watt introdujo en la invención de Newcomen importantes innovaciones referidas a la preservación del calor y el movimiento rotatorio. A partir de 1776 se asoció con el industrial metalúrgico de Birmingham Mathew Boulton (1729-1808) para producir la máquina de vapor en gran escala. Su utilización se expandió rápidamente desde la minería del carbón a otras actividades.

La industria textil era en la época la principal actividad fabril y sus exportaciones (fundamentalmente tapicería, paños y tejidos de lujo de alto valor unitario) representaban alrededor de dos tercios del comercio internacional de manufacturas. El hilado de algodón para las telas de consumo masivo era una actividad hogareña realizada por mujeres. En la segunda mitad del siglo XVIII, un humilde barbero de Bolton, Richard Arkwright (1732-1792) perfeccionó la hiladora de algodón desarrollada inicialmente por un carpintero de Lankshire, James Hargreaves. Arkwright empleó un relojero para construir las partes de la hiladora, la patentó en 1769 e instaló su primer planta de hilado de algodón, movida inicialmente con tracción a sangre, en Nottingham en 1768. La segunda planta en mayor escala, con la participación en el financiamiento de varios inversores y empleando energía hidráulica, se instaló en Cromford, Derbyshire, tres años después.

El impacto de la hiladora de algodón sobre los costos fue espectacular. Eliminó el hilado a cargo de las mujeres en los hogares, convirtió la hilandería en una actividad industrial y redujo los costos de mano de obra en el 90%. Entre 1770 y 1800, la producción de hilado de algodón aumentó veinte veces. Con la drástica baja de sus precios, los tejidos de algodón se convirtieron en un artículo de consumo masivo. Hacia 1800 los tejidos y prendas de algodón representaban el 7% del producto total de la economía británica y casi un tercio del producto agregado de la industria manufacturera, la minería y la construcción. En la misma época era el principal producto de exportación del reino líder en la economía mundial y en un rubro, el textil, que representaba alrededor del 20% de las exportaciones mundiales. La transformación del mercado de trabajo impuesto por la innovación de Hargreaves y Arkwright anticipó la conmoción social y política que, poco después, provocaría la explosión tecnológica de la Revolución industrial.

En el transcurso del Primer Orden Económico Mundial se produjeron otras innovaciones importantes particularmente en la producción de hierro y acero, y en la agricultura. La fundición del primer cañón se produjo en 1509. En el siglo XVII se introdujeron innovaciones en el laminado de lingotes, el empleo del coke en la fundición y nuevas aleaciones, y el empleo del alto horno. La aplicación de la máquina de vapor en la metalurgia fue un ejemplo de difusión tecnológica entre sectores. En la producción agropecuaria británica se produjeron también innovaciones importantes, particularmente en la rotación de cultivos y en la selección genética en la ganadería. El impacto de estas innovaciones en el rendimiento de los suelos fue sustancial y un aporte crítico en el despegue de la Revolución industrial en Gran Bretaña. La producción agrícola de las islas aumentó a cerca del 1,5% anual entre 1780 y 1830.[5]

Los avances tecnológicos durante el Primer Orden Económico Mundial sugieren varias conclusiones importantes. En primer lugar la importancia del aprendizaje y la capacitación de los recursos humanos. "El libro habla sólo a los que saben ya el

---

[5] R. Davis, *The Rise of the Atlantic Economies*, Ithaca, Cornell University Press, 1973, p. 315.

tipo de cosa que esperan de él y, por consiguiente, cómo interpretarlo."[6] De este modo, el aprendizaje fue adquiriendo un papel decisivo en la incorporación de tecnología y en el proceso innovativo. Como dice Cipolla: "a primera vista, el problema de trasplantar una innovación a un entorno extraño puede parecer que se reduce a introducir nuevos métodos de producción y los instrumentos, herramientas o máquinas apropiados para ellos. Pero de lo que realmente se trata es de una condición particular y más profunda que sólo puede ser entendida en términos humanos y sociales".

Refiriéndose a la experiencia de la industria de punta de la época, la construcción naval, el holandés Nicolaes Witsen decía en su *Tratado de Navegación* de 1671 lo siguiente: "es sorprendente que los extranjeros, aunque hayan estudiado los fundamentos de la construcción barata en los astilleros de este país, nunca puedan practicarla en su propia tierra [...]. De lo que se sigue que incluso si un extranjero tuviera todas las reglas de la construcción en su cabeza no le servirían a menos que hubieran aprendido por su propia experiencia".[7] No bastaba, pues, con el libro y los manuales técnicos ni con el trasplante de tecnología incorporada en equipos y procesos productivos para difundir la tecnología e incorporarla en el tejido productivo de una sociedad.

Los requisitos del cambio tecnológico y del desarrollo económico se planteaban entonces en términos semejantes a los actuales. La capacidad de comprender y desagregar en sus diversos componentes la técnica que se incorpora al proceso productivo era esencial, entonces como ahora, en las secuencia co-

[6] C. M. Cipolla, *Historia económica de la Europa preindustrial*, Madrid, Alianza Universidad, 1989, p. 195.
[7] *Ibid.*

piar-adaptar-innovar. Esta secuencia predomina desde la Alta Edad Media (cuando Europa incorporó el conocimiento científico y la tecnología de los árabes, chinos, indios y persas) hasta la circulación planetaria de la tecnología de la actualidad.

En segundo término, la importancia de la cooperación de los operadores prácticos (artesanos, ingenieros, navegantes, comerciantes) con los científicos. El progreso de la teoría y los contactos estrechos de los hombres prácticos con los investigadores impulsaron las innovaciones técnicas. Pero las iniciativas surgían básicamente de los primeros. La excepción más importante fue la de la invención de la máquina de vapor en donde existió una interacción decisiva entre el análisis de los problemas teóricos de los gases, de la conservación del calor y del vacío, y las fuerzas de la gravedad.

En tercer lugar, el respaldo del Estado, especialmente en Holanda, Gran Bretaña y Francia, para inducir a investigadores y artesanos a resolver los problemas técnicos más urgentes de la época. El Triángulo de Sábato, vale decir la interface científicos-productores-gobierno, es observable desde el mismo inicio de la expansión europea.

Finalmente, merece insistirse en la gigantesca brecha entre el espectacular avance de la frontera del conocimiento científico y las aplicaciones tecnológicas. El número y jerarquía de los inventores y tecnólogos del período es claramente inferior al de los científicos, cuya nómina incluye las gigantescas figuras de Galileo y Newton. Comparados con los avances técnicos producidos durante la Revolución industrial, las innovaciones del Primer Orden Económico Mundial fueron relativamente modestas.

V. El hombre, la sociedad y el Estado

LAS IDEAS e instituciones políticas dominantes del mundo moderno fueron también gestadas en Europa entre los siglos XVI y XVIII. A partir de los aportes fundacionales de Maquiavelo y de su crudo análisis de la realidad política y del poder, los filósofos y pensadores del período formularon las preguntas fundamentales y les dieron respuesta.

Volvieron a replantearse entonces los grandes temas de la naturaleza del hombre y de su condición social y política, inicialmente formulados por Platón y Aristóteles. Fuertemente enraizadas en la revolución religiosa, surgieron nuevamente las preguntas fundamentales acerca de la condición humana, la libertad y la relación con Dios.

A estos interrogantes centrales se sumaron otros referidos al origen y la justificación del poder, la soberanía, la legitimidad, la justificación de la rebeldía contra los tiranos, el derecho internacional, las instituciones políticas y la división de poderes, los derechos del hombre y del ciudadano, la posibilidad de mejorar la condición humana a través de la educación, el constitucionalismo y, finalmente, el nacionalismo.[1]

En la misma época, las ideas económicas experimentaron cambios profundos. Progresivamente, fue descartado el enfo-

---

[1] Las referencias sobre la evolución de las ideas políticas provienen principalmente de M. Curtiss (ed.), *The Great Political Theories,* vol. I y II, Nueva York, Avon Books, 1981, véase también: S. F. Mason, ob. cit.

que agresivo y excluyente del mercantilismo. De este modo, en el siglo XVIII, la acumulación capitalista y el orden mundial bajo la hegemonía europea contaban con una teoría coherente que explicaba el comportamiento de la economía y lo justificaba desde la perspectiva del interés general.

Las ideas políticas

La fe y la ciencia. El primer desafío de los nuevos tiempos fue el de compatibilizar el conocimiento científico con las creencias primordiales de la fe cristiana. Los dos mayores pensadores del *primer ciclo* de la Revolución científica, Bacon y Descartes, sostuvieron la existencia de un orden natural establecido por un Creador Supremo en el principio de los tiempos. Ese orden podía ser descifrado por la mente humana y sus reglas del juego incorporadas en una filosofía natural como un sistema cerrado y definitivo de conocimiento del universo.

El enfoque pragmático y experimental de Bacon reconocía que invenciones cruciales, como la pólvora, la imprenta y el compás magnético, revelaban la posibilidad del progreso técnico en las artes y oficios. Reconocía, incluso, que el proceso experimental ampliaba la capacidad de descubrir e innovar. Descartes también admitía la posibilidad del progreso en la resolución de problemas concretos. En todo caso, ambos pensaban que ese progreso técnico se registraba dentro de los límites de la naturaleza inmutable del universo y de sus leyes de comportamiento. Descartes opinaba que "ningún fenómeno de la Naturaleza queda fuera de sus *Principios de Filosofía*" y que "no existe camino alguno a través del cual el intelecto humano pueda descubrir Principios mejores". Bacon no pensaba que sus ideas constituyeran el último método de la ciencia pero su objetivo también era formular el sistema definitivo de la filosofía natural. Este enfoque alcanzó su consagración definitiva con Newton. El profesor de la Universidad de Cambridge arraigó sus contribuciones en la fe porque, en su visión, Dios había creado al mundo tal cual es y recién entonces entraron en operación las leyes que sostienen la máquina cósmica. Dios es el creador Supremo, observador privilegiado y administrador del universo, eterno y omnipresente. En este universo regulado por la mecánica cósmica, el mundo físico, el hombre y los seres vivos tienen su forma actual desde el principio de los tiempos y permanecen inmutables para siempre. Lo mismo sucedía con el conocimiento científico elaborado entre los siglos XVI y XVIII: era definitivo y válido hasta el final de los tiempos. De este modo, el mundo tal cual se conoce es el fin predeterminado del cosmos y es, de hecho, el único mundo posible. A partir de esta filosofía del orden natural, Leibnitz negaba la posibilidad del progreso y afirmaba que "este es el mejor de los mundos posibles".

La integración de los sistemas cerrados de las tradiciones clásicas y del dogma cristiano con el conocimiento científico y la experiencia técnica acumulativa de las artes y oficios resolvía, pues, el primer desafío planteado por la fenomenal transformación de la realidad a lo largo del Primer Orden Económico Mundial.

La soberanía y el derecho internacional. El segundo desafío era la justificación teórica de la consolidación del Estado nacional, la centralización del poder, la preservación del orden y de las relaciones entre estados soberanos.

A tales fines, la teoría política incorporó los principios de la filosofía natural para sugerir que también la sociedad y el Estado respondían a un orden natural, cuyas leyes debían reglar las relaciones entre las personas y las naciones. Sobre la base de tales principios, en Francia, Jean Bodin (1530-1596) fue el más influyente de los pensadores políticos que argumentó en favor de la paz, la unidad nacional y la tolerancia religiosa. Para ello era indispensable la unificación del Estado nacional encarnado en la figura del monarca. En sus *Seis Libros sobre la República* (1579) estableció la definición clásica de la soberanía. Ésta consiste en "el poder absoluto y perpetuo de la comunidad que, en latín, se denomina *majestas*". Este poder se deposita irrevocable e incondicionalmente en el Príncipe quien, consecuentemente, asume la facultad de dar órdenes, no obedecer a nadie ni sujetarse a ley alguna, incluyendo las establecidas por él mismo. Este poder ilimitado reconocía un solo límite: la ley de Dios. Es decir, la ley natural que incluía el respeto a los tratados, la Ley sálica de los francos y el derecho de propiedad.

Esta concepción de la soberanía se fusionó con la teoría del origen divino de la monarquía. Ésta, como el universo, era de origen divino y su titular sólo responsable ante Dios. Este planteo negaba la autoridad de la Iglesia sobre el poder secular y el de los príncipes feudales sobre el monarca. Consecuentemente, resolvía en favor de la corona los dos grandes conflictos políticos existentes desde el Medioevo. Pero dejaba pendientes otros dos problemas fundamentales. Por una parte, el marco normativo de las relaciones entre los emergentes estados nacionales. Por la otra, asegurar la convivencia entre los diversos credos cristianos y la participación, en el ejercicio del poder soberano, de la nobleza y de los nuevos sectores sociales vinculados a la expansión comercial.

El dominio del Nuevo Mundo y el control de las rutas comerciales a África y Oriente, reclamaban un marco normativo de los crecientes conflictos entre las potencias atlánticas. Se comprende que en pleno auge de la expansión de la República holandesa uno de sus juristas e historiadores, Hugo Grotius (1583-1645), sentara los fundamentos del derecho internacional. Perseguido en su país por sus convicciones políticas y religiosas, se refugió en Francia en donde publicó (1625) su *Tratado sobre los Derechos de la Guerra y de la Paz*. Los estados, como los seres humanos, no pueden vivir aislados. Por lo tanto, deben asociarse para sobrevivir y, a tales fines, es indispensable que sus relaciones se regulen por normas fundadas en la razón y en la "ley de las naciones". Es decir, en la extensión de la ley natural a las relaciones internacionales. El derecho internacional era válido en la paz y en tiempos de guerra. Ésta sólo podía emprenderse en defensa de derechos agraviados y librarse dentro de los límites de la ley y la buena fe.

La secularización del poder. La concepción de la monarquía absoluta de origen divino reveló su incapacidad de resolver el segundo dilema: restablecer la paz y el orden a través de la tolerancia religiosa y la participación en el poder de la aristocracia y de los sectores asociados a la expansión comercial.

En Inglaterra, la teoría y el ejercicio del poder de origen divino bajo los monarcas de la dinastía de los Estuardo, Jacobo I y Carlos I (1603-1648), enfrentó a católicos y puritanos, provocó la emigración masiva de estos últimos al Nuevo Mundo y desembocó en la guerra civil (1642-1648) entre el Parlamento y la Corona. Estos hechos abrieron paso a un replanteo profundo en el ejercicio del poder y la representatividad. La Revolución gloriosa de 1688 puso fin a la breve restauración de los Estuardo (1660-1688) y a la tentativa de Jacobo II de restablecer el catolicismo. Todo el espectro político inglés, los liberales *whigs* y conservadores *tories* se alzaron contra el monarca y convocaron al príncipe holandés Guillermo III de Orange a asumir el trono sobre la base de la fe protestante y el Parlamento libre. La Declaración de Derechos de 1689 consagró el acuerdo político entre la aristocracia y la burguesía cuyo poder había crecido *pari passu* con la expansión comercial y financiera inglesa.

Era impostergable, por lo tanto, fundar el poder y el ejercicio de la soberanía sobre bases seculares no teológicas. Los dos mayores exponentes de este enfoque fueron Thomas Hobbes (1582-1679) y Baruch Spinoza (1632-1677). La guerra civil inglesa, la ejecución de Carlos I y las disputas religiosas entre católicos, anglicanos y puritanos indujeron en Hobbes la visión del hombre como un ser con impulsos egoístas y agresivos, autodestructivos. A partir de este enfoque, en su *Leviathan,* justificó la monarquía absoluta por la necesidad de imponer el orden y preservar al hombre de las consecuencias de sus propias pulsiones primarias. La más importante de las leyes naturales era, por lo tanto, asegurar la sobrevivencia y evitar la muerte violenta.

Se instala así el concepto de la existencia de un *contrato social* primitivo, establecido entre los hombres para preservarse de los impulsos autodestructivos inherentes a la condición humana. El origen y el ejercicio del poder no obedecen, entonces, a una decisión de Dios sino a razones históricas y utilitarias. Esto respalda el derecho del soberano de establecer la ley y el régimen de justicia en las esferas secular y religiosa. El poder del soberano es absoluto para imponer la ley y el orden pero no para invadir el terreno de las convicciones espirituales y los derechos naturales, como el de propiedad. Para Hobbes ninguna razón justifica la rebeldía contra el soberano salvo para defender la propia vida y los derechos naturales conculcados porque, en tal caso, el soberano estaría violando los fundamentos del ejercicio de su poder soberano.

También desde una interpretación psicológica de la condición humana y del comportamiento social del hombre, el holandés de familia judeo-portuguesa, Baruch Spinoza, en su *Tratado teológico político* (1670) abordó el problema del poder y de la soberanía. Para escapar a la guerra perpetua prevaleciente en la situación primitiva y asegurar la sobrevivencia, los hombres establecieron un contrato y crearon un poder soberano. En la concepción de Spinoza, la ley natural equipara a Dios con la Naturaleza universal y el derecho natural con el poder de la Naturaleza. A diferencia de Hobbes, Spinoza enfatizó la importancia de la razón en la organización social y el valor de la libertad individual para el pleno ejercicio de la misma. El objetivo del Estado no es sólo, por lo tanto, proporcionar seguridad sino, al mismo tiempo, garantizar la libertad intelectual. En contraposición con el sujeto sometido a sus pasiones, el hombre reflexivo e ilustrado es el ciudadano deseable. La tolerancia religiosa, la separación de las esferas temporal y espiritual, el rechazo de la superstición y la existencia de un soberano comprometido con el bienestar de sus súbditos, integraron el mensaje humanista de Spinoza. Éste influiría en las contribuciones posteriores sobre la posibilidad del progreso y de la elevación de la condición humana.

En la primera mitad del siglo XVII, estaban sentadas las bases de la teoría política que legitimaba la monarquía absoluta, la separación de las esferas secular y religiosa, la primacía del poder temporal sobre el espiritual, la unificación del Estado nacional y la subordinación de la nobleza feudal al soberano. Estaban planteados, asimismo, la apertura de nuevas fronteras a la tolerancia política y religiosa, y la libertad de pensamiento. Quedaba todavía pendiente, sin embargo, el problema crucial de la participación en el poder centralizado. Es decir, la representatividad.

La representatividad y la democracia. Es comprensible que fueran los pensadores ingleses los que lideraran el replanteo del problema de la representatividad. El más influyente entre ellos fue John Locke (1632-1704). Hijo de un abogado partidario del Parlamento y de Cromwell durante la guerra civil, fue el primer gran teórico del constitucionalismo. A la manera de los grandes pensadores de su tiempo sus intereses abarcaban la filosofía, la educación, la teología y la política. Su énfasis en la tolerancia y la moderación, y su teoría del conocimiento fundada en la experiencia y la falibilidad del entendimiento humano, implicaban el rechazo al poder absoluto. En su *Ensayo sobre el entendimiento humano* sostuvo un principio trascendente: la mente humana es un papel en blanco en el cual se imprimen las sensaciones y los estímulos del mundo externo, es decir, la experiencia. A partir de ello, más tarde, se afirmó la posibilidad de elevar la condición humana a través de la educación y, consecuentemente, del progreso.

En sus dos *Tratados sobre el gobierno civil*, Locke coincide con Hobbes en el supuesto de la existencia de un contrato social para asegurar la paz y la seguridad y, también, en el rechazo del principio de la monarquía de origen divino. Sin embargo, en contraposición a Hobbes y en línea con la postura humanista de Spinoza, Locke enfatizó la importancia de la razón y de la libertad como fundamentos de la organización de la sociedad y el Estado. Para Locke el orden natural primitivo no era el conflicto y la agresión autodestructiva de los seres humanos sino el imperio de la ley, la razón y la igualdad. En consecuencia, el derecho natural imperaba no sólo para asegurar la sobrevivencia y la propiedad sino, también, la libertad. El contrato social era, primero, un acuerdo entre iguales y, luego, entre la sociedad y el soberano.

De esta concepción se deriva un principio fundamental de la democracia: el poder proviene del pueblo y los gobernantes son sus agentes para la promoción del bien común. El poder descansa en el consenso de los gobernados y ni siquiera la mayoría tiene facultades para violar el derecho natural y el de propiedad. De allí surge también el derecho a la rebelión contra graves violaciones a los principios que sustentan el ejercicio del poder. Para Locke, la separación de los poderes entre las ramas legislativa y ejecutiva era condición necesaria para preservar la libertad y asegurar el funcionamiento del sistema político. Locke llevó los principios democráticos y constitucionalistas hasta los límites concebibles en su tiempo, es decir, el determinado por las fuerzas sociales hegemónicas. De este modo, ciudadanos y pueblo eran sólo los propietarios, aunque lo fueran en pequeña escala. La concepción más amplia de la democracia surgiría recién a fines del siglo XVIII bajo la decisiva influencia de la Revolución francesa.

A fines del siglo XVII estaban establecidos los principios justificativos de la concentración del poder en el Estado nacional y de las normas constitucionales para la participación de los sectores sociales hegemónicos. Faltaba aún, sin embargo, reconocer la existencia del pluralismo cultural y la evidencia del cambio en el hombre y la sociedad a lo largo del desarrollo histórico.

El pluralismo cultural. La expansión de ultramar había establecido lazos estrechos entre las potencias atlánticas y las civilizaciones de Asia y el Nuevo Mundo. La visión del mundo de toda la Europa cristiana había sido transformada por la comprobación del pluralismo cultural de la humanidad. Al mismo tiempo, la evidencia abrumadora proporcionada por las transformaciones registradas durante el Primer Orden Económico Mundial replanteaba la cuestión de si, efectivamente, el universo es inmutable y, consecuentemente, como proponía Leibnitz, este es el mejor de los mundos posibles. La evidencia empírica fue revelando que el progreso y la elevación de la condición humana eran factibles. De este modo, desde la segunda mitad del siglo XVII y a lo largo del XVIII, se incorporaron a la filosofía de la historia y el pensamiento político europeos las ideas del cambio social, el pluralismo cultural y la incidencia de los factores psicológicos. Esto último fue enfatizado por el filósofo, historiador y economista escocés, David Hume (1711-1776). Desde la perspectiva de su teoría del conocimiento, la filosofía es la ciencia inductiva de la naturaleza humana y el hombre un ser condicionado por sus sentimientos e intereses antes que por la razón. Sus obras *Tratado sobre la naturaleza humana* (1739), *Investigación sobre el conocimiento humano* (1749) y *Discursos políticos* (1752) subrayaron que la fuente del conocimiento surge de la observación de los hechos y de la historia antes que del razonamiento deductivo. El pensamiento de Hume es heredero del enfoque pragmático y empiricista de Francis Bacon, y contrasta con el racionalismo cartesiano. El orden social y político no emerge de un orden natural inmutable ni de un contrato social primitivo sino de la conveniencia, de las necesidades y pasiones de los seres humanos. La razón estaba subordinada a las pasiones y a las costumbres de los hombres. Las instituciones políticas son el fruto de la experiencia y deben ser respetadas.

El convencimiento de Hume acerca de la falibilidad del pensamiento humano generó una postura escéptica, relativista y tolerante. En definitiva: "la humanidad es tan semejante en todo tiempo y lugar que la historia no enseña nada nuevo a este respecto. Su principal utilidad es descubrir los principios constantes y universales de la naturaleza humana". Es decir, la historia sirve para comprender al hombre más que para entender el cambio social. Como Locke, sugería que el mejor gobierno era el ejercido por los propietarios. Hume, 12 años mayor que su coterráneo y amigo, Adam Smith, realizó contribuciones sustanciales al pensamiento económico liberal y a la teoría económica, a las cuales se hace breve referencia más adelante.

El reconocimiento de la importancia de las peculiaridades culturales y del *habitat* en el proceso de cambio de las diversas civilizaciones en el devenir histórico descansaron en los aportes precursores de Giovanni Battista Vico (1668-1744) y Johann Gottfried von Herder (1744-1803).[2] El profesor napolitano Vico fue el precursor de teorías que ejercieron una profunda influencia en la evolución posterior de las ciencias sociales, la filosofía de la historia y la teoría política. Tales, por ejemplo, su enfoque sistémico de las variables sociales, culturales y psicológicas, y la organización de su análisis en etapas históricas. Era un admirador de Bacon y Grotius y pretendió emularlos formulando una teoría del desarrollo histórico de las naciones en fases de progreso y retroceso, en tres grandes etapas: divina, heroica y humana. La Providencia actuaba a través del hombre y la sociedad para alcanzar sus designios y, en este contexto, el ser humano afirmaba su individualidad y libertad.

Herder amplió las perspectivas sistémicas de Vico y se convirtió en uno de los pensadores más influyentes de la cultura alemana. Enfatizó la importancia de los rasgos culturales, religiosos y raciales en la conformación del carácter nacional de las sociedades. De este modo, el desarrollo de la humanidad resulta de la convergencia de los desarrollos autónomos e idiosincrásicos de las diversas civilizaciones. El enfoque sistémico de Herder abarcaba las variables culturales (idioma, literatura, religión, mitología) y los determinantes del *habitat* (geografía, zoología, botánica). Herder fundó un humanismo democrático basado en el pluralismo cultural y los valores morales. Su énfasis en el predominio de la emoción sobre la razón, en la espon-

---

[2] I. Berlin, *Vico and Herder*, Londres, The Hogarth Press, 1992.

taneidad y el naturalismo, la afirmación del carácter nacional y el patriotismo ejerció profunda influencia en Goethe y en el romanticismo alemán del siglo XIX. *La educación y el progreso.* La idea de John Locke de que la mente del hombre es un papel en blanco en el cual se imprimen las sensaciones y estímulos del mundo externo sentó las bases teóricas acerca de la posibilidad de la elevación de la condición humana y, consecuentemente, del progreso social. El comportamiento del hombre dependía de su experiencia y las instituciones educativas y legislativas eran el marco determinante de la experiencia. Pero, al mismo tiempo, las ideas podían transformar las instituciones y, en consecuencia, " la opinión gobierna al mundo". De este modo, la monarquía podía asegurar la paz y el orden y, además, transformar sus opiniones y cambiar las instituciones. El *despotismo ilustrado* apareció así como la vía del progreso social. De allí la inclinación, principalmente entre los filósofos franceses, de servir a Federico el Grande de Prusia y Catalina II de Rusia. En su criterio, éstos, contrariamente a los Borbones franceses que eran sólo déspotas, eran, al mismo tiempo, ilustrados.

La fantasía del despotismo ilustrado fue efímera. En cambio, la idea revolucionaria fue la concepción de la educación. Ella era la vía para la ilustración de la opinión pública y, consecuentemente, para el progreso del hombre y la sociedad. El mundo tal cual es dejaba de ser el mejor de los posibles. Era viable transformarlo por la educación. Los filósofos franceses del siglo XVIII fueron los mayores exponentes de este enfoque optimista sobre el hombre y su futuro. Su contribución consistió en el ataque frontal al dogmatismo y la sistematización del conocimiento científico más avanzado de su tiempo. Los célebres salones parisinos de las matronas de alcurnia o cortesanas, o de ambos ejercicios simultáneamente, eran la caja de resonancia de las nuevas ideas.

El propósito de los 22 volúmenes de la *Enciclopedia,* publicados entre 1751 y 1777, eran según su director Denis Diderot (1713-1784): "integrar todo el conocimiento disperso sobre la superficie de la tierra para construir un sistema general de ideas, de modo que el conocimiento acumulado de las décadas pasadas no sea inútil y nuestros descendientes, al ser más ilustrados, sean más virtuosos y felices". Voltaire (1694-1778) fue el más lúcido y polémico exponente de la actitud tolerante, antidogmática y partidaria de la libertad intelectual y política del ciudadano. En su visión, el progreso era inevitable porque "la razón y la industria progresarán sin pausa, las artes útiles mejorarán y las calamidades que afligen a los hombres y sus prejuicios, desaparecerán gradualmente entre los gobernantes de las naciones".

La Revolución de 1789 desautorizó esta concepción lineal e ilimitada del progreso. Uno de sus mayores exponentes, el marqués Antoine Nicolas de Condorcet (1743-1794), fue ejecutado durante el Terror revolucionario. En la clandestinidad y poco antes de su captura reiteraba que "el resultado de su trabajo será mostrar, por la razón y la evidencia empírica, que la perfectibilidad humana es ilimitada".

Dentro del escenario abierto por la Ilustración en Francia un personaje excéntrico, Jean Jacques Rousseau (1712-1778), replanteó los grandes temas de la condición humana y la organización social: la moral y la libertad, el estilo de vida y el retorno a la existencia natural, la educación, el consenso como fuente de la estabilidad institucional y la reconciliación entre la libertad del individuo y el orden social. Sus contradictorios puntos de vista lo convirtieron en precursor de múltiples y conflictivas tendencias de posteriores desarrollos del pensamiento filosófico y político. En el *Contrato social* (1762) sostuvo que la fuente real de la legitimidad política es la *voluntad general* de la sociedad. Afirmó, asimismo, la necesidad de un legislador que establezca el sistema político, de una religión que una a la sociedad y de un sistema educativo para formar ciudadanos patriotas. Su propuesta de someter al individuo al interés común expresado por la voluntad general tiene un contenido totalitario. Sin embargo, sus contribuciones más influyentes se refieren a su preferencia por una sociedad libre, permisiva del desarrollo del individuo y de su comportamiento libre responsable. Esta postura vincula a Rousseau con el pensamiento humanista y liberal de los filósofos franceses.

El constitucionalismo. El abogado y magistrado de Burdeos, Charles Montesquieu (1689-1755), en pleno absolutismo borbónico, realizó contribuciones que consumaron el desarrollo de las tesis de la representatividad en el ejercicio del poder y del constitucionalismo como su marco jurídico. Su libro capital, *El espíritu de las leyes* (1748), fue el fruto de sus reflexiones de dos décadas sobre los más diversos temas sociales, políticos y jurídicos. Continuando la tradición de Vico, Montesquieu integró los enfoques deductivo, experimental, histórico y sistémico. El jurista francés sentó las bases de la jurisprudencia y del método histórico modernos. Las leyes eran el resultado del entorno físico y de los fenómenos sociales y religiosos. Reflejaban la interdependencia de todos los planos de la realidad. Lo fundamental de la ley no es, entonces, su texto sino su espíritu. Su vigencia depende de la voluntad de aplicarla.

Desde estas perspectivas, la tesis de la existencia de un contrato social primitivo es, por lo tanto, infundada. El relativismo cultural y el enfoque histórico de Vico y Herder aparecen reflejados en las tesis de Montesquieu. Su obra sentó las bases de la organización institucional. El poder de los gobiernos se divide en tres esferas: ejecutivo, legislativo y judicial. El sistema ideal que asegura la libertad es aquél en el cual el ejercicio de esas tres esferas se divide entre personas distintas. Como los filósofos franceses, Montesquieu compartía el repudio al dogmatismo, la esclavitud y el despotismo. Su pensamiento ejerció profunda influencia en los fundadores de la República norteamericana y en el pensamiento revolucionario en las colonias iberoamericanas. Después de las guerras de independencia, la organización institucional y política de las nuevas repúblicas se fundó en la concepción del constitucionalismo y la división de los poderes de Montesquieu.

Los aportes renovadores del pensamiento político y filosófico francés del siglo XVIII culminaron con la apoteosis de la democracia, la igualdad y los derechos del hombre y del ciudadano proclamados por la Revolución de 1789. Los acontecimientos políticos posteriores revelaron, sin embargo, cuan lejos se estaba de alcanzar la racionalidad y la tolerancia proclamada por los filósofos, y cuan grande y creciente era la brecha entre el progreso material y la elevación integral de la condición humana.

En Inglaterra, contemporáneamente con los aportes de los filósofos franceses, apoyada en la tradición pragmática y experimental de Bacon, se proponía una visión del progreso sin contenidos anticlericales. El progreso era el camino hacia el reino celestial. De este modo, el proyecto de Dios era secularizado a través del progreso material. Un miembro de la Lunar Society de Birmingham, Joseph Priestley, afirmaba que "sea cual fuere el origen de este mundo, el final será paradisíaco y más allá de todo lo que podamos ahora imaginar". La Lunar Society agrupaba a científicos y empresarios que estaban poniendo en marcha la Revolución industrial. Otro de sus miembros, Erasmus Darwin (abuelo de Charles), incorporó la idea del progreso al desarrollo de los seres vivos como una fuerza inmanente que los lleva a formas más complejas de organización y a la sobreviven-cia del más fuerte.

Las ideas económicas

La tradición clásica y medioeval. Hasta los inicios del segundo milenio de nuestra era, las ideas sobre la economía (del griego *oikonomia*) se referían a la organización de la casa, es decir, de la unidad familiar. Aristóteles había considerado la existencia del comercio y de la moneda. Pero el primero era esencialmente una vía para cambiar bienes entre productores y la moneda un medio de cambio. Ni el comercio ni el dinero debían tener una función crematística.

En el derecho romano y en el pensamiento medioeval, la organización económica giraba en torno del jefe de familia y, por extensión, del terrateniente y del señor feudal. En la sociedad esclavista de la Antigüedad y en la organización feudal del Medioevo, las clases dominantes se apropiaban directamente del excedente entre la producción y el consumo de subsistencia de la fuerza de trabajo. En este contexto, la ganancia obtenida del tráfico comercial y el interés cargado sobre los préstamos eran expresiones marginales de la organización económica y social y, éticamente, despreciables. Consecuentemente, los precios y el salario eran determinados fuera del mercado y respondían a las relaciones sociales vigentes. Los precios debían ser *justos* y reflejar el valor de uso de los bienes y sus costos de producción. El sistema de valores y creencias establecido despreciaba la ganancia obtenida en el comercio y, especialmente, condenaba los préstamos a interés considerados, lisa y llanamente, como usura. En la *Divina Comedia*, Dante Alighieri condena al infierno a los usureros, junto a los blasfemos y sodomitas.

En la Baja Edad Media, este rígido código de valores y conducta se enfrentó con la evidencia del desarrollo mercantil y de la actividad financiera. En la práctica, los mercaderes y banqueros, que estaban tan preocupados con su salvación eterna como el resto de los mortales, canalizaban parte importante de sus ganancias a la construcción de iglesias, el sostenimiento del culto y diversas obras de carácter social. Consecuentemente, se fue flexibilizando el rigor de la condena y adecuando los valores a la realidad.

Sin embargo, estos cambios eran insuficientes para responder a la profundidad de los cambios producidos por el desarrollo del capitalismo mercantil. La VOC holandesa, la Compañía Inglesa de las Indias Orientales, el descubrimiento y conquista del Nuevo Mundo, las sociedades por acciones, el protagonismo creciente de mercaderes y banqueros, estaban fundando el Primer Orden Económico Mundial y transformando las fuentes del crecimiento y del poder. La expansión de ultramar y la proyección planetaria de las potencias atlánticas generaron una fractura insalvable entre las ideas tradicionales y el orden económico y social emergente. La Reforma no dio respuesta plena a los nuevos problemas. Lutero y Calvino mantuvieron la actitud tradicional respecto de las actividades lucrativas.

La creciente importancia de la acumulación de capital, la transformación en la estructura productiva y la emergencia de nuevos actores sociales ligados a la expansión comercial y las finanzas demolieron progresivamente las ideas económicas heredadas del mundo clásico y vigentes a lo largo del Medioevo. En el siglo XVI era evidente que debía fundarse un nuevo código de valores y conducta que reconociera la legitimidad de las ganancias, el interés y, por estas vías, la acumulación de capital. Además, el mismo proceso económico era cada vez más complejo y era indispensable comprender la función de los factores tradicionales de la producción (tierra y trabajo) y sus relaciones con el capital. Esto planteaba la necesidad de analizar la distribución del ingreso entre esos factores de la producción, es decir, determinar los valores y los precios. Al mismo tiempo, el desarrollo de los estados nacionales y de su financiamiento confería nuevas dimensiones al problema de la hacienda pública. Lo mismo sucedía con las relaciones entre el comercio internacional y los mercados y estructuras productivas internas de las potencias atlánticas.

El mercantilismo. Este universo de nuevos problemas tuvo tempranas respuestas en las prácticas monopolistas, agresivas y proteccionistas predominantes en las potencias atlánticas desde el inicio de su expansión de ultramar. El mercantilismo, sustentado más en el comportamiento político de los estados que en un orden teórico, fue la respuesta a los problemas planteados por el desarrollo del capitalismo mercantil. Lo mismo sucedió con el tratamiento de los problemas financieros de los estados nacionales emergentes de la disolución del orden feudal. En otras palabras: "no existía un sistema de teoría económica, sólo había política económica".[3]

Esto no significa que la reflexión sobre los temas económicos no atrajera la atención de pensadores importantes. En el siglo XVI, Jean Bodin sugería la posibilidad de obtener un superávit comercial por medio de las tarifas sobre el comercio exterior. Éstas debían ser, por una parte, prohibitivas para la exportación de materias primas que podían industrializarse y para la importación de manufacturas que podían producirse en el país; por otra, muy bajas para la importación de materias pri-

[3] E. Heimann, *History of Economic Doctrines*, Oxford University Press, 1974, p. 28.

mas no disponibles localmente y para la exportación de manufacturas. Bodin se anticipó en la formulación de la teoría cuantitativa de la inflación al atribuir el aumento de precios observable en Europa en el siglo XVI a la entrada masiva de metales preciosos procedentes del Nuevo Mundo.[4] De allí la advertencia a la conveniencia de evitar la acumulación exagerada de metales preciosos y, consecuentemente, de eliminar las presiones inflacionarias.

El pensamiento mercantilista no consistía en una preferencia delirante por la acumulación de metales preciosos. Teóricos como Bodin y mercaderes, como Thomas Mun, director de la Compañía Inglesa de las Indias Orientales, sostenían la conveniencia de exportar, en ciertas circunstancias, metales preciosos. De hecho esto sucedía permanentemente para saldar el déficit comercial de las potencias atlánticas con Oriente. El mercantilismo era una respuesta al aumento de la demanda de liquidez generada por el crecimiento de la economía y del comercio, e instrumento de la política de desarrollo nacional. En las condiciones del capitalismo comercial de la época, por las razones que se han visto, era lógico que el mercantilismo sostuviera que un país sólo podía hacerse rico a costo de los otros países. Es el mismo enfoque que proponen, a finales del siglo XX, los teóricos de la competitividad a ultranza entre las economías nacionales en el contexto de un mundo global. El pragmatismo del mercantilismo del Primer Orden Económico Mundial contrasta con el peligroso irrealismo de los teóricos contemporáneos de la competitividad.

El desarrollo económico, social y político en Europa, y la Revolución científica transformaron la realidad y la visión del mundo que sustentaban la teoría y la acción del mercantilis-

---

[4] *Ibid.*, p. 34.

mo. Los controles excesivos sobre los intereses privados, la búsqueda a rajatabla del superávit comercial, los subsidios a las manufacturas y la discriminación contra la agricultura dejaron de ser políticas funcionales con el desarrollo económico. A medida que la demanda de liquidez se satisfacía por los mecanismos de expansión del sistema financiero y el papel moneda, el aumento del *stock* de oro y plata iba perdiendo significación. La expansión del comercio internacional y la progresiva división del trabajo requerían, asimismo, una diversificación de las fuentes de abastecimiento y de las importaciones. Las ganancias y la acumulación de capital se asentaban, pues, en procesos más complejos que el control monopólico del comercio exterior y la restricción de las importaciones. El progresivo proceso de urbanización y el aumento de la demanda de alimentos no podía satisfacerse, dado los altos costos del transporte, con las importaciones de cereales. Era preciso, por lo tanto, el aumento de la producción agropecuaria.

La economía y el orden natural. De este modo, el enfoque casuístico y restrictivo del mercantilismo fue enfrentado con nuevas concepciones teóricas. Éstas proyectaron al plano de la economía la concepción proveniente del campo científico y del pensamiento político. Es decir, planteaban la existencia de un orden natural y de leyes de comportamiento que regulan la actividad económica.

Fue recién en el siglo XVII cuando aparecieron las primeras grandes contribuciones teóricas para interpretar las transformaciones en curso. Consecuentemente, la política económica comenzó a plantearse en un contexto teórico interpretativo del funcionamiento de las economías nacionales y del orden mundial. Desde el principio, las nuevas ideas económicas cuestionaron el contenido absolutista y arbitrario del mercantilismo.

Uno de los precursores fue Antoine de Monchretién, cuyo *Tratado de Economía Política* (1615) acuñó presumiblemente por primera vez ese término y planteó varias tesis fundacionales: la función social de la clase mercantil, la existencia de un orden natural y armonioso entre el clero, la nobleza y el pueblo, y la convergencia de la búsqueda del interés privado con el bien público. Pero el primer gran economista de la era moderna fue sir William Petty (1623-1687). En la tradición renacentista de otros grandes pensadores de su tiempo, Petty era un hombre de conocimientos universales. Fue profesor de Anatomía en la Universidad de Oxford, médico del ejército de Cromwell en Irlanda, profesor de Música en Gresham College y agrimensor. En este último carácter organizó el catastro para el reparto de las tierras de Irlanda (de las cuales pasaron a su propiedad cerca de 25 mil hectáreas) entre los seguidores de Cromwell. Por esta y otras vías, Petty, de humilde origen, acumuló una gran fortuna. Fue, por lo tanto, el primero de los grandes economistas tan creativos en su pensamiento como en su habilidad crematística. En su testamento de 1685 estimó su ingreso anual en 15 mil libras esterlinas, mil veces más que el ingreso medio de un trabajador.[5]

La amplitud y profundidad del pensamiento económico de Petty fue extraordinaria. Sus libros principales incluyen el *Tratado sobre impuestos y contribuciones* (1662), la *Anatomía política de Irlanda* (1670) y *Aritmética política* (1671). En su obra trató prácticamente todos los problemas fundamentales de la economía moderna. Es el responsable, además, de los primeros intentos de relacionar diversos indicadores de población, impuestos y precios para realizar estimaciones de las cuentas na-

---

[5] G. Roth, *The Origin of Economic Ideas*, Nueva York, Vintage Books, 1977, p. 35.

cionales de Gran Bretaña, Irlanda, Francia y Holanda, y del comercio internacional. Sobre este último punto, estimó que, hacia 1680, su valor ascendía a 45 millones de libras esterlinas y que el valor medio de la carga de los navíos oscilaba entre 1.000 y 1.250 libras.[6] Petty identificó las cuestiones centrales de la economía capitalista y sobre varias de ellas formuló teorías que se anticiparon a las formuladas por los grandes economistas clásicos de los siglos XVIII y XIX. Anticipó la influencia de la división del trabajo como fuente de la elevación de la productividad, factor que, un siglo más tarde Adam Smith convertiría en el eje de su teoría del desarrollo.[7] Formuló una teoría de los precios fundada en el contenido de trabajo de los bienes y es, por lo tanto, un precursor de la teoría del valor trabajo. Este era el factor *permanente* pero los precios podían ser influidos por causas *contingentes*. Planteó también las teorías del salario, la renta y el interés, es decir, los principios fundacionales de la distribución del ingreso. La renta era la diferencia entre la producción y el consumo (salario) de los trabajadores más las semillas utilizadas en la siembra. Anticipándose a David Ricardo, Petty planteó la existencia de la renta diferencial derivada de la localización de las tierras y los distintos costos de transporte a los centros de consumo. La tierra y el trabajo eran los factores fundamentales de la producción. La acumulación de capital y de la masa de recursos financieros prestables planteaba, además, el problema del interés. Petty se anticipó también en la formulación de la teoría del interés como la compensación por la abstinencia de gastar el propio dinero y por el riesgo que asume el prestamista.

---

[6] *Enciclopedia Británica*, ob. cit., tomo 22, p. 345.
[7] G. Roth, *ibid.*, p. 37.

Respecto del dinero, Petty también fue un precursor en relacionar la cantidad de dinero con su velocidad de circulación y el gasto total. Anticipó, también, el efecto expansivo del gasto sobre el ingreso total, tema que Keynes desarrollaría tres siglos después en su teoría del multiplicador. Las contribuciones de Petty incluyeron su tratamiento de los monopolios, las patentes y los efectos beneficiosos de las obras públicas sobre el empleo, tema este último que también abordaría Keynes en plena crisis de la década de 1930.

En línea con los pensadores políticos y la Revolución científica de su tiempo, sir William Petty sugirió la existencia de un orden natural que gobernaba el mundo físico y las relaciones entre los hombres, inclusive la actividad económica. El precio justo y las relaciones económicas podían explicarse, sin recurrir a la teología, por la existencia de un orden natural. El planteo no era sólo de orden filosófico. Constituía, también, el alzamiento teórico contra el despotismo y el excesivo intervencionismo público en el desempeño de los intereses privados. Era, por lo tanto, el primer cuestionamiento frontal al mercantilismo. Petty denunciaba las leyes que prohibían la exportación de metales preciosos y regulaban la tasa de interés, como ingerencias perjudiciales en el orden determinado por la Naturaleza, la costumbre y el consenso. Un siglo más tarde, los filósofos franceses formalizarían este planteo en la propuesta fundacional del liberalismo económico: *laissez faire, laissez passer*.

La ley de la oferta y la demanda. Petty fue el primer constructor del andamiaje teórico del pensamiento económico moderno. Su esquema, sin embargo, dejaba pendiente una cuestión crucial: ¿cómo se determinaba la justicia en los negocios si el Estado y la Iglesia no tenían derecho a intervenir en la

determinación de los precios?[8] Poco después de la muerte de
Petty la respuesta la proporcionaron, simultáneamente, John
Locke y Dudley North (1641-1691). Este último regresó a Inglaterra después de haber hecho una fortuna como principal
integrante de la Turkey Company de Estambul. North realizó
varias contribuciones importantes a la formación del pensamiento librecambista y a la demolición del andamiaje mercantilista. Es interesante observar que, aún antes del desarrollo tecnológico desencadenado por la Revolución industrial, North
enfatizó que la expansión del comercio beneficiaba simultáneamente a todos los países. Esto implicaba el rechazo de la tesis
central del mercantilismo. La teoría se difundió cuando la tecnología vinculó estrechamente el aumento de la productividad
con la división internacional del trabajo. Es probable, asimismo, que North haya sido el primero que identificó al capital
(que llama *stock*) como un factor de la producción y al beneficio como el ingreso que le corresponde por su participación en
el proceso productivo.[9]

Tanto North como Locke constituyen ejemplos de la exitosa
combinación entre la reflexión teórica y los negocios, caracte-
rística de otros pensadores de la época. Esto es coherente con la
tradición de Bacon y su énfasis en la aproximación a los problemas desde la observación de la realidad y la experimentación.

Sea como fuere, la respuesta al interrogante sobre la determinación de los precios fue bien simple: los precios los estable-
cen la oferta y la demanda. Los ensayos publicados anónima-
mente por Locke y North en 1691,[10] se referían especialmente
al dinero. Locke publicó su contribución criticando la iniciativa

[8] G. Roth, *ibid.*, p. 46.
[9] E. Heimann, *ibid.*, p. 39.
[10] G. Roth, *ibid.*, p. 46.

del Parlamento de reducir la tasa de interés del 6 al 4% anual. Su batería de argumentos abarcaban desde el costo social de la medida hasta la imposibilidad de aplicarla porque el dinero encontraría, de todas maneras, su precio verdadero y natural. ¿Cuál era éste? El determinado por la oferta y demanda de préstamos. La misma regla se aplicaba a los precios de todo lo demás, inclusive los salarios que se limitaban a reflejar la oferta y demanda de mano de obra.

Locke anticipó la diferencia de lo que más tarde se llamaría *valor de uso* en contraste con el *valor de cambio*. En los casos del aire y el agua, por ejemplo, el primero podía ser muy alto por el carácter esencial de esos elementos, pero el segundo igual a cero por la abundancia de ambos en la naturaleza. Para Locke, en definitiva, el costo de los bienes dependía del trabajo que contenían, y la demanda de la necesidad y utilidad de los mismos. El precio era, en definitiva, una combinación de costos de producción y de demanda determinada por la utilidad de los bienes (lo que Petty consideraba el precio permanente) o factores contingentes como la moda.

La ley de la oferta y la demanda adquirió la vigencia de las leyes del mundo físico. Una norma que afectaba la distribución de la riqueza y el ingreso, y era consecuentemente un reflejo del sistema social y la distribución del poder, pasaba a formar parte del orden natural. Quedaban atrás definitivamente las consideraciones éticas y religiosas que en el pasado habían influido en la determinación de los precios y habían cuestionado la legitimidad del beneficio y del interés resultante de las actividades mercantiles.

A fines del siglo XVII estaban también consolidadas otras leyes de la economía consistentes con el desarrollo capitalista. North, como Petty, se anticipó a Adam Smith al señalar la coincidencia entre la búsqueda del beneficio personal con el bien público. Esta convergencia también formaba parte del orden natural. Justificó, asimismo, la acumulación de riquezas, su transmisión por herencia y las diferencias en los niveles de ingresos fundadas en las diferentes habilidades y propensiones a ahorrar e invertir de los individuos.

El pensamiento de los economistas británicos convergía con el desarrollo de la teoría del Estado en Gran Bretaña, el creciente poder económico y gravitación política de los mercaderes y banqueros, y las transformaciones institucionales y religiosas consumadas con la Revolución Gloriosa de 1688. En el continente, la otra gran potencia atlántica, seguía agobiada por el absolutismo de los Borbones cuya peor expresión era la persecución religiosa a los hugonotes, el costo agobiador de las aventuras militares de Luis XIV y las restricciones burocráticas al desempeño de los negocios de los particulares. Hacia fines de siglo se había agotado el impulso al desarrollo que el mercantilismo de Colbert había aportado a la producción y el comercio del país.

El orden natural y el liberalismo. No es extraño, pues, que las ideas liberales de los economistas británicos contaran en Francia con una atenta audiencia. Dos de los precursores de la renovación de las ideas económicas fueron Sébastien le Prestre de Vauban (1633-1707) y Pierre le Pesant de Boisguillibert (1646-1714). Ambos compartían el rechazo a la interferencia del autoritarismo en el orden natural y sugerían que la búsqueda del beneficio, dentro del mercado, mantenía el equilibrio, afirmaba el imperio de la Naturaleza y cumplía el mandato de Dios. El fundamento de la ganancia no era el perjuicio del prójimo sino la propia habilidad para emplear eficientemente los recursos disponibles

En estas cuestiones los dos pensadores franceses fueron epígonos de sus colegas británicos. Realizaron, sin embargo, una contribución original y fue anticipar la posibilidad de crisis de sobreproducción por insuficiencia de la demanda efectiva. Empleando la terminología que Keynes y sus seguidores desarrollaron casi tres siglos más tarde, el planteo sugería que la demanda era insuficiente para absorber la oferta porque la preferencia de liquidez de los particulares disminuía el gasto y la velocidad de circulación del dinero. Otro economista francés, Charles D'Avenant (1656-1714), señaló que las expectativas negativas y la desconfianza de los prestamistas podían reducir el crédito y contraer la demanda. De este modo, se acumulaban existencias sin vender en todos los sectores de la producción y se iniciaba una espiral de contracción del gasto, la producción y el ingreso. Aquellos economistas franceses pensaban que el Estado no debía intervenir para remediar la situación y que sólo la Naturaleza podía mantener el orden y restablecer el equilibrio.

La posibilidad de la insuficiencia de la demanda efectiva, de la aparición de excedentes de oferta y, consecuentemente, de la contracción de la producción, el empleo y el ingreso fue negado por Adam Smith (1723-1790), David Ricardo (1772-1823) y Jean Baptiste Say (1767-1832). Por el contrario, la tesis fue aceptada por Robert Malthus (1766-1834) y Simon de Sismondi (1773-1842). Pero recién se convirtió en una cuestión crucial en la tercera década del siglo XX bajo el impacto social y político de la Gran Depresión y el liderazgo intelectual de John Maynard Keynes.

Precios, distribución del ingreso e inflación. Mientras tanto, el banquero de origen irlandés Richard Cantillon (1690-1734) realizaba una fortuna en París participando en la especulación desatada por John Law (1671-1729) con las emisiones de papel moneda del Banque Royale y el colapso financiero de 1720. Esta experiencia y su capacidad analítica se volcaron en su *Ensayo sobre la naturaleza del comercio*, publicado originalmente en su traducción francesa más de 20 años después de la muerte del autor. La obra ocupa un lugar importante en la formación de las ideas económicas por sus aportes teóricos e influencia en otros pensadores, especialmente Robert Malthus y los fisiócratas franceses. Cantillon consolidó la teoría del salario como la remuneración necesaria para asegurar la subsistencia del trabajador, insinuada por sir William Petty. Su famoso axioma "Si disponen de los medios de subsistencia, los hombres se reproducen como ratones en un granero", implicaba que todo aumento del nivel de vida de los trabajadores se esterilizaba con un aumento de la natalidad. Su teoría del salario de subsistencia se amplió con la exploración de los factores que determinaban las diferencias de remuneración del trabajo, entre ellos, el entrenamiento, el ingenio y la laboriosidad.

Cantillon realizó nuevos aportes a la teoría de los precios fundados en el costo de producción y la oferta y la demanda. Diferenció, de este modo, el *precio intrínseco* establecido por el insumo de trabajo y tierra, y el *precio de mercado* determinado por "los humores y antojos de los hombres y por su consumo". Si el consumo se mantiene razonablemente constante, el precio de mercado converge con el precio intrínseco. Las contribuciones de Cantillon a la teoría monetaria y del comercio internacional fueron también sustanciales. Retomando el tema planteado por Jean Bodin, analizó el impacto del aumento de la circulación de monedas metálicas sobre el nivel de precios. Además, amplió el tratamiento de la inflación incorporando las consecuencias de la emisión desenfrenada de papel moneda en Francia. Su enfoque de la inflación sugiere la modificación de los precios relativos por la distinta forma en que la expansión de la liquidez se distribuye entre los diversos sectores de la economía.

En definitiva, el valor de la moneda respondía a su mismo enfoque de los precios: el costo de producción del metal (precio intrínseco) con variaciones de corto plazo provocadas por los cambios en la liquidez. Respecto del interés sobre los préstamos de dinero los vinculó al beneficio que podían obtener los empresarios que aplicaran esos fondos.[11]

Sobre estas bases, Cantillon construyó su teoría del comercio internacional y del equilibrio del balance de pagos. El aumento de la cantidad de dinero en un país aumenta los precios, desalienta las exportaciones y acrecienta las importaciones hasta el restablecimiento de la estabilidad de los precios y del equilibrio. Cantillon fue probablemente el primer economista que explicitó las reglas del ajuste bajo el régimen de patrón oro que prevalecería en el siglo XIX y hasta la gran guerra de 1914-1918.

La teoría del salario de subsistencia fue uno de los elementos que inspiraron la formulación de la teoría de la población de Robert Malthus y la designación de *ciencia lúgubre* (*dismal science*) que Thomas Carlyle (1795-1881) atribuyó a la Economía Política. Aún más significativa es la influencia que ejerció la teoría de la circulación de la producción y el ingreso desarrollada por Cantillon en su *Ensayo sobre la naturaleza del comercio*. La tierra es la fuente de la riqueza y el producto de los agricultores se reparte en tres partes: su mantenimiento y el de los trabajadores que emplea, la renta del propietario de la tierra y el beneficio. Esta era la base de la circulación del ingreso y de la demanda de dinero. Este último era utilizado para pagar la renta de los terratenientes y comprar las manufacturas producidas en las ciudades. El dinero retornaba a los productores rurales cuando los terratenientes y los habitantes de las ciudades

---

[11] E. Heimann, *ibid.*, p. 68.

compraban los alimentos y materias primas producidos por los agricultores. Cantillon se inspiró en Petty para calcular la cantidad de dinero necesaria para la circulación de la producción y el ingreso.[12,13]

En 1740, 16 años antes de su primera edición, una copia del manuscrito del *Ensayo*... de Cantillon estuvo en manos del marqués de Mirabeau (1715-1789), enrolado en el ataque contra el absolutismo y en la defensa de las autonomías regionales dentro del Estado francés. Fue por intermedio de Mirabeau que Francois Quesnay (1694-1744), galeno como Petty y Locke y médico personal de la marquesa de Pompadour, tomó conocimiento de la obra de Cantillon y de las nuevas ideas económicas desarrolladas por los economistas británicos.

La fisiocracia. Mientras en Gran Bretaña los acontecimientos políticos que culminaron en la Revolución de 1688 y la sanción de la Declaración de Derechos *(Bill of Rights)* de 1689 consolidaron las instituciones, la participación en el poder de los sectores sociales hegemónicos y los límites (entre ellos la aprobación de impuestos por el Parlamento) a los poderes de la monarquía, en Francia seguía coexistiendo una monarquía absoluta con la transformación social provocada por el desarrollo económico y la expansión de ultramar. Al mismo tiempo, los Borbones franceses continuaban empeñados en la política de dominio europeo de Luis XIV. Entre 1701 y 1789, el país estuvo en guerra durante 36 años embarcado en las disputas por las sucesiones de las coronas de España (1701-1713), Polonia (1733-1738) y Austria (1741-1748).[14]

[12] *Ibid.*
[13] G. Roth, *ibid.*
[14] *Ibid.*, p. 69

La influencia de las ideas originadas en Gran Bretaña fortaleció el rechazo del absolutismo de los Borbones y del gigantesco costo de sus aventuras militares. Esto se reflejó en la filosofía política de la Ilustración y en la teoría económica de los fisiócratas. Para Quesnay y sus epígonos, las leyes del orden natural, establecido por el Creador, regían el mundo físico y biológico y, también, la sociedad y la economía. En el plano político esto implicaba el rechazo al absolutismo y, en el económico, el repudio del mercantilismo. Respecto de este último, el cuestionamiento se formulaba en dos frentes. Primero, la afirmación de que la única fuente de riqueza es la tierra y no la acumulación de metales preciosos. Segundo, el rechazo del intervencionismo del Estado como violatorio del orden natural y, consecuentemente, perjudicial para el bienestar general.

Cuando el delfín, futuro Luis XVI, preguntó a Quesnay qué haría si fuera Rey, la respuesta fue: "Nada". "¿Quién gobierna, entonces?" interrogó el delfín. "La ley", es decir, el orden natural y divino, fue la contestación.[15]

Corresponde a los fisiócratas la primera presentación sistemática y la difusión de la doctrina liberal resumida en su célebre axioma: *Laissez faire, laissez passer*. Quesnay retomó la idea inicialmente planteada por North y, más tarde, incorporada por Adam Smith en su principio de *la mano invisible*. Vale decir que el hombre, al buscar su interés personal, promueve el interés general.

Inspirado en las teorías de Cantillon acerca de la tierra como fuente exclusiva de la creación de la riqueza y de la circulación del ingreso, Quesnay construyó la célebre *Tableau Economique*. La tierra es la única fuente del excedente sobre el consumo de los productores. En el resto de la economía, el trabajo es estéril

---

[15] E. Heimann, *ibid.*, p. 52.

ya que sólo agrega el valor de su propio consumo. La agricultura es, por lo tanto, la única actividad *productiva*, es decir, capaz de producir un excedente sobre el consumo y poner en marcha el proceso de reproducción inherente al orden natural. Sobre estas bases los fisiócratas propusieron una reforma radical del sistema tributario: sustituir los impuestos indirectos por un impuesto único a la tierra.

El ingreso de las factores de la producción son el salario determinado por la subsistencia de los trabajadores (como en Cantillon) y la renta de la tierra fundada en la institución divina de la propiedad. Sobre el interés, Quesnay sugería su fijación por la autoridad pública debido a su desconfianza con los prestamistas "que no respetan ni al Rey ni a la patria".[16] Quesnay pensaba en términos de corrientes reales de producción e ingresos más que en la circulación de dinero e ignoró las contribuciones de los mercantilistas y de los economistas ingleses acerca de la función del dinero en el proceso económico y la expansión del comercio. Robert Jacques Turgot (1727-1781) sostenía, en cambio, que el interés refleja la renta de la tierra y el excedente porque el capitalista puede colocar su dinero en préstamos o comprar tierras. La interferencia desviaría fondos en uno u otro sentido hasta que la oferta y demanda de dinero, en el mercado monetario y de tierras, restableciera el tipo natural de interés.[17] Con conclusiones opuestas a las de Quesnay, Turgot también fundaba su teoría del interés sobre el eje de la tierra como única fuente de creación de riqueza. En definitiva, ambos pensaban que el dinero era irrelevante.

El aporte fundamental de los fisiócratas fue la formalización de la primer teoría macroeconómica fundada en la renovación

---

[16] *Ibid.*, p. 19.
[17] *Ibid.*, p. 59.

continua del proceso económico y la circulación del ingreso. Este enfoque se fundó en la filosofía del orden natural y en el descubrimiento de la circulación de la sangre. El ingreso fluye en la economía como la sangre en el cuerpo humano y permite la interrelación entre todos los agentes de la economía: trabajadores, propietarios, capitalistas y gobierno.

Los fisiócratas ejercieron una profunda influencia en las ideas y la política de su tiempo. En 1774, Luis XVI designó a Turgot ministro de Hacienda y puso en práctica las propuestas fundamentales de los fisiócratas: liberó el comercio de trigo, abolió las corporaciones de oficios y la imposición de la *corvée* del trabajo forzoso de los campesinos en la construcción de caminos, e intentó sustituir los impuestos indirectos por el impuesto único a la tierra. El experimento despertó una resistencia generalizada y duró poco. Turgot fue despedido en 1776. Las contribuciones de los fisiócratas a la *Enciclopedia* de Diderot y su militancia en la difusión de sus ideas contribuyeron a la promoción de los ideales de libertad y de reforma económica y social que el sistema no pudo asimilar. Sus ideas contribuyeron a la gestación de los acontecimientos revolucionarios a partir de 1789.

La destrucción de la monarquía absoluta no era el objetivo buscado por los fisiócratas. Estaban frustrados por la incapacidad del régimen borbónico de asimilar las transformaciones necesarias pero eran, al mismo tiempo, defensores del sistema. Consecuentemente, los fisiócratas, como los filósofos, desembocaron en la fantasía del despotismo ilustrado. De allí los servicios prestados por Mercier de la Rivière y otros partidarios de la fisiocracia a Catalina II de Rusia y Federico el Grande de Prusia.

La ingenuidad política de los fisiócratas no fue su única debilidad. Como herederos del método deductivo de Descartes y de la tradición especulativa del pensamiento francés, formularon un modelo teórico de comportamiento del sistema económico con débiles fundamentos en el mundo real. Esto no los desanimó en su intento de aplicar políticas fundadas en la teoría pero prácticamente inviables.

Entre los críticos contemporáneos de la fisiocracia figura Voltaire, quien denunció que el impuesto único a la tierra terminaría castigando a los pequeños propietarios rurales y eximiendo a los grandes terratenientes. La crítica más sólida sobre la divergencia entre la teoría y la realidad la formuló el abad y diplomático napolitano Ferdinando Galiani (1728-1787). Emparentado con el enfoque histórico e institucional de su coterráneo Giovanni Battista Vico, Galiani cuestionó el desprecio de los asuntos monetarios en el modelo fisiócrata, la simplificación exagerada de la realidad y la imprudente propensión a poner en práctica decisiones inviables en el mundo real.[18]

Los economistas británicos. La formación de las ideas económicas durante el Primer Orden Económico Mundial culmina, como cabía esperar, con los nuevos aportes de los economistas británicos. En el siglo XVIII, Gran Bretaña era el Estado más avanzado de su tiempo y la potencia atlántica hegemónica en el comercio y movimientos de capital internacionales. Su sistema político combinaba la necesaria concentración del poder en el Estado nacional con la participación de la aristocracia y los representantes de los intereses mercantiles y financieros. La estabilidad institucional generaba la seguridad necesaria para el desarrollo de los intereses privados y para un financiamiento del sector público sujeto al control parlamentario. El andamiaje normativo de la actividad productiva, el comercio, el mercado de capitales, el sistema bancario y los regímenes de seguros, las

[18] *Ibid.*, p. 62.

sociedades por acciones y la propiedad intelectual creaba el marco propicio para la acumulación de capital en las empresas asociadas a la expansión de ultramar y el desarrollo de la economía interna. La tecnología estaba incorporando avances trascendentales para la industria textil y la generación de energía, y sentando las bases para el despegue de la Revolución industrial. La convergencia de la ampliación de los mercados y del cambio técnico abría nuevas fronteras a la división del trabajo y al aumento de la productividad. Estos procesos transformarían radicalmente las fuentes del crecimiento económico, de la acumulación de capital y las bases del poder.

Pero la Revolución industrial estaba todavía en ciernes en el siglo XVIII y los grandes pensadores de la época apenas entreveían sus consecuencias. Esto no impidió que el filósofo moralista y economista escocés Adam Smith (1723-1790) sistematizara los aportes a las ideas económicas realizados hasta entonces por Petty, Cantillon y Quesnay, y los transformara en la primera teoría del desarrollo económico. Su célebre *Investigaciones sobre la naturaleza y causa de la riqueza de las naciones* es la obra fundacional de la economía moderna.

Su amigo y coterráneo, David Hume, 12 años mayor que Smith, compartía con éste su versación humanista, el reconocimiento de las dimensiones psicológicas y antropológicas en el comportamiento humano y, sobre todo, el respeto al método inductivo y experimental inspirado en Bacon. Ambos abrevaban, asimismo, en la tradición del orden natural y de la existencia de leyes divinas regulatorias del mundo físico y de las sociedades humanas. Aunque la economía ocupaba una posición marginal en las preocupaciones fundamentales de Hume, sus aportes en ese campo fueron significativos e influyeron en la formación de las ideas de Smith.

Según Hume "la sociedad confiere seguridad en la posesión

de la riqueza y el comercio de las personas al mismo tiempo que se beneficia con la opulencia y la expansión del comercio de las mismas".[19] La idea de la armonía entre el interés privado y público estaba para ese entonces bien establecida. Hume le agregó otro ingrediente fundamental: la austeridad en el consumo de los mercaderes. Como el beneficio y la acumulación eran los fundamentos de su comportamiento, la sobriedad en el gasto era inherente a la condición de empresario del comercio, de la industria y de la banca. Esto marcaba una diferencia fundamental con el dispendioso estilo de vida de la aristocracia.

Las contribuciones de Hume a la teoría monetaria reforzaron el enfoque cuantitativo de la relación entre la cantidad de dinero y los precios. El aumento de la primera elevaba los precios pero, a diferencia de Cantillon, la inflación dentro de límites moderados no preocupaba a Hume. Un aumento lento y constante de la cantidad de dinero generaba un aumento moderado de los precios, y esto elevaba las ganancias de los capitalistas, la acumulación de capital y el bienestar general. Pero el aumento de la cantidad de dinero debía acrecentar la producción y el empleo, y no esterilizarse en el despilfarro del consumo suntuario y de las importaciones sustitutivas de la producción nacional. Enrolado en la corriente antimercantilista, Hume reconocía, sin embargo, la importancia del mercado interno y de las exportaciones como fuentes de la acumulación y el crecimiento. Desde estas perspectivas identificó una causa principal de la decadencia de España: el despilfarro de las riquezas de sus colonias del Nuevo Mundo, las importaciones suntuarias y el desaliento de la producción nacional.

El enfoque de Hume sobre la tasa de interés integra su teoría monetaria y contribuyó a la comprensión de las relaciones en-

---

[19] G. Roth, *ibid.*, pp. 81-82.

tre el crédito, la tasa de interés y los beneficios de las empresas. La tasa de interés depende de la oferta y demanda de fondos y de las ganancias de los empresarios tomadores de préstamos. De allí la importancia de una baja tasa de interés, fundada en la austeridad en el consumo de los ahorristas, para permitir el aumento de la oferta de fondos prestables. Esto estimularía a los empresarios a realizar nuevas inversiones y a expandir el comercio y la producción.

La contribución de Hume a la teoría del comercio internacional enriqueció los enfoques pioneros de Cantillon. En el comercio exterior existe un mecanismo automático de ajuste fundado en la respuesta de los precios a los cambios en el balance comercial. Un superávit aumenta la cantidad de dinero en circulación y los precios, y, consecuentemente, acrecienta las importaciones y disminuye las exportaciones. Un déficit, produce el efecto contrario. En ambos casos, se restablece el equilibrio del comercio exterior y de la cantidad de dinero en circulación.[20]

La riqueza de las naciones. En 1751, cuando contaba con cerca de treinta años de edad, Adam Smith fue designado profesor de lógica y filosofía moral de la Universidad de Glasgow. Sus clases incluían lecciones de ética, retórica, jurisprudencia y economía política. Parte de sus enseñanzas en Glasgow fueron incorporadas en su libro *Teoría de los sentimientos morales* (1759). En esta obra, Smith desestimó el éxito en los negocios, más allá de lo necesario para satisfacer las necesidades básicas, como camino hacia la felicidad humana. La acumulación incesante de riquezas se fundaba en la vanidad y en la emulación con otros seres humanos. Smith rechazaba la célebre *Fábula de las abejas* (1705) de Bernard de Mandeville cuya moraleja reivindicaba la avaricia como virtud en tanto y

---

[20] E. Heimann, *ibid.*, p. 44.

en cuanto era una condición necesaria de los negocios. Por el contrario, la sociedad está organizada conforme a un plan Divino establecido por el Creador destinado a maximizar la felicidad humana. Los sentimientos morales que compatibilizan las ambiciones personales con el plan Divino incluyen la generosidad, la amistad, la bondad, el trabajo y la austeridad de costumbres. En vez de la envidia de los contemporáneos lo importante es su emulación fundada en el ejercicio de los principios éticos.[21]

Entre la *Teoría de los sentimientos morales* y la *Investigación sobre la naturaleza y causas de la riqueza de las naciones* (1776) transcurrieron 16 años y acontecimientos decisivos en la vida de Smith. Entre ellos, su viaje de tres años (1763-1766) por el continente acompañando, como tutor, al joven duque de Buccleuch. En ese periplo, Smith conoció personalmente a varios de los mayores pensadores franceses de la época, Turgot, D'Alembert, Helvetius y, sobre todo, Francois Quesnay. Al regreso a su hogar en Kirkcaldy en Escocia, Smith trabajó 10 años en la elaboración de su monumental *Riqueza de las naciones*.

Su renovado y preferente interés por la economía política lo indujo a replantear sus enfoques filosóficos y morales sobre la condición humana y la sociedad. Su capacidad deductiva de principios generales se apoyó en una extraordinaria aptitud de observación del mundo real. Éste registraba cambios profundos bajo el impacto de la ampliación de los mercados sobre el proceso productivo y la acumulación de capital y de la formación de un orden mundial bajo la hegemonía de las potencias atlánticas y, en primer lugar, de Gran Bretaña. La división internacional del trabajo, la compleja red de relaciones entre el

---

[21] P. Deane, *The Evolution of Economic Ideas*, Cambridge University Press, 1978, p. 8.

comercio de esclavos africanos, la producción de las colonias del Nuevo Mundo y el tráfico con Oriente, fueron incorporadas en la visión del mundo que refleja la *Riqueza de las naciones*. Smith nunca perdió de vista las relaciones entre la economía política y las otras ciencias humanas. Hacia el final de su vida estaba trabajando en obras sobre la teoría e historia del derecho, las ciencias y las artes.[22]

La mano invisible. En la *Riqueza de las naciones,* Smith conservó su visión acerca del orden natural y el plan Divino pero introdujo un cambio trascendente en la interpretación de las consecuencias del comportamiento humano. La búsqueda del beneficio personal y la acumulación, como habían sostenido su amigo Hume y, aún antes, Richard Cantillon, eran caminos compatibles con el interés general. El hombre "no pretende promover el interés público [...] sino su propia ganancia".[23] "No es de la benevolencia sino del propio interés del carnicero, el cervecero o el panadero que esperamos obtener nuestra comida. No apelamos a su generosidad sino a su interés ni les hablamos de nuestras necesidades sino de sus conveniencias".[24] "Cada individuo trata de emplear su capital en apoyo de la industria interna y elevar al máximo su producción. Su preferencia por la producción local en vez de las importaciones solo busca su seguridad [...] y su propia ganancia." En consecuencia, "trabaja para elevar al máximo el ingreso anual de la sociedad [...] guiado por una mano invisible que lo lleva a promover un objetivo que no formaba parte de sus intenciones".[25]

---

[22] *Enciclopedia Británica, ibid.*, tomo 20, p. 285.
[23] A. Smith, *The Wealth of Nations*, Nueva York, The Modern Library, 1937, p. 423. Trad. esp. *Investigación sobre la naturaleza y causas de la riqueza de las naciones*, México, Fondo de Cultura Económica, 1958.
[24] *Ibid.*, p. 14.
[25] *Ibid.*, p. 423.

Smith dedica el Libro IV y casi una tercera parte de su obra a demoler los fundamentos del mercantilismo. Sin embargo, es la preferencia de la producción local sobre las importaciones la vía a través de la cual el individuo promueve el interés general.

La primera teoría del desarrollo. Sir William Petty había anticipado la significación de la división del trabajo pero fue Adam Smith el primer economista que identificó sus efectos sobre el aumento de la destreza del trabajador, el ahorro de tiempo y el estímulo a la invención y empleo de maquinarias. La división del trabajo es posible por el intercambio entre productores que, a su vez, corresponde a la inclinación natural de los hombres a comerciar y cambiar una cosa por otra. Esto permite la especialización pero la amplitud de la división del trabajo depende de la extensión del mercado. El empleo de la producción de alfileres como ejemplo de su teoría, revela cuan incipientes eran todavía los avances tecnológicos que desencadenarían la Revolución industrial. En la visión de Smith, la productividad no aumentaba esencialmente por la aplicación de nuevas tecnologías sino por la extensión del mercado. Las cosas cambiarían desde fines del siglo XVIII y principios del XIX, cuando el cambio técnico se convirtió en el principal impulso de la división del trabajo y del incremento de la productividad.

La *Riqueza de las naciones* refleja, pues, las realidades consolidadas del capitalismo mercantil. Pero éstas fueron suficientes para fundar la primer teoría del desarrollo económico. Sobre la acumulación de capital, Smith insiste en el punto ya planteado por Hume: la importancia decisiva de la austeridad de los mercaderes y banqueros para aumentar los recursos disponibles para el ahorro y la inversión. "La austeridad (*parsimony*) [...] es la causa inmediata del aumento del capital" porque ella permite "el ahorro y la acumulación".[26]

El comercio libre promovía la ampliación del mercado y el mejor empleo de los recursos. A su vez, la no intervención del Estado permitía el pleno funcionamiento del orden natural bajo la conducción de la mano invisible. Estos fueron los principios fundacionales del liberalismo que Adam Smith sistematizó en la *Riqueza de las naciones*. Pero el pensador escocés no era un extremista ni un ingenuo en ninguno de estos planos. Reconocía que la búsqueda de la ganancia estimulaba la formación de monopolios que atentaban contra el interés público. "Cuando se encuentran empresarios del mismo ramo [...] terminan conspirando contra el público o para aumentar los precios."[27] Para el funcionamiento de la mano invisible es indispensable la competencia en el mercado. La apertura del mercado a las importaciones puede provocar daños a las empresas y a trabajadores de algunos sectores y, por lo tanto, la apertura tiene que ser gradual. La capacidad de observación de Smith, el abordaje de los problemas en un contexto histórico e internacional y sus valores morales, se traslucen en el escepticismo sobre la infalibilidad de un sistema de libre comercio y librado, sin interferencias públicas, a las fuerzas espontáneas del mercado.

En el abordaje de las teorías del valor y los precios, el salario, las ganancias, el interés y la renta, Smith abrevó en los aportes de sus predecesores. Organizó el conocimiento acumulado hasta entonces en un sistema coherente que abarcaba las cuestiones fundamentales del orden económico. En su visión estaba descartada la posibilidad de fluctuaciones de la activi-

[26] *Ibid.*, p. 321.
[27] *Ibid.*, p. 128.

dad económica porque, como diría más tarde Jean Baptiste Say (1767-1832), "la oferta crea su propia demanda". Como Smith no previó el impacto revolucionario del cambio técnico sobre la productividad y el crecimiento, sugirió que la economía de un país alcanzaba un estado estacionario, sin nuevos avances. Esto sucedía cuando había empleado plenamente "la riqueza de su naturaleza, tierra y clima y las posibilidades ofrecidas por las relaciones con otros países".[28] Hasta llegar a ese punto, la acumulación de capital es lo que permite aprovechar las oportunidades abiertas por la división del trabajo y crecer. La acumulación influye en la distribución del ingreso entre las ganancias y los salarios. Cuanto más inversión, más demanda de mano de obra y mayores salarios.

Como su admirado Quesnay, Smith distinguía entre el trabajo productivo e improductivo pero la diferencia no pasaba, como en los fisiócratas, por su relación con la agricultura y la generación del excedente. El profesor escocés fundó la distinción sobre otras bases: la creación de valor agregado que el trabajo incorporaba en todos los sectores de la producción. El trabajo improductivo incluía la servidumbre dedicada al derroche de la aristocracia e, incluso, el soberano y los funcionarios públicos. El enfoque es coherente con el ataque al despilfarro y a la intervención pública en los asuntos privados. Por eso el progreso promovido por la acumulación de capital elevaba el bienestar en la sociedad.

Al culminar el Primer Orden Económico Mundial estaban establecidos los pilares fundamentales de la teoría económica moderna hasta nuestros días. Con una excepción importante: la teoría del valor. Porque el enfoque clásico de relacionar el valor con el trabajo incorporado tenía implicancias revolucio-

---

[28] *Ibid.*, p. 94.

narias. Las mismas que Carlos Marx desarrollaría a mediados del siglo XIX en su crítica al capitalismo. La respuesta teórica al dilema la proporcionó la revolución marginalista. Pero estos acontecimientos tendrían lugar más tarde, en plena Revolución industrial y en el período abarcado por el Segundo Orden Económico Mundial.

VI. El dominio de Europa y el cisma religioso

La secularización y el cisma religioso

LA CONSOLIDACIÓN del Estado nacional demandaba la resolución de un problema pendiente desde el Medioevo: las relaciones entre la autoridad religiosa del Papa y la Iglesia con el poder secular del emperador y los príncipes. Las disputas entre el papa Inocencio IV (1243-1254) y Federico II y, poco después, entre Bonifacio VIII (1294-1303) y Felipe IV de Francia, sobre la autoridad terrenal del papado en cuestiones tan concretas como las propiedades de la Iglesia y los impuestos, ejemplifican los conflictos predominantes en los siglos XIII y XIV. La postura tradicional de la Iglesia de que la salvación del alma requería la subordinación de los poderes seculares a la autoridad del Papa fue enfrentada con argumentos justificativos de la autonomía del poder secular. La agresividad e individualismo de la condición humana exigía la existencia de un fuerte poder terrenal para mantener la paz y el orden. En esta disputa se implantó, al mismo tiempo, el problema del origen del poder temporal y de la representatividad.

El papel central que la religión ocupaba en la vida de las personas y en la organización social, contribuye a explicar la dimensión del conflicto desencadenado por el alzamiento contra la autoridad del papado en la primera mitad del siglo XVI. Desde el nacimiento y el bautismo hasta la muerte, la Salvación era el sentido mismo de la vida y ella se alcanzaba por el ejercicio de la fe y el acatamiento del dogma católico. La apertura de nuevas fronteras al conocimiento científico, el acercamiento a las civilizaciones de Oriente y el descubrimiento del Nuevo Mundo desencadenaron una revisión profunda en el terreno religioso. La unidad del cristianismo había sido quebrantada, por primera vez, con la creación de la Iglesia ortodoxa de Oriente a principios del siglo XI. Hacia 1500, el credo greco ortodoxo incluía los territorios abarcados por la frontera polaco-lituana, el sur de Hungría y el Adriático al sur de Ragusa. En el siglo XVI, la Iglesia sufrió otras dos fracturas que dividieron profundamente a los pueblos cristianos de Europa, y se insertaron en las disputas dinásticas y los conflictos sociales y políticos del período. Los problemas pendientes a finales del Medioevo desembocaron en una revolución teológica que cambió el mapa político y la distribución del poder entre las potencias atlánticas y en el resto de Europa.

El conflicto religioso desde el alzamiento de Lutero en 1517 hasta la Paz de Westfalia de 1648 estuvo íntimamente asociado al ascenso de la dinastía de los Habsburgo y a la oposición de Francia y las otras potencias europeas a admitir la hegemonía de aquélla en Europa y, consecuentemente, en la expansión de ultramar. Los Habsburgo, originarios de Austria, habían logrado ocupar la titularidad del Sacro Imperio Romano Germánico. La autoridad imperial había declinado desde el Medioevo pero conservaba considerable influencia en los asuntos europeos y germánicos. Una sucesión de exitosas alianzas matrimoniales concluyó por encarnar en Carlos (1500-1558), el hijo mayor de Juana y Felipe el Hermoso y nieto de los Reyes Católicos y, por vía paterna, del emperador Maximiliano I de Austria, la soberanía de la mayor parte del espacio continental europeo. Sus dominios abarcaban desde España hasta Austria, incluyendo Hungría, Sicilia, Cerdeña, Nápoles, Borgoña, Holanda, Flandes, el Franco Condado, el Artois, el Charolais y Bohemia; las islas Baleares y las Canarias; en el norte de África, Orán, Trípoli y Melilla; y las posesiones en América. Carlos, I de España y V de Alemania, era el soberano de la mayor parte de los territorios más ricos y poblados de Europa. Desde los tiempos de Carlomagno, siete siglos antes, no se conocía un poder *tangible* semejante. Además, era el soberano del Nuevo Mundo.

En 1580, Felipe II (1527-1598), nieto de Manuel I de Portugal, incorporó el dominio de su abuelo a la corona española y a los territorios bajo la soberanía de los Habsburgo. Esta concentración de poder desató la oposición de Francia y de los príncipes alemanes, y generó los enfrentamientos que adquirirían nuevo impulso con la rebelión de la Reforma contra la autoridad del Papa. Carlos y sus sucesores, Fernando II de Austria (1619-1637) y los reyes españoles Felipe II (1556-1598) y Felipe IV (1621-1665), asumieron la defensa del catolicismo y la lucha contra la Reforma. El enfrentamiento entre protestantes y católicos se convirtió así, al mismo tiempo, en una disputa por el reparto del poder en Europa. El fracasado intento de Felipe II de invadir Inglaterra para apoyar al partido católico y la derrota de la Armada Invencible en 1588, terminó de configurar la poderosa alianza de fuerzas que enfrentó y derrotó a los Habsburgo. En este escenario de rivalidades nacionales se desarrollaron los conflictos desatados por la Reforma protestante.

La Reforma, la Contrarreforma, la Guerra de los Treinta Años y la Paz de Westfalia

En 1519 el monje de la orden agustina Martin Lutero (1483-1556), profesor de la Universidad de Witemberg, replanteó los dilemas centrales de la fe y negó atribuciones terrenales a la Iglesia, el carácter divino del papado y la infalibilidad del Concilio. La subordinación de la Iglesia al Estado se insertó así en una revolución teológica. La reforma luterana se extendió rápidamente vinculando la crisis en el seno del cristianismo con los conflictos políticos y sociales dominantes. Lutero justificó el poder autoritario de los príncipes y la violenta represión de las demandas de los campesinos de eliminación de la servidumbre feudal. La reforma protestante alcanzó nuevo impulso con Juan Calvino (1509-1664) cuyas ideas penetraron especialmente entre las minorías opuestas al poder establecido y asociadas a las ideas de libertad y representatividad.

Hacia 1660, cuatro décadas después del alzamiento de Lutero, el 40% de la población europea adhería al nuevo credo protestante. Desde Alemania y Suiza la Reforma se extendió por Escandinavia, el Báltico y penetró en Francia, Holanda, los asentamientos alemanes de Europa oriental, Polonia, Transilvania y Hungría. Sólo España, Italia y el área grecoortodoxa lograron impedir la penetración protestante. En Francia, como en toda Europa, el conflicto religioso formó parte de las disputas políticas y desencadenó la matanza de treinta mil hugonotes (iniciada la noche de San Bartolomé del 24 de agosto de 1572) bajo el reinado de Carlos IX. La represión de los calvinistas franceses (que hacia 1560, contaban con 700 iglesias) no impidió la consolidación de los hugonotes en la plaza fuerte de La Rochelle. En 1598, Enrique IV de Borbón promulgó el Edicto de Nantes que garantizó la libertad de conciencia y culto de los hugonotes y su derecho a sostener más de cien plazas fuertes.

En Inglaterra, la crisis religiosa se vinculó también a las necesidades políticas de la corona y a su participación en la disputa por el dominio territorial en el continente. En el plano ideológico, las ideas críticas de Erasmo de Rotterdam (1466-1536) sobre la guerra, la avaricia y la intolerancia eclesiástica ejercieron fuerte influencia. Su rechazo a la tesis reformista de la predestinación y, al mismo tiempo, su no adhesión al papado contribuyeron a dar un carácter estrictamente nacional al rechazo de la autoridad papal. Su obra promovió la acción de los humanistas ingleses y difundió las corrientes de renovación teológica que conmovían al resto de Europa. En este contexto, la resistencia de Inglaterra a aceptar los triunfos de los Habsburgo en el continente y la negativa del Papa de reconocer el divorcio de Enrique VIII de Catalina de Aragón (tía de Carlos V), provocó el segundo cisma del cristianismo durante el siglo XVI. El Rey creó la Iglesia de Inglaterra, se proclamó su cabeza suprema (1531) y, consecuentemente, fue excomulgado por el papa Clemente VII.

En la segunda mitad del siglo XVI, las potencias atlánticas que estaban liderando la expansión de ultramar de los pueblos cristianos estaban empeñadas en una revolución religiosa inserta en las disputas dinásticas por el dominio territorial en Europa, la consolidación de los estados nacionales y las transformaciones sociales y políticas.

La rebelión contra la autoridad eclesiástica del papado y el poder temporal de los Habsburgo y de los príncipes católicos de Europa desencadenó la reacción de la Contrarreforma y la reconquista de espacios inicialmente perdidos ante la avalancha protestante. La Contrarreforma, como la Reforma misma, se asentó en un replanteo profundo de las tesis teológicas y la organización de los fieles y su Iglesia. El Concilio de Trento (1545-1563), convocado por el papa Paulo III para asegurar la unidad de la fe y la disciplina eclesiástica contó con el apoyo de la cabeza de los Habsburgo Carlos I y la oposición de Francisco I de Francia. El Concilio reafirmó el orden dogmático y disciplinario fundado en la tradición de la Iglesia, su autoridad sobre los contenidos de la Biblia y la superioridad del Papa sobre la asamblea conciliar. El Concilio condenó los peores abusos (como el ausentismo eclesiástico) y estableció un fuerte sistema de formación religiosa y supervisión de la función sacerdotal. La orden de los jesuitas, creada en 1531 por el noble vasco Iñigo López de Loyola (1491-1556), influyó decisivamente en la fase final del Concilio de Trento y al triunfo de las tesis dogmáticas. En 1542 se restableció la Inquisición para imponer la disciplina de la fe y el dogma.

La Contrarreforma alentó la ofensiva de los príncipes católicos. Entre 1570 y 1650, los fieles adheridos al credo protestante cayeron del 40 al 20% de la población europea. Polonia y Austria fueron recuperadas para el catolicismo. En Francia, Luis XIV abolió (1685) el Edicto de Nantes y provocó la emigración de medio millón de hugonotes y una grave pérdida de recursos humanos vinculados a las actividades mercantiles y productivas más dinámicas de la economía francesa. La intolerancia religiosa, como sucedió en España en el siglo XV, con la expulsión de judíos y musulmanes, destruyó parte significativa del principal factor endógeno del desarrollo en el Primer Orden Económico Mundial. Es decir, los intereses urbanos asociados a la expansión comercial, las artesanías y las finanzas.

La fase decisiva del enfrentamiento entre católicos y protestantes se desarrolló en el territorio del Sacro Imperio Romano. La Guerra de los Treinta Años (1618-1648), iniciada como una contienda religiosa, terminó abarcando todos los aspectos de la lucha por el poder en Europa de la primera mitad del siglo XVII. Confluyeron en el conflicto las disputas dinásticas entre los Habsburgo españoles y austríacos, y la dinastía francesa de los Borbones y los enfrentamientos entre el poder imperial, los príncipes y las ciudades. El emperador Fernando II derrotó a los protestantes de Bohemia, con el respaldo de España, el papado y los príncipes alemanes católicos. Enseguida, Inglaterra, Dinamarca y Holanda intervinieron en respaldo de la causa protestante. El avance católico fue finalmente contenido por las fuerzas del rey Gustavo Adolfo de Suecia. La intervención de Francia contra el Emperador terminó por comprometer en el conflicto a todas las potencias atlánticas. En el escenario del Sacro Imperio Romano Germánico se dirimió el reparto del poder *tangible* en Europa y, al mismo tiempo, la hegemonía en la expansión de ultramar.

La guerra arruinó a los pueblos germánicos que constituían el núcleo del Imperio. La población alemana que ascendía, a principios de la guerra en 1618, a 25 millones de habitantes, disminuyó en una tercera parte durante la contienda y, en algunas regiones, hasta el 70%. La declinación abarcó a las ciudades hanseáticas de Lübeck, Hamburgo, Wismar y Rostock. Las grandes ciudades comerciales del sur, Nüremberg y Augsburgo, sufrieron, además, las consecuencias del desplazamiento definitivo del centro de gravedad del comercio internacional desde el Mediterráneo oriental hacia el océano Atlántico. En Augsburgo, una de las mayores casas bancarias, la de los Fuggers, quebró en 1627.

La guerra concluyó con la Paz de Westfalia (1648). El Emperador perdió toda autoridad y su órgano parlamentario, el Reichstag, quedó reducido a una institución de atribuciones formales más que reales. El antiguo territorio imperial, a fines del siglo XV, abarcaba Flandes y Pomerania en el norte, Borgoña al oeste, Silesia y Austria al este y Génova, Milán y Venecia al sur. Después de la guerra, el antiguo territorio imperial quedó dividido en trescientos principados, obispados y ciudades libres gobernados por príncipes soberanos católicos y protestantes. La dispersión del poder *tangible* de los pueblos germánicos los excluyó de toda posibilidad de participar en la expansión de ultramar liderado por las potencias atlánticas.

La Paz de Westfalia puso fin a las guerras de religión, impuso la tolerancia religiosa entre católicos y protestantes, la libertad de conciencia y el derecho de emigrar. El mapa político y religioso de Europa diseñado en Westfalia se mantuvo hasta la Revolución francesa y las guerras napoleónicas.

El fin de la Guerra de los Treinta Años trajo la paz a Alemania y permitió a los Habsburgo austríacos retirarse del conflicto. Pero no resolvió el enfrentamiento entre las dos principales potencias atlánticas del continente: España y Francia. La continuación de la guerra entre ambas ya nada tenía que ver con los conflictos religiosos. Se trataba de rivalidades nacionales y de establecer un nuevo reparto del poder en el continente entre los Habsburgo españoles y los borbones franceses. La alianza entre Francia y la Inglaterra protestante de Cromwell, asestó el golpe decisivo de la contienda. La Paz de los Pirineos (1659) puso fin a la guerra franco-española y terminó definitivamente, bajo el reinado de Felipe IV de España, con las pretensiones hegemónicas de los Habsburgo españoles.

La política imperial de los Habsburgo, iniciada por Carlos V, excedió el potencial de los recursos disponibles y fue incapaz de mantener la unidad de un inmenso espacio multinacional. España no logró conservar tampoco la unidad en la Península Ibérica. En el Tratado de Lisboa de 1668, que concluyó la guerra de la Restauración Portuguesa iniciada por el duque de Braganza, España reconoció la independencia de Portugal. A mediados del siglo XVII estaba resuelto, en favor de Inglaterra y Francia, el control de la expansión de ultramar y los ejes en torno de los cuales terminaría de consumarse el Primer Orden Económico Mundial. Hacia la misma época, el vigor inicial de la expansión holandesa estaba también confrontando los límites impuestos por la reducida dimensión de su población y sus recursos, y por la agresiva política imperial de Inglaterra.

Los acontecimientos europeos "marginales"

Los acontecimientos políticos europeos que caracterizamos como marginales a la formación y desarrollo del Primer Orden Económico Mundial influyeron en el comportamiento de las potencias atlánticas, su disponibilidad y asignación de recursos, y en su potencial y empleo del poder militar y naval. Es decir, influyeron en su capacidad de expansión de ultramar. Esto es particularmente evidente en el caso de España durante los siglos XVI y XVII y su intervención en los acontecimientos en el norte de Europa, Italia, el Mediterráneo oriental y el Sacro Imperio Romano Germánico. Lo mismo ocurrió con Francia, cuyo compromiso con los asuntos continentales fue prioritario en todo el período, desde Luis XIV hasta Napoleón. Todo dependió de todo. Sin embargo, algunos acontecimientos ejercieron una influencia más directa y profunda sobre el comportamiento de las potencias atlánticas, y la formación y desarrollo del Primer Orden Económico Mundial. Estos son los límites y el sentido del carácter *marginal* de los acontecimientos a los cuales se hace sumaria referencia. Los hechos dominantes son aquí las luchas por el control del mar Báltico, la formación del efímero Imperio sueco, la expansión rusa y la contención definitiva de la penetración turca en Europa.

El control del acceso al mar Báltico y el dominio de su *hinterland* fue un tema dominante durante el Medioevo. El conflicto se mantuvo sin cesar durante los tres siglos abarcados por el Primer Orden Económico Mundial. Las potencias regionales, Suecia, Dinamarca, Holanda y los principados del norte de Alemania, mantuvieron enfrentamientos constantes por el dominio de las rutas comerciales y el *hinterland* del Báltico. Inglaterra, Francia y España interfirieron permanentemente en el conflicto en defensa de sus propios intereses en los recursos y el comercio de la región. Los suecos, desde el inicio del reinado de Gustavo Adolfo en 1611 hasta la paz de Roskilde en 1658, lograron dominar casi la totalidad de la Península Escandinava y Finlandia, y controlar el acceso al Báltico. A partir de finales del siglo XVII, bajo la presión de sus adversarios regionales y la expansión rusa, el Imperio sueco fue declinando hasta su eclipse definitivo a principios del siglo XVIII.

La expansión rusa se desarrolló sin pausa desde el reinado de Iván III (1462-1505) a fines del siglo XV y la conquista de la independencia del principado de Moscú frente a los tártaros. A partir de entonces y, sobre todo, desde la instalación de la dinastía de los Romanov en 1613, se consolidó el poder absoluto del Zar y aceleró la velocidad de la expansión territorial rusa. La ocupación de Siberia culminó con el acceso al océano Pacífico en 1649. A fines del siglo XVIII el Imperio ruso abarcaba el antiguo principado de Moscú, Siberia, gran parte de Polonia, Lituania, Finlandia y la costa oriental del mar Báltico. Al sur abarcaba Crimea y el acceso a los mares Negro y Caspio. De una población total de menos de 16 millones de habitantes en 1600, el Imperio abarcaba a principios del siglo XIX una población multiétnica y religiosa de casi 45 millones. Se trataba, sin embargo, de un inmenso espacio territorial de muy bajo nivel de desarrollo económico: más del 95% de la población era rural, estaba principalmente ocupada en actividades de subsistencia y vivía bajo un régimen feudal.

El efímero Imperio sueco y la expansión rusa fueron procesos importantes pero al margen de los que estaban gestando el Primer Orden Económico Mundial. La formación del Estado nacional y el absolutismo en Suecia, bajo Gustavo Adolfo, y en Rusia, desde Iván III, fueron procesos limitados a las propias fronteras de ambos imperios. Ejercieron, por lo tanto, una influencia menor en las transformaciones políticas en el resto del continente y, especialmente, en las potencias atlánticas. En ambos casos, los factores endógenos del desarrollo eran muy débiles o inexistentes. En el caso del Imperio ruso se trataba de economías esencialmente agrarias, con bajos excedentes sobre el consumo de subsistencia y reducida actividad manufacturera. Lo efímero de la experiencia sueca se explica, en gran medida, por la limitación de los recursos disponibles y una población reducida frente a las potencias vecinas y adversarias. La eficacia del sistema militar sueco fue insuficiente para compensar estos factores de debilidad del poder nacional.

Hacia 1500, el poder musulmán estaba en su apogeo. Con la conquista de Granada (1492) los reyes Católicos habían consumado el proceso de la Reconquista iniciado en el siglo XI y alcanzado la expulsión definitiva de los musulmanes de la Península Ibérica. Pero los fieles de Mahoma dominaban el norte África desde Marruecos hasta Egipto, Asia Menor y el Mediterráneo oriental, Etiopía, los Balcanes, Asia Central desde el mar Negro hasta el Himalaya y la bahía de Bengala. La dinastía safévida dominaba en Persia y Baber (1483-1530), lejano descendiente de Gengis Kan y Timur Lenk, consolidó el Imperio moghul en el centro y norte de la India. Desde la toma de Constantinopla, en 1453, los turcos se expandieron sin cesar. Bajo Solimán el Magnífico (1520-1566), conquistaron Rodas, Belgrado y Budapest. El Imperio otomano abarcaba entonces el norte de África hasta Marruecos, los Balcanes, Egipto, Siria, Asia Menor e Irak hasta la franja divisoria de los mares Negro y Caspio. El mundo musulmán estaba profundamente dividido entre los turcos sunitas y los chiítas persas. Este conflicto al interior de la fe, fue uno de los factores que debilitaron el poder otomano y contribuye a explicar su continua declinación desde fines del siglo XVI.

La derrota de la flota turca en Lepanto (1571), frente a la coalición de España, el papado y Venecia, señaló el inicio de la declinación del Imperio otomano. Éste volvió a sufrir una grave derrota en las puertas de Viena (1683) frente a la coalición de pueblos cristianos liderados por los Habsburgo que, poco después, reconquistó Hungría. A fines del siglo XVIII el Imperio otomano era una pieza en el tablero político de las potencias europeas. El poder turco fue crecientemente incapaz de enfrentar la expansión de los pueblos cristianos liderados por las potencias atlánticas.

Parte 3
LAS POTENCIAS ATLÁNTICAS: LA CONSTRUCCIÓN DEL PRIMER ORDEN ECONÓMICO MUNDIAL

VII. El comercio internacional bajo la hegemonía europea

LOS MISMOS FACTORES que condicionaron el desarrollo del comercio a partir del siglo XI continuaron teniendo vigencia entre los siglos XVI y XVIII. Los excedentes comercializables de la producción agropecuaria y artesanal siguieron representando bajas proporciones de la producción total. A su vez, la demanda de alimentos y de otros bienes para satisfacer necesidades básicas (vestuario, vivienda) continuó siendo abastecida casi en su totalidad por las producciones locales. Los costos del transporte terrestre eran prohibitivos, más allá de distancias cortas, para las mercaderías (como los cereales) de bajo precio unitario. El transporte marítimo registró una cierta mejora por el aumento de la capacidad de carga de los navíos y los avances en las técnicas de navegación. El largo período demandado por la lentitud de todos los medios de transporte y el tiempo de tránsito, la inseguridad de las rutas terrestres y, en las marítimas, la amenaza permanente de piratas, corsarios y las contingencias climáticas mantuvieron los fletes en altos niveles. Finalmente, dado los límites del desarrollo tecnológico, el comercio internacional siguió limitado a los bienes que no podían producirse localmente por falta de recursos naturales (como las especias y las materias primas para la industria naval) o de las calificaciones necesarias de la mano de obra (como en la orfebrería o los tapices).

179

Sin embargo, el descubrimiento y conquista de América, la consolidación de la presencia europea en el golfo de Guinea y en la costa africana sobre el océano Índico y la llegada a Oriente por vía marítima, abrieron nuevas fronteras y posibilidades al comercio internacional. El Nuevo Mundo confrontó a los europeos con realidades totalmente distintas de las planteadas en el desarrollo anterior del capitalismo mercantil. A su vez, la incorporación de África a la red ampliada del comercio internacional dio lugar a un fenómeno de gigantesca trascendencia: el comercio de esclavos en gran escala. Finalmente, la llegada a Oriente por vía marítima amplió el intercambio tradicional intercontinental y sentó las bases de la posterior ocupación colonial de regiones claves del Medio y Extremo Oriente.

Durante el Primer Orden Económico Mundial, el comercio intracontinental de Europa y de Oriente, siguió constituyendo el principal componente del comercio internacional. Sin embargo, el comercio intercontinental fue ganando importancia relativa, impulsado por la conquista y colonización de América, el comercio de esclavos africanos y las nuevas rutas marítimas a los puertos de Asia. Las redes de intercambio se hicieron cada vez más complejas sobre la base de un comercio multilateral dentro del cual se cancelaban los saldos del balance comercial de las potencias atlánticas y del resto del mundo. El rigor de las políticas monopolistas y proteccionistas de Holanda, Inglaterra y Francia, que lideraron la expansión del comercio internacional desde fines del siglo XVI, no impidió un fluido proceso de ajuste de los pagos internacionales apoyado en la plata y el oro provenientes del Nuevo Mundo.

A partir de la conquista de América y la apertura de las rutas oceánicas a Oriente, la expansión del comercio intercontinental provocó transformaciones profundas en el desarrollo del capitalismo comercial. Más que el aumento del tráfico intraeuropeo en las cuencas del Mediterráneo, del Báltico y del mar del Norte, fueron las nuevas fronteras abiertas por la expansión de ultramar las que impulsaron el desarrollo y la transformación del sistema. En parte, porque aumentó el peso relativo del tráfico intercontinental y, consecuentemente, el comercio intraeuropeo de productos de ultramar. Pero, sobre todo, porque la conquista y colonización del Nuevo Mundo y el desarrollo de las rutas interoceánicas con África y Oriente confrontaron a las potencias atlánticas con problemas radicalmente distintos de los del comercio tradicional.

Matriz y valores del comercio internacional alrededor de 1800

Obsérvese el cuadro siguiente:

Posible matriz del comercio internacional alrededor de 1800

Origen	Destino				
	Europa	Asia	América	África	Mundo
Europa	20	8	10	2	40
Asia	15	15	–	–	30
América	15	–	5	–	20
África	1	1	6	2	10
Mundo	51	24	4	21	100

Probablemente el valor de las exportaciones mundiales en 1800 rondaba los u$s 25 mil millones. Esto, representa cerca del 3% del producto mundial que, hacia la misma época, ascendía a alrededor de u$s 900 mil millones. Consecuentemente, las exportaciones de Europa habrían alcanzado a los u$s 10 mil millones, las de Asia a poco más de u$s 7 mil millones, las de América a u$s 4.500 millones y las de África (esclavos casi en su totalidad) a u$s 2.500 millones. Alrededor del 40% de las exportaciones mundiales correspondían al tráfico intracontinental en los cuatro continentes y el 60% al comercio intercontinental.

Europa tenía un déficit comercial del orden de u$s 3 mil millones con el resto del mundo, en su mayor parte con Asia y, en menor medida, con América. El primero se cancelaba con envíos de metales preciosos provenientes del Nuevo Mundo. El segundo con los tributos y utilidades remitidos a las metrópolis.

El valor de las importaciones era sustancialmente más alto que el de las exportaciones por los altos fletes, el tiempo de tránsito y los riesgos. En consecuencia, la diferencia de los valores FOB y CIF del comercio mundial probablemente rondaba entre el 50 y 100%. En tal caso, el valor de las importaciones en los alrededores de 1800 se ubicaría entre u$s 35 y u$s 50 mil millones.

Los márgenes de ganancia eran también muy altos probablemente del orden del 30% sobre el valor de las importaciones. La mayor parte de las utilidades quedaba en manos de los mercaderes y banqueros europeos que controlaban, además del propio, gran parte del comercio del resto del mundo. A fines del siglo XVIII, las exportaciones europeas representaban menos del 50% de las mundiales pero alrededor del 80% de las utilidades generadas por el comercio internacional debía quedar en manos de los empresarios y, vía impuestos y participaciones, de los estados europeos. Europa era, asimismo, la principal destinataria de los envíos de plata y oro desde el Nuevo Mundo, factor decisivo en la expansión de los medios de pago y el desarrollo mercantil. Estos factores contribuyen a explicar por qué una actividad como el comercio internacional, de escaso peso relativo en el conjunto de la producción de bienes y servicios, cumplió un papel tan importante en la acumulación de capital, el desarrollo del sector bancario y el financiamiento del sector público durante el Primer Orden Económico Mundial.

De las exportaciones de Europa por lo menos el 80% debía corresponder a las potencias atlánticas. Es decir, unos u$s 8.000 millones anuales de los cuales la mitad correspondería al tráfico intraeuropeo. Gran Bretaña representaba probablemente el 50% del total, España y Portugal no más del 10% y Holanda y Francia el 40% restante.

Alrededor de 1800 se insinuaba la división internacional del trabajo que prevalecería durante la Revolución industrial. América estaba especializada principalmente en la exportación de azúcar y de metales preciosos. Las exportaciones europeas extracontinentales estaban compuestas en su mayor parte por manufacturas textiles y metálicas, bebidas y alimentos elaborados. En las exportaciones de Asia predominaban las especias pero, también, figuraban los textiles y bienes suntuarios. En África, los seres humanos esclavizados representaban por lo menos el 90% de las "exportaciones".

El comercio intracontinental

En Europa

La red de comercio intracontinental de Europa registró la influencia de dos procesos principales. Por una parte, los cambios en la distribución de la producción agropecuaria y manufacturera en el espacio europeo. Por otra, las nuevas fuentes de abastecimiento de metales preciosos, alimentos y materias primas provenientes de América y, desde Oriente, de especias y té. Detengámonos brevemente en cada una de estas dos cuestiones.

Cambios en la producción. La agricultura de Holanda e Inglaterra registró un desarrollo más acelerado que el del resto del continente. En esto influyó el retroceso del feudalismo y la difusión del pago de la renta de la tierra en dinero y la eliminación de los servicios personales a la nobleza.

En Holanda, la ausencia de tradición feudal y de concentración de la propiedad de la tierra permitió el temprano desarrollo de pequeños y medianos productores orientados hacia el mercado. La recuperación de tierras al mar, la rotación de cultivos y la diversificación de la producción, aumentaron los excedentes comercializables. El desarrollo de la industria de lácteos se asoció al comercio internacional. Hacia 1700, Holanda exportaba el 90% de su producción de quesos.

En Inglaterra, el drenaje y la irrigación, amplió la superficie explotada al mismo tiempo que los arados y sembradoras de hierro mejoraban los rendimientos de los suelos y la productividad del trabajo. Esto permitió ampliar los excedentes entre la producción agropecuaria y la demanda rural para consumo y semillas. A mediados del siglo XVIII, cerca del 20% de las exportaciones inglesas estaba compuesta de alimentos.

Otros dos acontecimientos contribuyeron a ampliar y

diversificar el comercio intraeuropeo de productos agropecuarios. Por una parte, la incorporación, desde América, de semillas de cultivos (papa y maíz), desconocidos en Europa hasta el siglo XVI, contribuyó al desarrollo de nuevos centros de producción en Irlanda (papa) y en la cuenca mediterránea (maíz).

Por otra, el desarrollo de la ganadería en Dinamarca y diversas zonas de cría del norte de Europa, promovió las exportaciones de ganado en pie y carne salada, principalmente a los territorios germánicos. Hacia 1700, las primeras rondaban las 80.000 cabezas anuales y su valor equivalía a alrededor del 50% de las exportaciones de granos. Las redes del comercio intracontinental en Europa también registraron la influencia de los cambios en la distribución de la producción manufacturera. Hacia 1500, el grueso de la producción estaba concentrada en un corredor Norte-Sur que iba desde Amberes y Brujas sobre el mar del Norte, Ulm y Augsburgo en Alemania meridional hasta Florencia y Milán en el norte de Italia. Durante los tres siglos del Primer Orden Económico Mundial, el centro de gravedad de la producción manufacturera se desplazó hacia Holanda e Inglaterra. En Amsterdam se concentró la principal industria naval de la época y en Leyden la mayor industria lanera de Europa. En Inglaterra se registró un desarrollo diversificado de la industria metalúrgica, la minería de carbón, la producción de tejidos de lana y algodón, papel y vidrio. Francia y Suecia fueron también protagonistas importantes del desarrollo manufacturero del período. En Francia, bajo el reinado de Luis XIV (1643-1715), la política mercantilista de Colbert, estimuló la producción metalúrgica y de armamentos, tapices y paños de lujo, vidrios y espejos, papel, libros y orfebrería. A su vez, Suecia se convirtió en un importante productor de hierro. La emergencia de los nuevos centros industriales deprimió el desarrollo de localizaciones tradicionales en Flandes, Alemania e Italia del norte y su participación en el comercio de manufacturas.

La industria y el comercio de textiles reflejaron las transformaciones producidas en las economías y las sociedades del norte de Europa. Hasta el siglo XV, Inglaterra había sido la principal fuente de abastecimiento de lana de la industria de Flandes. La exportación de paños ingleses creció rápidamente en la primera mitad del siglo XVI y provocó la depresión de la tradicional industria pañera de Flandes. Sin embargo, los empresarios flamencos y holandeses se adaptaron a las nuevas circunstancias y a los cambios en la composición de la demanda impulsada por la creciente sofisticación de la moda y del vestuario. Telas más ligeras elaboradas con diversas fibras sustituyeron la producción desplazada por la competencia inglesa.[1] Posteriormente, en el siglo XVII, declinó la producción de paños de lana inglesa y sus exportaciones fueron desplazadas por las provenientes de Leyden.

El desarrollo y la diversificación de la industria textil provocaron cambios importantes en la localización de la industria de mayor importancia de la época y una competencia cada vez más feroz, dentro de Europa y en los nuevos mercados de ultramar, entre Inglaterra, Francia y Holanda. España, cuya decadencia industrial se reveló irremediable desde el siglo XVI, terminó siendo un simple exportador de lana. A fines del siglo XVII, cerca del 80% de los abastecimientos de lana de la industria holandesa provenía de España.[2]

El desarrollo de las otras ramas industriales provocó cambios adicionales en las redes y la composición del comercio

---

[1] K. Glamann, "El comercio europeo (1500-1750)", en: C. M. Cipolla (ed.), *Historia económica de Europa (II)*, ob. cit., p. 392.
[2] *Ibid.*, p. 394.

intraeuropeo. Los astilleros de Amsterdam, por el volumen de producción y nivel tecnológico, eran los más importantes de Europa. Hacia 1700 más del 50% de los barcos de ultramar de las potencias atlánticas había sido construido en los astilleros holandeses. El hierro sueco, las armas y herramientas inglesas, el papel y los cristales franceses formaban parte de una red de comercio intracontinental cada vez más amplia.

Estos cambios en la distribución de la producción agropecuaria y manufacturera en Europa modificaron las redes del comercio intracontinental.

Los nuevos mercados y las reexportaciones. Un segundo proceso influyó en el mismo sentido: las fuentes de abastecimiento y los mercados abiertos con la conquista y colonización de América y las rutas interoceánicas a Oriente. La importación de plata y oro, en volúmenes hasta entonces desconocidos en Europa, desde el Nuevo Mundo, modificó las redes de comercio entre las potencias atlánticas. La incorporación de nuevos productos (café, cacao y tabaco) y de azúcar (en volúmenes mayores y precios inferiores a los de las antiguas fuentes de abastecimiento de Algarbe, Andalucía, Sicilia y las islas Canarias) amplió el consumo de estos bienes y generó nuevas redes de distribución. Finalmente, el acceso por vía marítima a las fuentes de abastecimiento de pimienta y otras especias en la India y el archipiélago malayo aumentó sustancialmente el consumo en Europa y transformó las antiguas redes de tráfico centradas en el mar Rojo, Egipto y Asia Menor. La pimienta *mediterránea* proveniente de las redes establecidas en la Baja Edad Media fue, finalmente, desplazada por la *atlántica* que llegó primero a Lisboa y luego, a Amsterdam.[3] Los productos provenientes de las nuevas fuentes de

---

[3] *Ibid.*, p. 371.

abastecimiento se distribuían desde los principales puertos de entrada, como Amsterdam, Londres y Burdeos. Las reexportaciones de productos provenientes del resto del mundo constituían probablemente no menos de un tercio del comercio intraeuropeo durante los tres siglos del Primer Orden Económico Mundial.

Los centros del comercio intraeuropeo. Los mares del Norte y Báltico, el Mediterráneo y, cada vez más, las costas europeas sobre el océano Atlántico siguieron siendo el escenario principal del tráfico intracontinental y de su vinculación con el resto del mundo. Las tres cuencas quedaron definitivamente vinculadas a través del estrecho de Gibraltar. La expansión de ultramar debilitó progresivamente el comercio por tierra y vía fluvial de Europa central que, durante la Baja Edad Media, había ocupado una posición importante en el comercio intraeuropeo. Las guerras de religión contribuyeron también a deprimir la importancia de las ferias de Brabante en Flandes, como había sucedido anteriormente con las de Champagne. Los puertos de ultramar asumieron el papel hegemónico en la expansión del comercio. Las viejas redes del comercio en Europa central sobrevivieron como vías de distribución de las importaciones de ultramar.

El comercio del mar Mediterráneo estaba concentrado en los productos de las tierras cálidas de Sicilia, Algarbe y Andalucía (vino, aceite, maíz), trigo, sal, seda en bruto, algodón y cobre provenientes de los yacimientos de Europa central. Las manufacturas incluían tejidos, armas, jabones, papel y cristales. Las especias, que eran parte importante del tráfico en el Mediterráneo, se importaban durante el siglo XVI a través de Lisboa y, en los dos siguientes, de Amberes. Desde el mar del Norte, navíos holandeses e ingleses transportaban granos y arenques. La plata y el oro americanos que llegaban a Sevilla y Cádiz, financiaban el creciente déficit comercial de España y Portugal, resultante de la decadencia económica de las naciones ibéricas. Su destino principal era la ampliación de la oferta de dinero en Holanda, Inglaterra y Francia, y el financiamiento del déficit en su comercio con Oriente. Las flotas, mercaderes y banqueros de esos tres países ocuparon espacios crecientes en el tráfico del Mediterráneo, y desplazaron a los venecianos y genoveses. Los financistas y mercaderes de Europa central, como los Fugger, también quedaron desplazados de las nuevas corrientes del comercio y las finanzas. En estas tendencias convergieron, por una parte, la parálisis provocada por las guerras de religión y las disputas dinásticas y, por otra, las nuevas fronteras abiertas por la expansión de ultramar de las potencias atlánticas. Los más previsores de los empresarios italianos y alemanes se adaptaron tempranamente al nuevo escenario asociándose en los nuevos emprendimientos comerciales y productivos (como la explotación del azúcar en los archipiélagos de las islas Canarias y Azores).

El comercio de la cuenca del mar Báltico durante la Baja Edad Media estaba concentrado en las materias primas y alimentos de su *hinterland* y riqueza ictícola: cereales, sal, pescado salado, potasa, fibras textiles, madera y materiales para la construcción naval. Durante el Primer Orden Económico Mundial este comercio se acrecentó pero cambiaron sus actores principales. Los mercaderes holandeses desplazaron a los de la *hansa* teutónica. El paso de navíos por el Sund, el estrecho que separa las penínsulas de Escandinavia y Dinamarca y conecta los mares Báltico y del Norte, correspondió en un 60% a barcos de bandera holandesa, hasta mediados del siglo XVI. Desde entonces, hasta el siglo XVIII, la proporción declinó a cerca del 40%.[4] Amsterdam se convirtió en el principal puerto de distribución de los granos provenientes de la cuenca del Báltico cuyo mayor puerto de embarque era Danzig. El comercio de granos de esta región era el más importante de Europa. Conviene recordar, de todos modos, que el mismo no satisfacía más del 2 ó 3% de la demanda total de alimentos en Europa.[5] La proporción era mayor en los puertos y su *hinterland* dentro de radios no mayores de 100 ó 200 km.

El desplazamiento del centro de gravedad del comercio intraeuropeo se inició con la declinación de las ciudades italianas que dominaban las rutas del Mediterráneo oriental y el auge inicial de los puertos españoles y portugueses. A fines del siglo XVI, ya era evidente la pérdida de importancia relativa de Sevilla, Cádiz y Lisboa, que habían sido las ciudades líderes cuando los navegantes y mercaderes ibéricos iniciaron la expansión de ultramar de los pueblos cristianos de Europa. Finalmente, los puertos de las potencias atlánticas hegemónicas, Londres, Amberes, Amsterdan y Burdeos, terminaron por convertirse en los principales centros del comercio con América y Oriente y del tráfico intraeuropeo.

En Oriente

El segundo gran ámbito del comercio intracontinental durante el Primer Orden Económico Mundial siguió siendo el realizado entre las civilizaciones del Medio y Extremo Oriente. Su importancia era comparable a la del comercio intraeuropeo: probablemente representaba un tercio del comercio mundial total.

Durante la mayor parte del período, las grandes civilizacio-

---

[4] *Ibid.*, p. 360.
[5] *Ibid.*, p. 363.

nes mantuvieron un alto grado de autonomía frente a las decisiones de las emergentes potencias atlánticas. Su desarrollo económico y comercio internacional siguió determinado por los mismos factores que predominaban hasta el desembarco de Vasco da Gama en Calicut, en 1498. Recién a fines del siglo XVIII, la ocupación inglesa de parte del territorio de la India implantó el dominio europeo sobre una de las grandes civilizaciones orientales. Tiempo antes, los holandeses habían establecido un dominio territorial amplio sobre las islas de Sumatra y Java.

El cambio más importante impuesto por la presencia europea en los mares de Oriente a partir del siglo XVI fue la participación de sus navegantes y mercaderes en el tráfico intraoriental. En la segunda mitad del siglo XVI y primera del XVII, un tercio de los barcos portugueses arribados a los mares de Oriente permaneció para participar del comercio intracontinental desde Cantón y Shanghai hasta Calicut en la costa Malabar de la India, pasando por Makasar en las islas Célebes, Bantam en la isla de Java y Colombo en la isla de Ceilán. Más tarde, los holandeses, ingleses y franceses hicieron otro tanto, compitiendo con mercaderes indios, musulmanes y persas. En el tráfico intercontinental de especias, la lucha entre los mercaderes europeos fue feroz para dominar las fuentes de abastecimiento. Pero en el tráfico intraoriental, en donde regían las normas impuestas por las autoridades locales, los europeos se incorporaron a las redes de intercambio establecidas por los mercaderes orientales.

Como los piratas bereberes en el Mediterráneo, sus pares japoneses y malayos fueron una permanente amenaza al tráfico mercantil en los mares de Oriente. Especialmente en América, el capitalismo mercantil introdujo una nueva forma de piratería organizada, la patente de corsario, que era un instrumento de la guerra y de la expansión comercial de las potencias atlánticas.

En el Nuevo Mundo

Durante el Primer Orden Económico Mundial se desarrolló un importante comercio intracontinental americano. El tráfico entre México y Perú, el más significativo dentro del Imperio español, incluía las mercaderías en tránsito (como la plata del Alto Perú), alimentos elaborados, bebidas, armas, herramientas y textiles. Desde las praderas del *hinterland* de la cuenca del Río de la Plata, las exportaciones de tasajo, sebo y cueros a las plantaciones del Brasil y el Caribe alcanzaron alguna importancia en el siglo XVIII. El puerto de Buenos Aires, hasta la creación del Virreinato del Río de la Plata en 1778, fue además un lugar de tránsito de la plata contrabandeada desde el Alto Perú. En ningún momento del período, sin embargo, la producción y el comercio de estos territorios del extremo sur del continente, alcanzaron un peso relativo significativo dentro de la economía y el comercio coloniales.

La situación era muy distinta en América del Norte. Los colonos, industriales, mercaderes y financistas de las colonias inglesas desarrollaron un comercio muy importante con las posesiones ingleses, francesas y holandesas en las islas del mar Caribe. El comercio también abarcaba las posesiones españolas en tierra firme, Cuba y Puerto Rico. El tráfico con las Indias Occidentales estaba concentrado en Boston, Newport, New Haven y Baltimore. Desde Newfoundland y la cuenca del río San Lorenzo hasta la isla de Trinidad, los navíos transportaban pescado salado para la alimentación de los esclavos de las plantaciones, madera, harina de trigo, carne salada, caballos y manufacturas de origen europeo. Las importaciones incluían, principalmente, azúcar y sus subproductos (melaza y ron). En torno de este tráfico se desarrollaron los servicios de transporte, seguros y crédito, particularmente en Massachusetts y Rhode Island. En víspeas de la Revolución, probablemente más de la mitad de las exportaciones de las colonias británicas en América del Norte se realizaba con la región del mar Caribe.

El comercio intercontinental

Hasta el siglo XV, el comercio intercontinental se realizaba fundamentalmente entre mercaderes europeos, musulmanes, persas, indios y chinos. En los puertos del Asia Menor y el norte de África, convergían los bienes provenientes del Medio y Extremo Oriente y de los yacimientos de oro del Sudán occidental, para ser intercambiados por los bienes exportados por los pueblos cristianos de Europa. Los puertos del Mediterráneo oriental eran los puntos de contacto entre mercaderes de diversas etnias y culturas que operaban como agentes económicos independientes y, en todo caso, sujetos sólo a la autoridad de sus respectivas jurisdicciones políticas o del emplazamiento de las factorías.

La expansión de ultramar de las potencias atlánticas modificó la situación preexistente. Progresivamente, desde los primeros asentamientos portugueses en el litoral atlántico de África en el transcurso del siglo XV, Europa se fue convirtiendo en el eje del comercio intercontinental. Sus mercaderes fueron los principales protagonistas. Los estados nacionales de las potencias atlánticas fijaron las reglas del juego del emergente sistema internacional. Al mismo tiempo, fue a través de Europa que se articuló una red multilateral de comercio y pagos que vinculó los grandes espacios continentales.

Bajo la conducción europea, el Nuevo Mundo cumplió funciones fundamentales en la articulación del Primer Orden Económico Mundial. América fue esencial en la inserción internacional de África porque fue la destinataria de prácticamente la totalidad de su principal *producto* de exportación: los esclavos. Aunque en menor medida, fue también significativa la participación de América en la vinculación de Medio y Extremo Oriente al emergente orden mundial. América fue, en efecto, la principal fuente de suministro de oro y plata que las potencias atlánticas empleaban para saldar el déficit de su creciente comercio con el resto del mundo.

Durante el Primer Orden Económico Mundial se articuló la primera red de comercio intercontinental. Europa exportaba a África armas y productos metálicos, textiles y ron. Los mercaderes europeos transportaban esclavos de África a América. De América a Europa llevaban metales preciosos, de los cuales, probablemente un tercio terminaba en las arcas y los ornamentos de los príncipes orientales. Europa era, por último, el principal mercado de las especias y artículos suntuarios originarios de Oriente y del azúcar, café, tabaco, pieles y pescado salado provenientes del Nuevo Mundo. El hecho nuevo y sin precedentes que tuvo lugar durante el Primer Orden Económico Mundial fue la incorporación de un gigantesco continente, América, al comercio intercontinental.

Gran parte de la historia del comercio internacional y de la formación del Primer Orden Económico Mundial se refiere a tres cuestiones cruciales: los metales preciosos, el azúcar y la esclavitud. América fue el principal ámbito de referencia de las mismas.

El azúcar y la esclavitud establecieron una nueva red del comercio intercontinental entre Europa, África y América. África exportaba esclavos al Nuevo Mundo, éste azúcar a Europa y ésta diversos bienes (armas, textiles) a África. Probablemente, este tráfico intercontinental representó no menos del 20% del comercio mundial del período y estuvo dominado totalmente por los mercaderes europeos y, en primer lugar, por los británicos. El comercio de azúcar y de esclavos anticipó el rol hegemónico que Gran Bretaña cumpliría durante el Segundo Orden Económico Mundial (1800-1913).

La presencia de los portugueses en Oriente en el siglo XVI y, poco después, de holandeses, ingleses y franceses, expandió el tráfico intercontinental de Europa con las grandes civilizaciones orientales. La apertura de las vías interoceánicas, deprimieron la significación de las viejas rutas de la seda y el comercio de las caravanas que se iniciaba en China y concluía en los puertos del Asia Menor y Alejandría. En las vías interoceánicas, dominadas por los europeos, los mercaderes orientales no tuvieron participación alguna. En el transcurso del Primer Orden Económico Mundial, seguramente más del 90% del comercio intercontinental entre Europa y Asia pasó a ser dominado por los mercaderes europeos.

Aunque el volumen del comercio intercontinental Europa-Oriente aumentó sustancialmente, su composición y el balance comercial no registraron cambios significativos. Las especias, fundamentalmente la pimienta, siguieron siendo la principal exportación de Oriente a Europa. A fines del siglo XV Europa consumía probablemente un cuarto de la producción oriental de pimienta. En el siglo XVI la producción asiática se duplicó para satisfacer el aumento de las exportaciones promovido por la apertura de las rutas interoceánicas.[6] La pimienta no sólo se empleaba como especia para sazonar los alimentos sino, además, para conservar la carne. Con este propósito se utilizaba, también, la malagueta, un sustituto de la pimienta que se obtenía en África occidental y no en Oriente. Las principales fuentes de abastecimiento de especias siguieron siendo las mismas que en la Baja Edad Media: la costa Malabar de la India para pi-

---

[6] I. Wallerstein, *The Modern World System I*, San Diego, Academic Press, 1974, p. 329.

mienta, Ceilán para la canela y las islas Célebes para el clavo y nuez moscada.

En 1501, desembarcó en Amberes el primer cargamento portugués de pimienta. Durante el siglo XVI, los portugueses dominaron el tráfico interoceánico: alrededor del 50% de las especias importadas en Europa era entonces transportada por navíos y mercaderes portugueses. En el siglo XVII, los holandeses desplazaron a los portugueses y las especias siguieron siendo el rubro dominante. En 1620 éstas representaban el 75% del valor de los embarques de la Dutch East India Company, VOC en la sigla holandesa. La VOC enviaba anualmente 3.000 toneladas de pimienta y 1.500 de canela a Amberes y Amsterdam; otras 1.400 toneladas de pimienta correspondían al tráfico instrasiático realizado en navíos holandeses. Hacia fines del siglo XVII, el peso relativo de las especias declinó por el debilitamiento del monopolio holandés en el tráfico con Oriente.[7]

La apertura de las rutas interoceánicas con Oriente no diversificó significativamente la composición del intercambio intercontinental Europa-Oriente. Como recuerda Cipolla: "Oriente y Europa siempre habían estado en contacto".[8] Hubo, sin embargo, una excepción importante: el té. La británica East India Company lo transportó por primera vez desde China a Inglaterra en 1664. Su consumo se difundió rápidamente y en el siglo XVIII se convirtió en el principal producto importado por la compañía que, en esa época, había desplazado a la VOC del control del comercio de ultramar con Oriente. El consumo de té se popularizó solamente en Gran Bretaña. En el resto de Euro-

[7] P. D. Curtin, *Cross Cultural Trade in World History*, Cambridge University Press, 1986, p. 154.

[8] C. M. Cipolla, *Historia económica de la Europa preindustrial*, Madrid, Alianza Universidad, 1989, p. 233.

pa predominaron el café y el chocolate importado del Nuevo Mundo. Sin embargo, mientras estos últimos siguieron siendo un producto restringido a los grupos de altos ingresos en Europa continental, en Gran Bretaña el consumo de té se difundió en estratos más amplios de la población.

En el Primer Orden Económico Mundial, las especias y el té, representaron alrededor de dos tercios del total de las importaciones europeas originarias de Oriente. El resto estaba compuesto principalmente por las sedas, drogas, perfumes y porcelanas de China, y los textiles de algodón, piedras preciosas y tinturas de la India.

El balance comercial de Europa con Oriente siguió siendo deficitario durante el Primer Orden Económico Mundial, tal cual había sucedido en el comercio intercontinental de la Baja Edad Media. En el comercio de productos primarios predominaban las especias orientales; las exportaciones de alimentos y otros productos primarios europeos eran insignificantes. En el comercio de manufacturas, dado la pobreza relativa de la oferta de origen europeo, en comparación con la sofisticación de la producción oriental de productos de lujo, el valor de las exportaciones de las potencias atlánticas (especialmente armas y productos metálicos) a Oriente no alcanzaba al 50% del valor de las importaciones del mismo origen. En conjunto, el déficit comercial europeo representaba alrededor del 50% del valor de las importaciones originarias de Oriente.

VIII. El desarrollo económico

EL DESARROLLO ECONÓMICO de Europa en el transcurso de los tres siglos del Primer Orden Económico Mundial fue impulsado por la expansión del comercio internacional y el cambio técnico. Sobre estas bases aumentó la productividad del trabajo y se generaron nuevas fuentes de ahorro y acumulación. La ampliación de la producción manufacturera y de servicios diversificó la estructura de la producción y el empleo. El crecimiento de la población urbana reflejó estas transformaciones de la economía europea. El desarrollo económico aumentó la demanda de dinero y el sistema financiero se transformó para absorber la expansión del *stock* de metales preciosos y la creciente y diversificada oferta de instrumentos de inversión y crédito.

En el Primer Orden Económico Mundial existió una gran brecha entre los espectaculares avances del conocimiento científico y la modestia de las innovaciones tecnológicas. Algo semejante sucedió respecto del desarrollo económico. La expansión de ultramar y la revolución de las ideas ampliaron las oportunidades de negocios y transformaron las perspectivas de los agentes económicos. Pero el impacto de estas nuevas fronteras sobre la productividad, la acumulación de capital y la estructura de la producción y el empleo fue relativamente modesto. El principal límite del desarrollo económico estaba impuesto por la tecnología disponible. Recién con la Revolución industrial, durante el Segundo Orden Económico Mundial, se cerraría la brecha entre conocimiento científico y tecnología, y entre nuevas fronteras y aumento de la productividad.

Productividad y estructura económica

La tasa de crecimiento del producto *per capita* en los cinco siglos de la Alta Edad Media rondó el 0,1 anual, esto es, alrededor del 10% por centuria. En los tres siglos siguientes, la tasa aumentó probablemente en 50% y alcanzó al 0,15 anual. Hacia 1800 el producto *per capita* promedio en Europa debía ascender a alrededor de u$s 1.300.

Dado el peso de la producción agropecuaria en la generación del producto total, el comportamiento del sector rural fue decisivo en la evolución de la productividad en el transcurso del Primer Orden Económico Mundial. Los principales cereales (trigo, centeno, cebada y avena) eran la base de la alimentación y representaban alrededor del 50% de la producción agropecuaria total.[1] En esos cereales se produjo una notable caída de los rendimientos conforme al único indicador disponible en la época, a saber, la relación entre la semilla empleada en la siembra y la producción final. Los rendimientos registran una caída promedio del orden del 20% para toda la producción cerealera entre las primeras mitades de los siglos XVI y XVIII. Diversas razones contribuyen a explicar este fenómeno. Entre ellas, el uso de tierras menos fértiles, el desplazamiento de la siembra de cereales por forrajeras para la ganadería y cambios en las condiciones climáticas.[2] En consecuencia, no cambió significativa-

---

[1] F. Braudel, *El Mediterráneo y el mundo mediterráneo en la época de Felipe II*, México, Fondo de Cultura Económica, 1966, tomo I, p. 562.
[2] A. de Maddalena, "La Europa rural 1500-1750", en: C. M. Cipolla (ed.), *Historia económica de Europa (II)*, ob. cit.

mente la situación vigente a finales de la Alta Edad Media, en la cual "la mayor parte de los campesinos europeos se contentaban con un rendimiento de grano que oscilase entre tres y cuatro veces la semilla que habían sembrado".[3] En otros cultivos, como el arroz en Italia, se produjo un aumento de los rendimientos en el período. Sobre todo, el aumento del ingreso en las ciudades y la diversificación de la dieta, estimuló la producción ganadera y de productos lácteos, rubros que aumentaron a partir del siglo XVI. El comercio de alimentos a larga distancia siguió representando proporciones ínfimas de la demanda total. Braudel estima que el comercio satisfacía menos del 1% del consumo de trigo. El comercio de otros cereales, legumbres, hortalizas, carnes y otros alimentos, no modificaba la situación. El pescado conservado era una excepción y, sobre todo en las regiones costeras, formaba parte importante de la dieta. En promedio, el comercio internacional de alimentos debía satisfacer no más del 5% de la demanda total de alimentos en Europa en el transcurso del Primer Orden Económico Mundial.

El comportamiento de la productividad agrícola impuso límites estrechos a la posibilidad de reducción de la población campesina. Si hacia 1500 eran necesarios alrededor de 10 productores rurales para alimentar a una o dos personas de las clases altas y de las ciudades, hacia mediados del siglo XVIII probablemente no eran necesarios menos de ocho para los mismos fines. En promedio, hacia 1800, la población de las ciudades, incluyendo las mayores con varios centenares de miles de habitantes, seguía obteniendo sus alimentos de las zonas rurales vecinas, en radios no mayores de 100 ó 200 km.

[3] G. Duby, "La agricultura medieval 900-1500", en: C. M. Cipolla, *ibid.*, p. 208.

Los rendimientos cerealeros y la productividad por hombre ocupado en la producción agropecuaria, fueron los factores decisivos del lento ritmo de transformación registrado desde el despegue del capitalismo mercantil en el siglo XI hasta su culminación en el XVIII. De este modo, el peso relativo de la producción primaria, las artesanías-manufacturas y los servicios, no registró cambios radicales.

A mediados del siglo XVIII, la población radicada en las zonas rurales y dedicada fundamentalmente a la producción de subsistencia seguía representando entre el 70 y el 80% de la población total, proporción menor pero no mucho respecto de la observable en el siglo XV. Dada la semejanza de los niveles de productividad entre las actividades rurales y urbanas, la contribución de la actividad primaria al producto era semejante al de su participación en la población total.

A fines del siglo XVIII, las economías más avanzadas contaban con las mayores ciudades de la época (Amsterdam, Londres y París) y otros centros urbanos menores. Pero la distribución espacial de la población total no presentaba diferencias radicales con el resto de Europa.

En relación con la industria, la siguiente observación resume la situación: "en los siglos XVI, XVII y XVIII, no hubo cambios tecnológicos de gran importancia y, aparte de algunas pocas innovaciones limitadas, gran parte de la actividad industrial continuó como había estado durante siglos. En conjunto la capacidad manufacturera de Europa aumentó algo y se amplió la variedad de productos y la demanda de materias primas".[4]

En Europa, durante el transcurso de la Baja Edad Media y

---

[4] W. Minchinton, "Tipos y estructura de la demanda (1500-1750)", en: C. M. Cipolla, *ibid.*, p. 75.

del Primer Orden Económico Mundial, existe, pues, un continuo de cambios progresivos pero lentos en la tecnología disponible, el crecimiento económico, los niveles de vida, la transformación de las estructuras productivas y la distribución espacial de la población.

Cambios en la demanda

A partir del siglo XVI se produjeron dos cambios sustantivos en la composición de la demanda. El primero se refiere al aumento de los gastos militares. El segundo a la difusión de nuevas formas de consumo suntuario entre las clases altas.

Las guerras en el espacio europeo y la extensión de la rivalidad entre las potencias atlánticas al nuevo escenario mundial abierto con su expansión de ultramar provocaron un aumento radical en los gastos militares de las fuerzas de tierra y navales. Consecuentemente, el gasto público aumentó de forma sustancial. En Europa, en promedio, los gastos militares representaban alrededor de dos tercios del gasto público total.

En España, los hombres bajo bandera entre fines del siglo XV y primeras décadas del XVII aumentaron de 20.000 a 300.000. Su posterior decadencia produjo una disminución del personal bajo bandera y de los gastos militares. Pero en las otras dos grandes potencias atlánticas, Francia e Inglaterra, continuó el aumento del potencial bélico. En Francia, entre fines del siglo XV y mediados del XVIII, los hombres bajo bandera aumentaron de 40.000 a 330.000 y, en Inglaterra, de 25.000 a 200.000. Aun las Provincias Unidas holandesas, cuya población en el siglo XVIII no alcanzaba a los dos millones de habitantes, contaba a mediados del siglo XVII con 50.000 hombres bajo bandera y una flota de guerra tanto o más importante que la de Francia e Inglaterra.[5] Las potencias europeas, no embarcadas aún en la expansión de ultramar, es decir, Rusia, Prusia y el Imperio Habsburgo, triplicaron su personal militar entre fines del siglo XVII y mediados del siguiente.

El segundo cambio principal en la composición de la demanda se refiere a la difusión de nuevas formas de consumo suntuario. La moda y los gastos extravagantes en vestuario, pelucas y otros adornos se convirtió en una obsesión entre las clases altas. Hacia mediados del siglo XVIII se había arraigado la idea de que "no estar a la moda era como esta fuera del mundo".[6] "Los monarcas, los príncipes y sus mujeres, los duques y las duquesas eran quienes daban la pauta en esta búsqueda de lo efímero." Fue "la apoteosis de la ostentación de los ricos, las pelucas alcanzaron alturas de vértigo y la ropa llegó a nuevas cumbres de extravagancia".[7] La ética protestante intentó poner límite al consumo suntuario y ejerció una influencia moderadora, especialmente en Inglaterra y Holanda.

Las clases altas tenían también una propensión a rodearse de gran cantidad de sirvientes, cuyo número y nivel de vida era símbolo de *status* de los patrones. Mayordomos, lacayos, ayudas de cámara, cocineros, lavanderas, mozos de cuadra, cocheros y jardineros, formaban la dotación de sirvientes que, entre las personas más encumbradas, superaban las cien personas. En esos casos el personal incluía también servidores de alta posición, como el médico y el cura.[8]

---

[5] P. Kennedy, *The Rise and Fall of the Great Powers,* ob. cit., pp. 56-99.
[6] W. Minchinton, ob. cit., p. 89.
[7] *Ibid.,* pp. 88-89.
[8] *Ibid.,* p. 123.

El gasto de carácter suntuario fue liderado por la extravagancia de las cortes y el despilfarro de los nuevos ricos. No todo este empleo de parte del excedente fue efímero. Quedó también reflejado en la construcción de palacios, iglesias, bibliotecas y museos. Los nuevos edificios para teatro, concierto y ópera albergaban la actuación de los artistas dedicados al ballet y otras manifestaciones del arte escénico y musical cuya popularidad iba en aumento entre las clases altas. Las artes plásticas y la música, auspiciadas por la nobleza y los nuevos ricos, testimonian la imaginación y riqueza creativa del período.

La ostentación en el campo artístico enfatizó el movimiento, la curva, la luz, el espacio, los contrastes y la fusión de todas las expresiones artísticas. El barroco, expresión dominante de la época, seguramente implicó costos mayores que el arte de la tradición clásica y renacentista con su énfasis en el equilibrio, la serenidad y la sobriedad. El barroco proyectó a las artes la ostentación y el despilfarro predominante en las clases altas. Pero también reflejó las transformaciones espectaculares y dramáticas que se registraban en el escenario europeo, y en un mundo cuya diversidad étnica y cultural era asimilada por las potencias atlánticas y, a través de ellas, por toda la Europa cristiana.

Ahorro e inversión

La contribución de la producción agropecuaria al producto total era de alrededor de dos tercios pero su participación en la formación de ahorro era probablemente menor porque la actividad mercantil, la más rentable de la época, se concentraba en los centros urbanos. En las regiones más avanzadas de Europa probablemente el ahorro urbano contribuía con alrededor de la mitad del ahorro total. Hacia 1800 este último no debería exceder del 5% del producto de toda la economía. Un siglo antes, en Inglaterra, el consumo privado de bienes y servicios absorbería más del 90% del ingreso total, el gasto público entre 4 y 5% y la acumulación de capital entre 3 y 4%.[9] Esta estimación refleja una situación semejante a la prevaleciente en el resto de Europa.

En cuanto a los sectores sociales que generaban el ahorro, el factor decisivo era la distribución del ingreso. Hasta el siglo XVIII, la mayor parte de la población seguía viviendo en el campo en el límite de la subsistencia. Alrededor del 80% de su ingreso se gastaba en alimentos, un 10% en vestuario y otro 10% en vivienda y moblaje. Su ahorro era prácticamente inexistente.

El excedente del sector rural estaba concentrado en aproximadamente el 5% de la población compuesta por la nobleza, el alto clero y los mayores propietarios y productores rurales. En las ciudades, alrededor del 20% de la población era indigente y estaba compuesto por los marginales del sistema productivo. Aproximadamente un 30%, integrado principalmente por trabajadores manuales, criados, soldados y marinos, vivía en el límite de la línea de pobreza y satisfacía sus necesidades básicas de alimentación, vivienda y vestuario. Los sectores medios formados en su mayor parte por artesanos, comerciantes minoristas y profesionales representarían alrededor de un 40% y el 10% superior estaba integrado por la nobleza, los grandes comerciantes y el alto clero. El ahorro provenía principalmente del 5 al 10% de los estratos más altos de la sociedad en las zonas rurales y en las ciudades. En estas últimas, los sectores de ingresos medios contaban probablemente con un ingreso excedente sobre sus necesidades básicas que no debía superar el 10% de su ingreso total.

[9] *Ibid.*, p. 81.

La ausencia de diferencias importantes en la productividad e ingresos medios sugiere la existencia de fuertes semejanzas en la estratificación social y la distribución del ingreso en Francia, España, Inglaterra, los Países Bajos, Prusia o Italia.[10] Sin embargo, la mayor productividad agropecuaria en los Países Bajos y en algunas zonas de Inglaterra, sumado al mayor grado de urbanización e importancia relativa del comercio internacional, sugiere que en las zonas más desarrolladas de Europa el ingreso medio y el ahorro debería superar a los prevalecientes en las más atrasadas. De todos modos, la diferencia en las tasas de ahorro no debía ser mayor al 1 ó 2% del producto total.

Las inversiones de activo fijo incluían instalaciones, máquinas y herramientas para la producción de bienes en la agricultura y las artesanías-industria. Existía una cierta inversión de recursos públicos en puertos y sus instalaciones, canales, alumbrado público y la precaria red de transporte terrestre. Las inversiones principales fueron las realizadas en los Países Bajos en las tierras ganadas al mar. Entre 1540 y 1715, se incorporaron a la producción agropecuaria 150 mil hectáreas.[11]

Con el aumento de los recursos de los nuevos ricos en las ciudades, se produjo un cambio en la propiedad de la tierra, que siguió siendo el principal símbolo de *status* social hasta bien entrada la Revolución industrial. La disolución de monasterios, el reparto de tierras de la Iglesia, la venta de predios de la corona y de la nobleza dieron lugar a la formación de un mercado de tierras y a procesos de división pero también de concentración de la propiedad en manos de los más poderosos agentes de la actividad mercantil y financiera.

---

[10] El citado trabajo de W. Minchinton proporciona evidencias que sustentan esta apreciación.
[11] W. Minchinton, ob. cit., p. 129.

Como el comercio internacional siguió siendo la actividad más rentable, se concentró en él la mayor parte de la inversión. Las de activo fijo estaban compuestas principalmente por los astilleros y los buques y, también, por los puertos e instalaciones para el depósito y manipuleo de mercaderías. En las potencias atlánticas, el capital circulante compuesto por las mercaderías en depósito y en tránsito, y por los salarios y materias primas empleados en la producción de bienes exportables, representó probablemente alrededor del 50% de la inversión total de capital reproductivo.

Moneda y finanzas

El aumento del comercio internacional, la monetización de las relaciones económicas y el crecimiento del gasto público contribuyeron al persistente aumento de la demanda de dinero en el transcurso del Primer Orden Económico Mundial.

Entre 1500 y 1800 el valor de las exportaciones europeas aumentó cerca del 0,5% anual. En torno de la posición hegemónica asumida por las potencias atlánticas se ampliaron y diversificaron las redes de intercambio y los productos comerciados. Esto generó una creciente demanda de dinero para la cancelación de transacciones. El mismo efecto tuvo la progresiva disolución de los vínculos feudales y el surgimiento de formas capitalistas de organización del trabajo que sustituyeron los tradicionales pagos de rentas y salarios en especie por los pagos en dinero. Por último, la consolidación de los estados nacionales y el aumento de los gastos militares provocaron un drástico incremento de la demanda de financiamiento público.

La mayor demanda de dinero fue en parte satisfecha con el aumento del *stock* de metales preciosos monetizado. La incorporación de los yacimientos del Nuevo Mundo provocó un sostenido aumento de las importaciones de metales preciosos en Europa. Hacia 1650, respecto de fines del siglo XV, el *stock* de oro amonedado habría aumentado en 10% y el de plata en 100%.[12] El incremento probablemente siguió al mismo ritmo hasta fines del siglo XVIII. Sin embargo, el persistente déficit de las transacciones comerciales con Oriente provocaba un importante drenaje de metales preciosos. Esto era en parte compensado por la práctica generalizada de disminuir el contenido de oro y plata de las monedas en circulación.

El uso monetario de los metales preciosos acrecentó su participación en el empleo total de los mismos. El destino ornamental, a diferencia de la situación prevaleciente en Oriente, absorbió proporciones declinantes de la oferta de oro y plata. De todos modos, su monetización no alcanzó para satisfacer la creciente demanda de dinero ni para las transferencias internacionales de fondos, acrecentadas por la progresiva globalización de las relaciones económicas. El costo de las transferencias podía ascender hasta el 25% del valor de las mismas.[13]

La aparición de papel moneda y el aumento de la velocidad de circulación contribuyeron decisivamente a satisfacer la creciente demanda de dinero. El desarrollo de los mecanismos de compensación de saldos y de *clearing* facilitó el uso del dinero y la rapidez de las operaciones. La emisión por los bancos de papel moneda en exceso de sus reservas de metales preciosos contribuyó al aumento de la oferta de dinero. A principios del siglo XVIII, los billetes en circulación emitidos por el Banco de Inglaterra excedían en un 25% sus reservas metálicas.[14] Los

---

[12] G. Parker, "El surgimiento de las finanzas modernas en Europa (1500-1730)", en: C. M. Cipolla, ob. cit., p. 410.
[13] *Ibid.*, p. 440.
[14] *Ibid.*, p. 430.

bancos de Holanda, Suecia y otros países comenzaron a emitir papel moneda, en algunos casos con menor prudencia que el Banco de Inglaterra, generando la aparición del fenómeno de la inconvertibilidad. En las colonias británicas continentales de América del Norte la emisión de papel moneda también adquirió importancia significativa.

La formación progresiva de un sistema multilateral de comercio y pagos contribuyó a aumentar la velocidad de circulación y a reducir el costo de las transacciones financieras entre distintas plazas. La transformación de los antiguos mercaderes-banqueros en auténticos bancos, en algunos casos como los de Inglaterra y Amsterdan de alcance nacional y con redes de agentes en diversas plazas, robusteció el sistema financiero y lo habilitó para satisfacer la creciente demanda de dinero y de nuevos instrumentos para la aplicación de fondos y el crédito. El interés sobre depósitos y préstamos se convirtió en un asunto crecientemente importante para el desarrollo económico y la distribución del ingreso. Como hemos recordado en páginas anteriores, la cuestión reclamó la atención de los principales economistas de la época.

Una de las consecuencias de la globalización de las plazas financieras fue su efecto unificador sobre los niveles de precios vigentes en los distintos centros de producción y comercio de Europa. En 1500 la diferencia de precios de los principales productos entre los mercados del Mediterráneo cristiano y Europa oriental era de 6 a 1. La brecha declinó a 4 a 1 en 1600 y a 2 a 1 en 1750.[15]

La creciente monetización de las transacciones económicas y el desarrollo de la actividad financiera provocó otros efectos en

[15] I. Wallerstein, *The Modern World System (I)*, San Diego, Academic Press, 1974, p. 70.

el comportamiento de los precios. En el siglo XVI se produjo una *revolución de los precios* con un aumento sustancial de los mismos. En España, por ejemplo, entre 1520 y 1600 el nivel general de precios aumentó alrededor de cinco veces. El aumento de la oferta de metales preciosos provenientes del Nuevo Mundo influyó en esta evolución pero el fenómeno reconoce otras causas. Entre ellas, la rigidez de la oferta de alimentos frente a una demanda acrecentada por la urbanización y la elevación del poder adquisitivo. Las causas estructurales se agregaron a las estrictamente monetarias para explicar las variaciones en el nivel de precios en el siglo XVI. De todos modos, desde entonces, la variable monetaria asumiría un papel importante en los procesos inflacionarios observados en distintos períodos.

Simultáneamente con el aumento de la demanda y oferta de dinero y el desarrollo de la actividad financiera se fueron gestando mercados de capitales para la canalización de recursos de mediano y largo plazo para los sectores privados y públicos. La expansión de la actividad comercial de ultramar cumplió un papel pionero en el desarrollo de sociedades por acciones y en su negociación en los mercados de capitales. La VOC holandesa y las compañías británicas lideraron el proceso de movilización de recursos para el financiamiento de la expansión de ultramar. En cambio, la demanda de crédito y las operaciones en los mercados de capitales para el financiamiento de la incipiente Revolución industrial parecen haber cumplido un papel secundario. Sugiere Bairoch que, en sus primeras fases en el siglo XVIII, la inversión en las nuevas empresas industriales se financió esencialmente con el ahorro de los empresarios industriales y de los productores agropecuarios que comenzaron a incursionar en la actividad fabril.[16]

---

[16] P. Bairoch, *Le Tiers-Monde dans l'impasse,* París, Gallimard, 1992. Trad. esp. *El Tercer Mundo en la encrucijada,* Madrid, Alianza, 1986.

Uno de los dos ejes en torno a los cuales se desarrollaron los mercados de capitales fue, pues, el comercio internacional y la expansión de ultramar al Nuevo Mundo y al Medio y Extremo Oriente. El otro fue el financiamiento público destinado a financiar la expansión de los gastos militares.

El reclutamiento del personal militar, a medida que se fueron consolidando los estados nacionales y la guerra se convirtió en una empresa de gran escala, dejó de realizarse por la prestación de servicios personales de los vasallos al príncipe sin prácticamente empleo de dinero. A partir del siglo XVI, los nuevos y mayores cuadros de tropa y oficiales del ejército y la marina estaban formados por personal a sueldo, incluyendo mercenarios. Simultáneamente con los gastos en personal aumentaron los gastos en armamentos, cuarteles, fortificaciones y naves de guerra, que también eran pagados en dinero. Los gastos militares se fueron convirtiendo, de este modo, en el componente principal del gasto público. Por otra parte, como aquéllos se realizaban en gran parte fuera de las fronteras nacionales, el envío de fondos para el financiamiento de la marina y de las tropas impulsó el desarrollo de los instrumentos para la transferencia de recursos y la cancelación de saldos.

Los ingresos corrientes de los estados eran insuficientes para sostener el esfuerzo bélico. Consecuentemente, el crédito se convirtió en un componente importante del financiamiento de la guerra. En Inglaterra, entre 1688 y 1815, los créditos financiaron un tercio de los gastos militares.[17] La situación era similar en las otras potencias europeas.

Esta asociación entre la banca y los mercados de capitales con el comercio internacional y el financiamiento del sector pú-

---

17 P. Kennedy, ob. cit., p. 81.

blico constituye uno de los fundamentos de las finanzas del mundo moderno. Sus bases fueron establecidas durante el Primer Orden Económico Mundial.

Como cabía esperar, en el transcurso del siglo XVIII Gran Bretaña fue pionera en el montaje de un sistema fundado en la creciente globalización de las relaciones económicas internacionales. Sus bases fueron el financiamiento del gasto público, la expansión de ultramar, el desarrollo de las sociedades por acciones y la creciente participación del papel moneda en la oferta de dinero. Parte de la deuda pública acumulada durante la guerra de sucesión de la Corona de España (1701-1713) fue consolidada en un préstamo a largo plazo a cargo del Banco de Inglaterra y otra convertida en acciones de la Compañía del Mar del Sur. Dio así comienzo a un fenómeno sin precedentes: la especulación y las crisis financieras con la violenta oscilación de las cotizaciones de los títulos públicos y las acciones.

La primer crisis se gestó en Francia. El financista escocés John Law organizó un esquema apoyado en los tres monopolios estatales: el de emisión de moneda a cargo del Banco Real, el del comercio ultramarino de la Compañía de las Indias y el de recaudación de impuestos. El sistema estalló cuando la emisión incontrolada de papel moneda del Banco Real para financiar el déficit público dejó de ser absorbida por la compra de acciones de la Compañía de Indias. Mientras duró el alza de las acciones la demanda de dinero absorbió el aumento de su oferta. Cuando se reveló la ficción que sustentaba a la Compañía de Indias, las cotizaciones se desplomaron y estalló la crisis.

El fenómeno especulativo tuvo alcances europeos porque el aumento de las cotizaciones estimuló la formación de sociedades por acciones en Amsterdam, Ginebra, Viena y Hamburgo. Al mismo tiempo, comenzaron los movimientos de fondos especulativos entre estas plazas y las de Londres y París. En 1720 el pánico abarcó al emergente mercado europeo de capitales y estalló la crisis conocida como de la "burbuja de los Mares del Sur".

A fines del Primer Orden Económico Mundial, durante el siglo XVIII, estaba instalado, pues, un sistema financiero de alcances globales con una creciente capacidad de movilizar recursos y, también, de desatar procesos especulativos de vasto alcance.

IX. Desarrollo y subdesarrollo en las potencias atlánticas

EN LOS PRIMEROS tres siglos del Primer Orden Económico Mundial se registraron transformaciones profundas en la realidad interna de las potencias atlánticas. Los cambios obedecen a múltiples factores y, en primer lugar, a la aptitud de cada una de ellas de vincular la expansión de ultramar con su propio desarrollo interno. Las que resolvieron el dilema central del desarrollo en un mundo global se convirtieron en las potencias hegemónicas del emergente orden mundial. Fueron capaces de consolidar su situación sobre la base de los factores endógenos del crecimiento y los elementos intangibles del poder. Las otras quedaron marginadas como potencias de segundo orden.

Los nuevos desafíos se plantearon cuando los estados nacionales de las potencias atlánticas estaban en plena formación. Consecuentemente, se puso a prueba la capacidad de los sistemas políticos de incorporar las nuevas fuerzas de transformación social, cultural y política desencadenadas por la expansión de ultramar.

En definitiva, fue la diferencia de aptitudes para enfrentar las nuevas circunstancias, internas y externas, la que determinó el desarrollo del capitalismo comercial y la formación del poder económico y militar. El desplazamiento de la supremacía en el emergente orden mundial desde las naciones ibéricas, que fueron las pioneras, hacia Holanda, Francia y, sobre todo, Gran

Bretaña, se explica, en parte, por los cambios en el reparto del poder tangible (territorio y población). Pero influyó, sobre todo, la distinta capacidad de movilizar los factores intangibles del poder. Entre ellos, el conocimiento científico, el cambio técnico, el desarrollo de los entes primarios del capitalismo (la empresa privada y los mercados financieros) y la articulación entre el poder político y las fuerzas económicas emergentes. Estos mismos factores, finalmente, resolvieron la disputa por el poder tangible dentro del mismo espacio europeo.

La capacidad interna de cambio y adaptación fue el principal factor determinante de las diversas formas en que cada una de las potencias atlánticas organizó su expansión de ultramar. En el caso de España, el comercio intercontinental, con la importante excepción de las Filipinas, se concentró en el Nuevo Mundo. En cambio, desde las empresas pioneras del infante Enrique, Portugal tuvo intereses de escala planetaria. De todos modos, las naciones ibéricas se dedicaron al establecimiento de estructuras administrativas para mantener el control de la Corona sobre el tráfico y, por esta vía, asegurar su participación en los beneficios. Holanda y Gran Bretaña, en cambio, establecieron estructuras comerciales conducidas por intereses privados de cuyos beneficios, a través de los impuestos y otros medios, también participaba el Estado.

Los diversos abordajes de los problemas planteados por la expansión de ultramar reflejaron los distintos niveles de desarrollo de las economías y de las sociedades de la diversas potencias atlánticas. En las naciones ibéricas, el comercio internacional no generó eslabonamientos con el sistema productivo nacional. En Holanda e Inglaterra, en cambio, formó parte de un proceso de transformación productiva interno. También en Francia, la estricta estrategia mercantilista de Colbert bajo Luis XIV, asoció la expansión de ultramar con el desarrollo interno.

A diferencia de las naciones ibéricas, las otras potencias atlánticas registraban procesos de desarrollo de su producción primaria y manufacturera, y una rápida expansión de los servicios mercantiles y financieros vinculados a la expansión del comercio interno e internacional.

Portugal

La decadencia de Portugal en el transcurso del Primer Orden Económico Mundial reconoce una razón excluyente: su ínfimo poder tangible. Además, a diferencia de Holanda, su expansión de ultramar no se asoció con la transformación de la economía nacional. Respondió a los modelos mercantiles precapitalistas fundados en "la guerra, la coerción y la violencia" más que a la vinculación entre el comercio, la producción y la acumulación de capital.[1] Después de recuperar su independencia de España, Portugal se convirtió en una pieza en el tablero de la política europea y, sobre todo, un instrumento de la potencia marítima dominante: Gran Bretaña.

La expansión de ultramar iniciada por el infante Enrique movilizó los recursos de la nación en mayor medida que en cualquiera otra de las potencias atlánticas. Un país pequeño, cuya población no excedía los dos millones de habitantes a mediados del siglo XV, emprendió una aventura sin precedentes ni ejemplos comparables desde entonces. En África y Oriente, los portugueses establecieron una red de asentamientos, preferentemente en islas de extensión reducida, como la de Santo Tomé en el golfo de Guinea. Esta estrategia permitía la ocupación

---

[1] S. Subrahmanyam, *The Portuguese Empire in Asia 1500-1700*, Londres, Longman, 1993.

efectiva y la defensa. En tierra, establecieron fuertes o realizaron acuerdos con los gobernantes locales para la radicación de sus mercaderes. A mediados del siglo XVI, los portugueses habían establecido más de 50 fuertes y factorías entre el castillo de São Jorge da Mina en el golfo de Guinea y Nagasaki en Japón. Entre los principales emplazamientos figuraban Sofala en Mozambique, Ormuz en el golfo Pérsico, Diu en Gujarat, Malaca en la península de Malasia, Macasar en las islas Célebes, Temate y Tidor en las islas Molucas, y Macao en China. El asentamiento más importante era Goa (1510), que fue la cabecera del Estado de India y del Imperio portugués de Oriente.

Portugal pretendió monopolizar las fuentes de abastecimiento de especias y de los otros productos provenientes de Oriente. Con este propósito se propuso dominar los estrechos que permitían el acceso a las rutas interoceánicas. Tuvieron éxito en la conquista de la isla de Ormuz para controlar la entrada al golfo Pérsico y en la de Malaca para dominar el tráfico en el estrecho del mismo nombre entre la península de Malasia y la isla Sumatra. Fracasaron, en cambio, en la tentativa de conquistar Adén y controlar el acceso al mar Rojo. Tampoco tuvieron éxito en dominar las fuentes de abastecimiento de pimienta en la costa Malabar de la India y de diversas especias en Ceilán y las islas del archipiélago malayo. Sin embargo, en el apogeo del predominio de Portugal, a mediados del siglo XVI, sus mercaderes controlaban alrededor del 50% del total de las especias exportadas desde Oriente a Europa. Hacia la misma época, había alrededor de 10 mil portugueses radicados en la red de factorías y fortificaciones. En cada una de ellas predominaba la población local y de otras regiones de Asia. Sin embargo, el portugués se había convertido en la *lengua franca*, es decir, en el idioma de comunicación de las diversas culturas que confluían en el comercio del Medio y Extremo Oriente.

Entre 1500 y 1634, en promedio, partían anualmente de Lisboa hacia Oriente siete navíos y regresaban cuatro. El resto se perdía en la travesía o permanecía en Oriente para participar en el tráfico intraasiático y prestar los servicios de *cartazes*. Durante el siglo XVI el poderío naval portugués fue incontestable. La dimensión de sus navíos, algunos de los cuales desplazaban alrededor de 1.000 toneladas, y su armamento dieron rápida cuenta de las flotas hostiles que los enfrentaron en el océano Índico.

La extensa red de factorías y fortificaciones servía como lugar de intercambio con los productores locales y asentamiento de los navíos de guerra que vendían su protección para defender a los comerciantes orientales de la piratería y, más tarde, de los ataques de los corsarios europeos. Este servicio, *cartazes*, costaba entre el 6 y el 10% del valor de la carga y constituyó una fuente importante de ingresos para la corona portuguesa.[2]

Los portugueses administraron su Imperio de Oriente a través de dos entes: la Casa de India y el Estado de India, ambas con sede en Lisboa, pero la segunda efectivamente radicada en Goa. La Casa era titular del monopolio real sobre las principales importaciones de Asia, y sus ingresos provenían de la venta de mercaderías y de los servicios de navegación. El Estado era responsable de la administración política de la red de factorías y fortificaciones desde Sofala a Macao, el control de las fuerzas navales y de tierra, y de las normas que regulaban el tráfico intraasiático bajo la hegemonía portuguesa. Sus principales ingresos provenían de la venta de *cartazes*. La corrupción era parte del sistema.

---

[2] P. D. Curtin, *Cross Cultural Trade in World History*, ob. cit., p. 141.

Los problemas de Portugal generados por la conquista y colonización del Brasil fueron distintos de los planteados en la expansión a África y Oriente. Las respuestas fueron mas tardías y a ellas se hace referencia en el apartado dedicado a la conquista y colonización del Brasil. La invasión holandesa de Bahía (1624-1625) y la ocupación de Pernambuco (1630-1654) provocaron la creación de la Compañía del Brasil (1649, nacionalizada en 1664) a la cual se le concedió el monopolio de las importaciones en la colonia y el derecho de aplicar impuestos a las exportaciones contra la obligación de armar una flota que protegiera el comercio intercontinental portugués en América. A principios del siglo XVIII, durante la guerra de sucesión de la corona española, Portugal se incorporó a la Gran Alianza, bajo el liderazgo británico contra los borbones españoles y franceses. En este contexto, el tratado anglo-portugués de Methuen (1703) garantizó el acceso de los tejidos ingleses a Portugal y de vinos lusitanos a Inglaterra, e hizo posible la penetración de los intereses británicos en el Brasil.

España

En el caso de España, las razones de la declinación fueron más complejas. Al inicio del Primer Orden Mundial el poder tangible de España era de los más importantes de Europa. Su población equivalía aproximadamente al 50% de la francesa y era dos veces mayor que la del Reino Unido. La extensión del territorio español y la diversidad de sus recursos proporcionaban una sólida base de poder. Los *tercios* castellanos constituían la fuerza de combate más aguerrida y mejor equipada de la época.

La causa principal de la decadencia de España fue la incapacidad del país de movilizar los factores endógenos del desarrollo y, consecuentemente, sustentar sobre las nuevas fuentes intangibles del poder las pretensiones de ocupar una posición hegemónica en el espacio europeo y en el escenario mundial. Entre las decisiones que conspiraron contra el desarrollo de España figuran la expulsión de judíos y moriscos, la intolerancia religiosa y la interrupción de los vínculos con los centros de excelencia de la cultura europea. El monopolio comercial sirvió apenas para generar rentas a particulares y recursos para la corona pero no contribuyó al desarrollo de la agricultura y la industria. A su vez, los impuestos a las exportaciones de lana deprimieron la competitividad de la ganadería lanar y el mercado nacional fue fracturado por las barreras al comercio interno. De este modo era inevitable que los metales preciosos provenientes del Nuevo Mundo se emplearan para financiar los gastos militares e importar manufacturas y alimentos desde Francia, Inglaterra y Holanda. A diferencia de la experiencia de estos tres países, el aumento de oferta de oro y plata no impulsó la producción y el comercio ni contribuyó a la formación de un sistema financiero capaz de respaldar el desarrollo del país y su expansión de ultramar.

En este contexto, la política expansionista de los Habsburgo excedió el potencial del país y terminó por provocar la quiebra financiera del Estado español. En definitiva, el país fue derrotado por las dos potencias atlánticas dominantes: Francia y el Reino Unido. La Paz de Westfalia (1648) y el Tratado de los Pirineos (1659) sancionaron la declinación de España. La renovación del conflicto franco-español y la llamada guerra de Devolución (1667-1668) se originaron en la pretensión de Luis XIV de que los Países Bajos fueran devueltos a su esposa María Teresa. El enfrentamiento culminó con la guerra de Sucesión (1700-1713) de la corona de España. Luis XIV logró entronizar a su nieto, como Felipe V, e instalar una dinastía borbónica en el trono español. La Paz de Utrecht (1713) consagró la pérdida de los territorios europeos de la corona española y la renuncia de Felipe V a sus eventuales derechos a la sucesión francesa además de la cesión, en favor de Gran Bretaña, de Gibraltar y Menorca, y el monopolio del tráfico de esclavos con América hispánica.

A diferencia de Portugal, España sentó las bases institucionales y organizativas de su expansión de ultramar en torno de la conquista y colonización del Nuevo Mundo.

La marginalidad intrínseca de Portugal y la declinación de España despejaron el escenario para el protagonismo de las otras potencias atlánticas.

Holanda

Hacia 1500, la región meridional (la actual Bélgica) era la zona más avanzada de los Países Bajos. En el curso del siglo XVI, el centro de gravedad de la producción y el comercio se desplazó hacia el norte (la actual Holanda). La Reforma fracturó la unidad religiosa de los Países Bajos entre el catolicismo de los valones belgas y los protestantes flamencos holandeses. La migración de empresarios, artesanos y otros recursos humanos calificados desde Amberes a Amsterdam convirtió a esta ciudad holandesa en el principal puerto del mundo.

El alzamiento contra España comenzó en 1566. En la rebelión convergieron el movimiento por la independencia nacional, el rechazo al poder absolutista de Felipe II, el conflicto religioso y el enfrentamiento entre los Habsburgo y la monarquía francesa. En 1609, España admitió la independencia de las siete provincias rebeldes y se estableció la República de Holanda. En la Paz de Westfalia (1648), España reconoció definitivamente la nueva República y la independencia de sus posesiones en los Países Bajos.

Durante los ochenta años (1566-1648) de su rebelión contra España, Holanda se convirtió en protagonista principal de la expansión de ultramar. Desde la segunda mitad del siglo XVI enfrentó a Portugal y lo desalojó de su dominio de las vías comerciales a Oriente. En las primeras décadas del siglo XVII, los holandeses expulsaron a los portugueses de sus principales enclaves en África y comenzaron a dominar el tráfico esclavista. Pero este predominio fue pronto sustituido por el de Francia y Gran Bretaña.

El poder nacional holandés se asentó en la alianza política de los intereses comerciales ligados a la expansión de ultramar y el desarrollo de las manufacturas y la agricultura. La estructura social y política holandesa difería profundamente de la de las otras potencias atlánticas. Holanda carecía de una tradición feudal y buena parte del territorio había sido poblado recientemente en tierras recuperadas al mar. Consecuentemente, la nobleza terrateniente era débil y la mayor parte de la tierra pertenecía a los campesinos. Por otra parte, el poder de la Iglesia había sido eliminado con la Reforma. El poder económico y político descansaba en la burguesía urbana vinculada al comercio internacional, las manufacturas y las finanzas.

Hacia 1700, la economía y el sistema político de Holanda eran los más avanzados de Europa. El ingreso *per capita* del país era probablemente el más alto del mundo, y alrededor del 50% superior al de Francia y Gran Bretaña. La estructura de la economía era también la más diversificada. El 40% de la población activa estaba ocupada en la agricultura y el 60% en la industria, el comercio, la banca, la navegación, los seguros y el almacenaje. Holanda fue en esa época el país más urbanizado de Europa.

En comparación con las otras potencias atlánticas, las exportaciones representaban la proporción más alta respecto del producto interno, probablemente superaban el 10%. Buena parte del consumo interno de alimentos se abastecía de los países vecinos. Las industrias textil, de materiales de construcción, naval, madera y cuero, maquinarias e instrumentos de precisión eran también las más avanzadas de la época. Lo mismo sucedía con la tecnología utilizada en la agricultura y la industria. El combustible predominante era la turba y los costos de la energía probablemente los más bajos dentro de Europa. A diferencia de las otras potencias atlánticas, en las cuales el gasto militar absorbía la mayor parte del ahorro disponible, en Holanda su principal destino era la inversión en la infraestructura de canales, caminos y puertos, y en molinos de viento, astilleros, la agricultura y la industria. Otro destino importante eran las inversiones en el exterior, como las plantaciones de azúcar en el Caribe. Según Madison,[3] a fines del siglo XVIII las inversiones holandesas en el extranjero representaban alrededor de dos veces el valor anual del producto interno y sus rentas aproximadamente el 8% del mismo.

En Holanda la modernidad del sistema político; el acervo científico-tecnológico acumulado en los artesanos, agricultores y navegantes; la capacidad organizativa de recursos del sistema comercial y financiero; y el nivel de excelencia de las universidades, configuraban, al promediar el Primer Orden Económico Mundial, la combinación más compleja y creativa de los factores endógenos del desarrollo y de los componentes intangibles del poder. Sin embargo, el protagonismo holandés se agotó desde fines del siglo XVII. El comercio internacional que había crecido a una tasa del 1,5% anual entre 1500 y 1700 declinó en

---

[3] A. Madison, *Historia del desarrollo capitalista*, Barcelona, Ariel, 1991.

0,2% anual entre principios y fines del siglo XVIII. La declinación comercial se reflejó en el estancamiento de la producción, especialmente la textil y los astilleros.

Un factor que explica esa tendencia fue el aumento de los costos internos de producción, incluyendo los salarios, que debilitó la competitividad internacional de la producción holandesa. Sin embargo, la causa fundamental radica en la insuficiencia del poder tangible del país. En 1700 la población de Holanda era inferior a los dos millones de habitantes y representaba una quinta parte de la del Reino Unido y una décima de la de Francia, sus dos principales competidores en el escenario mundial. En definitiva, Holanda fue incapaz de enfrentar la oposición de las dos potencias atlánticas dominantes desde mediados del siglo XVII.

La primer compañía holandesa de ultramar la organizaron mercaderes de Amsterdam. Inició sus actividades con un viaje a Oriente que partió en abril de 1595. De las 280 personas que iniciaron la travesía sólo regresaron 87 dos años después, con un cargamento de pimienta. Esta fue la forma inicial de la intervención holandesa en el comercio de ultramar: la formación de compañías de los mercaderes de Amsterdam, Rotterdam y Delft, que se constituían para un solo viaje y se liquidaban al final del mismo. Entre 1595 y 1601, se organizaron en las Provincias Unidas ocho compañías que despacharon 15 flotas con 65 barcos.

Holanda fue precursora de muchas de las innovaciones de organización del comercio y de su articulación con el poder político. Para evitar la competencia salvaje entre las distintas compañías nacionales y, consecuentemente, su debilidad para enfrentar a los mercaderes de otras banderas, el gobierno de la República holandesa impuso su unificación en una sola empresa de carácter permanente: la Compañía Holandesa de las Indias Orientales, célebre bajo su sigla holandesa VOC, cuyos estatutos fueron aprobados en 1602. La VOC recibió, bajo juramento de fidelidad y obediencia a la República y con la participación en el directorio de representantes de los Estados Generales, el monopolio del tráfico con Oriente. En los siglos XVII y XVIII, sus estatutos y autorización fueron renovados periódicamente.

La VOC es el primer ejemplo, en gran escala, de vinculación de intereses privados y públicos en la conducción y reparto de los costos y beneficios de un emprendimiento. La responsabilidad de la VOC estaba limitada a su capital, aportado por los mercaderes de las seis cámaras de comercio de las Provincias Unidas e inversores individuales provenientes de diversos estratos sociales. En este último sentido, fue la primera empresa de capitalismo popular en la historia. El capital inicial de 6,5 millones de florines (alrededor de u$s 20 millones) nunca se aumentó. Después de su fundación, la VOC se financió con crédito otorgado por el sector financiero, sentando otro precedente de la asociación del Estado, la empresa privada y la banca.

En su apogeo, a finales del siglo XVII, la VOC tenía 30 establecimientos en Oriente, una flota de más de 100 barcos (los mayores y técnicamente más avanzados de la época) y cerca de 15 mil funcionarios y soldados. La VOC contribuyó al desarrollo de la infraestructura de la navegación y entre sus logros figura el establecimiento de las dependencias de hidrografía de Amsterdam y Batavia. El gobierno de cada emplazamiento descansaba en un consejo integrado por un comerciante, el contador y el jefe militar. Batavia (actual Yacarta) en la isla de Java, era la cabecera del sistema y sede del gobernador general y del Consejo de Indias, subordinado a los 17 caballeros que conducían la VOC. En Batavia estaba radicado el astillero para las reparaciones de la flota de la VOC.

La VOC fue el instrumento de la política holandesa en Oriente. En el inicio de sus actividades, según Curtin[4] "la VOC era menos una empresa comercial que un sindicato para la piratería, controlado por el gobierno pero financiado por particulares y dedicado a destruir la presencia portuguesa en Asia". La VOC ejercía el poder militar y la representación diplomática del país. Su objetivo era monopolizar el comercio de especias. Se trataba, pues, de expulsar a los mercaderes portugueses e ingleses, y de controlar las fuentes de abastecimiento. En 1641 conquistó Malaca, expulsó a los ocupantes portugueses y logró el control del tráfico a través del estrecho entre la península de Malasia y Sumatra. Pocos años antes, la Compañía Inglesa de las Indias Orientales fue forzada a abandonar las islas Molucas después que la VOC ejecutó (Masacre de Amboina, 1623) a diez funcionarios ingleses acusados de conspirar contra los holandeses. A lo largo del Primer Orden Económico Mundial, tal cual había sucedido en las fases previas del capitalismo mercantil, la disputa por el control del comercio de ultramar entre las potencias atlánticas fue a muerte y sin cuartel.

La VOC reveló una extraordinaria versatilidad para adecuarse a las circunstancias predominantes en cada emplazamiento. En donde era imposible imponer su presencia por la fuerza, la VOC realizó acuerdos de instalación pacífica. Así sucedió en los pactos con el gran Moghul en India, el emperador de China, el Sha de Persia y el Shogun de Japón. A partir de 1641, este último sólo autorizó la presencia de mercaderes holandeses. En cambio, en las islas del archipiélago indonesio, en donde confrontó a soberanos débiles, la VOC ocupó el territorio y organizó la producción. Tal el caso de las plantaciones de azúcar y

---

[4] P. D. Curtin, ob. cit., p. 152.

café alrededor de Batavia. La VOC logró establecer el monopolio efectivo sobre algunas especias (clavo, canela y nuez moscada) a través de sus asentamientos en Macasar en las islas Célebes y Ambon, y Ternate en las islas Molucas. En otras islas, destruyó plantaciones competitivas. En el caso de la principal especia, la pimienta, cuya producción estaba difundida en Asia, la VOC nunca logró establecer un monopolio efectivo.

A lo largo de su historia la VOC importó a Holanda más de 100 productos de origen asiático. En el siglo XVII, casi el 60% de los embarques eran especias, fundamentalmente pimienta. De ésta última, transportó cerca de 3 mil toneladas anuales. La participación de las especias fue declinando a lo largo del siglo: en 1620 representaba el 75% de los embarques y menos del 24% en 1700. Hacia esta última fecha el transporte de telas (algodón, seda) de la India representaba más del 50% del tráfico. La VOC, como los portugueses, tenía una importante participación en el comercio intraasiático y también vendía *cartazes* a los mercaderes orientales. Un rubro importante era las exportaciones de plata y cobre de los yacimientos japoneses al resto de la región. Las de plata fueron prohibidas por el Shogun desde mediados del siglo XVII.

Al igual que en las otras potencias atlánticas, el balance comercial de Holanda con Asia era deficitario. La VOC transportaba metales preciosos, en barras y monedas. En el siglo XVIII, dos tercios de las exportaciones de Holanda a Asia estaban compuestos por metales preciosos. El valor de esas exportaciones ascendió a un promedio anual de casi 5 millones de florines (alrededor de u$s 15 millones).[5] La plata, proveniente de los yacimientos americanos, representaba más del 80% de las exportaciones.

---

[5] E. L. Jacobs, *In Pursuit of Pepper and Tea, The Story of the Dutch East Indian Company*, Walburg Pers, Zutphen, 1991, p. 51.

Para su penetración en el comercio de la cuenca del océano Atlántico, los holandeses emplearon el mismo sistema que en su tráfico con Oriente. Dos décadas después de la constitución de la VOC, fue creada, en 1621, la Compañía Holandesa de las Indias Occidentales. Sus objetivos eran comerciar y contrabandear en el espacio formalmente bajo jurisdicción de España y Portugal, ocupar territorios y establecer colonias. Conforme con la carta-patente concedida por los Estados Generales, el gobierno de la Compañía correspondía a los comerciantes de las cinco principales regiones de Holanda, con la supremacía de Amsterdam que controlaba el 45% del capital. La carta-patente confirió a la Compañía el monopolio del comercio entre América y África.

Como en el caso de la VOC, el Estado holandés otorgó a la Compañía amplias facultades para realizar tratados, hacer la guerra y negociar la paz con los gobernantes locales, designar funcionarios, generales y gobernadores, y legislar en los territorios ocupados. La Compañía era una empresa comercial y, al mismo tiempo, el instrumento de acción política del Estado. Fue a través de la Compañía que Holanda asumió un papel importante en el tráfico de esclavos, la producción y exportación de azúcar, y el asalto a los navíos e intereses de España y Portugal en África y el Nuevo Mundo.

En el cuarto de siglo posterior a su creación, la Compañía fundó Nueva Amsterdam, invadió Bahía y Pernambuco, expulsó a los portugueses de sus posesiones en Elmina y Luanda, en África occidental, y ocupó Bonaire, Curaçao, Aruba y otras islas menores en las Antillas. Las guerras con Gran Bretaña provocaron la pérdida de la mayor parte de estas posesiones. Después de su expulsión del Brasil, los holandeses capturaron Surinam, cuya posesión definitiva fue acordada con Gran Bretaña a fines de la década de 1660 a cambio de la cesión de Nueva Holanda (actual Nueva York).

La Compañía Holandesa de las Indias Occidentales nunca produjo beneficios comparables a los de la VOC. Agobiada por el costo de los enfrentamientos armados con las potencias atlánticas, fue disuelta en 1674 y restablecida al año siguiente. De todos modos, siguió siendo el instrumento de la presencia holandesa en África y el Nuevo Mundo hasta fines del siglo XVIII.

Francia

El Estado absolutista francés se configuró bajo el reinado de Luis XIII (1610-1643) y el presidente de su Consejo Real, cardenal Richelieu (1585-1642). El Rey, representante de Dios, no era responsable ante la Iglesia ni ante el pueblo. Richelieu creó un ejército nacional permanente y procuró someter a los gobernadores escogidos por la nobleza a la supervisión de los intendentes designados por la Corona. No logró, sin embargo, suprimir la venta de cargos públicos ni la existencia de los organismos jurídico-administrativos que respondían a la nobleza. El mantenimiento de las políticas absolutistas bajo el sucesor de Richelieu, el cardenal Mazarino (1602-1661), provocó la revuelta de la nobleza y desencadenó la guerra civil (1648-1653) de la Fronda. La anarquía provocada por la nobleza terminó por consolidar el respaldo al absolutismo que alcanzó su máxima expresión con la personificación del Estado en la figura del monarca ("el Estado soy yo"), bajo el reinado de Luis XIV (1661-1715).

Todo el poder quedó concentrado en el Rey que gobernó por decretos, asistido por el Consejo Secreto y un gabinete de ministros sometidos a su autoridad absoluta. El monarca se reservó el derecho de intervenir en la justicia, disponer órdenes de detención y controlar la policía secreta. En 1685, en el terreno religioso, el proceso culminó con la revocación del Edicto de Nantes y las mercedes de los hugonotes.

El absolutismo en Francia permitió integrar el espacio nacional y aplicar una política rigurosamente mercantilista. Posibilitó, asimismo, movilizar el potencial del país para respaldar un gigantesco aumento de las fuerzas armadas y la política expansionista de Luis XIV. Entre las décadas de 1650 y 1690 los efectivos del ejército se cuadriplicaron: de 100 mil a 400 mil hombres.

Después de la muerte del cardenal Mazarino (1661), Jean Baptiste Colbert (1619-1683) se convirtió en el principal ideólogo y conductor de la administración del reino. Los ejes centrales de su política se ajustaron al criterio mercantilista de impulsar la producción interna y las exportaciones, y generar un superávit comercial. Esta estrategia encajó en una agresiva política de reorganización del Estado y de la justicia, centralización del poder administrativo y saneamiento de las finanzas públicas a través de la reforma tributaria, el aumento de la recaudación fiscal y el repudio de la deuda pública. El Estado asumió un papel decisivo en el desarrollo industrial a través de monopolios públicos y empresas subsidiadas (gobelinos, cristalería, perfumes, porcelanas y otros productos suntuarios destinados en buena parte a la exportación), e inversiones en la infraestructura y el desarrollo de la navegación, los puertos y la industria naval.

Una expresión extrema del proteccionismo colbertiano fue la prohibición de la emigración de trabajadores, el empleo de trabajo forzado en las galeras y la pena de muerte aplicable a los marinos franceses que sirvieran en las flotas de otros países. El patronazgo de las artes y la ciencia reveló la concepción global del proceso de desarrollo económico y del poder nacional de un hombre excepcional. Colbert tuvo incluso tiempo de acumular una inmensa fortuna personal e impulsar la carrera pública de sus descendientes. Esta estrategia económica promovió el desarrollo manufacturero y la expansión de ultramar de Francia pero desestimuló la agricultura, que seguía siendo la fuente principal de la producción y el empleo.

Al mismo tiempo, el intervencionismo exagerado y el detallismo y rigor de los controles depositó en las decisiones públicas todo el liderazgo de la formación de capital, el cambio técnico y la expansión comercial. De este modo, los emprendimientos privados no jugaron el papel decisivo que cumplieron en las otras dos potencias atlánticas líderes en el período, Gran Bretaña y Holanda. Así se explica, probablemente, el fracaso de las dos grandes compañías comerciales francesas, de las Indias Orientales y Occidentales, creadas en 1664. En consecuencia, desde la perspectiva de los factores endógenos del desarrollo, el absolutismo francés de la segunda mitad del siglo XVII y primera parte del XVIII arrojó un saldo ambiguo. Por una parte, el Estado ejerció un fuerte liderazgo y movilizó el potencial nacional indispensable en el mundo monopolista y agresivo del Primer Orden Económico Mundial. Por otra, restringió la libertad de maniobra de la iniciativa individual y debilitó la capacidad expansiva del sistema.

El absolutismo francés engendró otras consecuencias negativas sobre el desarrollo del país y su participación en la expansión de ultramar. La intolerancia religiosa y la revocación del Edicto de Nantes (1685) provocó una gran pérdida de recursos humanos calificados. A partir de 1665, Luis XIV se embarcó en una política de expansión territorial hacia el este y el norte, y en una serie de guerras que continuaron durante todo su reinado.

Los exagerados costos militares en recursos humanos y financieros terminaron por agotar los efectos positivos de la estrategia de Colbert sobre la economía y el comercio exterior de Francia. El desarrollo político e institucional del país había dado respuesta a una de las condiciones necesarias para la inserción en el Primer Orden Económico Mundial: la concentración del poder en la monarquía y el Estado nacional. Pero no a la otra: un régimen de participación y representación que estabilizara las relaciones sociales y políticas dentro de la sociedad francesa, y evitara los excesos del absolutismo. La crisis del *Ancien Régime* se prolongó a lo largo el siglo XVIII y abrió paso a una puja por la distribución del poder entre los distintos estamentos de la sociedad francesa. La incapacidad de los sucesores del rey Sol, Luis XV (1710-1774) y Luis XVI (1754-1793), de establecer un sistema viable de representación y participación sancionó la crisis definitiva del absolutismo monárquico y culminó con la Revolución de 1789. Los avances institucionales que Inglaterra había logrado a partir de la guerra civil un siglo antes, en Francia estallaron súbitamente con la Revolución. El mismo año de 1789 la Asamblea abolió el régimen feudal (supresión de los derechos señoriales sobre el patrimonio y la libertad de las personas) y proclamó la Declaración de los Derechos del Hombre. El caos revolucionario concluyó con el ascenso de Napoleón Bonaparte al poder cuando se cerraba el Primer Orden Económico Mundial.

La presencia de Francia en la expansión europea de ultramar reflejó la situación distinta prevaleciente en Oriente y en el Nuevo Mundo. En el comercio con Oriente, las companía por acciones, la Compagnie de Chine y la Compagnie des Indes, operaron con los mismos principios, pero en menor escala que sus competidoras la VOC y la East India Company. En América, Francia concentró su presencia en las Antillas (Haití, Martinica, Guadalupe) que fueron cabecera de operaciones de los corsarios franceses y, luego, fuentes de producción de azúcar y café. La presencia francesa en Senegal aseguró la participación en el tráfico de esclavos hacia el Nuevo Mundo. En América del Norte, predominaron las colonias reales gobernadas por un miembro de la nobleza en los extensos territorios que abarcaban desde la cuenca del río San Lorenzo y Nueva Escocia, los Grandes Lagos y, a través de la cuenca del río Mississipi, hasta el golfo de México. Finalmente, el predominio británico redujo la presencia francesa a la región de Quebec.

Gran Bretaña

Los dos procesos paralelos de concentración del poder nacional en la Corona y la emergencia de nuevas normas e instituciones de representación y participación desencadenaron la guerra civil (1642-1648). El absolutismo monárquico se aceleró con el primero de los reyes de la dinastía de los Tudor, Enrique VII (1485-1509). El conflicto estalló bajo el reinado (1625-1649) de Carlos I. El rechazo del Parlamento a la creación de nuevos impuestos, las detenciones arbitrarias y las exacciones culminaron en la guerra entre el Ejército Parlamentario organizado por el puritano Oliverio Cromwell (1599-1658) y Carlos I aliado a Escocia. La guerra concluyó con el ajusticiamiento del Rey y la proclamación de un régimen republicano gobernado por el Parlamento bajo la dictadura del Lord Protector Cromwell (1649-1658).

El nuevo poder absoluto impuso un puritanismo sectario. Al mismo tiempo, tomó decisiones fundamentales para consolidar la posición hegemónica británica en la expansión comercial de ultramar. Gran Bretaña entró en guerra (1654-1659) contra dos potencias rivales, España y Holanda, para destruir su poder marítimo y conquistar Jamaica y Dunquerque. La ley de Navegación (1651) estableció el monopolio del transporte en navíos ingleses de todo el comercio exterior del país e impulsó el desarrollo de la construcción naval. A esa altura de los acontecimientos, la política de Cromwell era el mejor ejemplo de la importancia de la concentración del poder nacional en la disputa por la hegemonía de la expansión comercial del Primer Orden Económico Mundial y en la movilización del potencial de crecimiento de la economía interna.

El sistema republicano autoritario no logró consolidarse después de la muerte del *Lord Protector* en 1658. Con la restauración de los Estuardo, bajo el reinado de Carlos II (1660-1685), se renovaron los conflictos entre el Parlamento y la Corona. El Parlamento reafirmó sus prerrogativas con la Test Act (1673) que excluyó a los no anglicanos de todo cargo público y la ley de Habeas Corpus (1679) que garantizó la libertad personal y consagró la protección legal del individuo. En el nuevo marco político, las fuerzas liberales (los *whig*), opuestos a los Estuardo, promovieron la concentración del poder en el Parlamento y enfrentaron a los conservadores (*tories*) fieles a la dinastía reinante y la monarquía de origen divino.

Después del fracasado intento de Jacobo II (1685-1688) de restablecer el catolicismo, los *whigs* y los *tories* convocaron a Guillermo de Orange. La Revolución gloriosa de 1688 consagró los principios de "la religión protestante y un Parlamento libre". El cambio de dinastía consolidó las transformaciones del sistema político británico afianzándolo en el acuerdo entre la aristocracia terrateniente y las burguesías urbanas vinculadas a la expansión del comercio, las manufacturas y las finanzas. En 1689 se promulgó la Declaración de Derechos que estableció la aprobación de impuestos por el Parlamento, la libertad de imprenta, la inamovilidad de los jueces y la organización de un ejército no permanente. La libertad individual y las garantías de la propiedad privada quedaron consagradas con una monarquía constitucional fundada en la división de poderes. Posteriormente, estos principios ejercieron gran influencia en la fundamentación del movimiento de independencia de las colonias británicas en América del Norte. Bajo los primeros monarcas de la casa de Hannover, Jorge I (1714-1727) y Jorge II (1727-1760), se crearon los fundamentos definitivos del parlamentarismo moderno: la mayoría es requerida para formar gobierno presidido por un primer ministro, independiente de la Corona y sólo responsable ante el Parlamento.

La concentración del poder en el Estado nacional y la estabilidad de las instituciones políticas británicas motorizaron los factores endógenos del desarrollo y la expansión internacional. El siglo XVIII en Gran Bretaña proporciona el mayor ejemplo de combinación eficaz de absorción de tecnologías foráneas, movilización de la capacidad interna de innovación, y activa intervención del Estado para respaldar la penetración de los intereses comerciales y financieros británicos en el resto del mundo. El progreso institucional incluyó la creación del Banco de Inglaterra en 1694 y el desarrollo de un poderoso sector financiero que asumiría el liderazgo de las finanzas mundiales durante la Revolución industrial. El desarrollo de las sociedades por acciones, la creación de los grandes monopolios comerciales de las compañías de las Indias Occidentales y Orientales, el desarrollo del sistema de seguros y de fletes marítimos, surgieron de la convergencia de los intereses privados y el poder político.

Muchos de esos avances institucionales eran la adaptación del sistema de redes comerciales, financieras, seguros y navegación, que los holandeses habían desarrollado un siglo antes. De Holanda se asimilaron también tecnologías aplicables a la agricultura, la ganadería y la construcción de canales. De todos modos, hacia 1800 el ingreso *per capita* británico no era superior al que los holandeses habían alcanzado en su apogeo un siglo antes.

La capacidad de innovación original británica tuvo un impacto decisivo en la minería con el rápido desarrollo del carbón como fuente principal de energía y en la industria textil de algodón. En 1760, en vísperas de la ola de innovaciones en los textiles de algodón, el Reino Unido era ya el mayor país comercial del mundo. Casi dos tercios de sus exportaciones eran textiles y el mercado internacional absorbía el 50% de la producción total del sector.

Los textiles de algodón asumieron rápidamente el liderazgo y hacia 1800 superaban a los de lana que habían sido tradicionalmente los más importantes. La industria metalmecánica fue otra área central de la interacción entre los artesanos, herreros, banqueros, científicos y el sector público en la generación de nuevos conocimientos y sus aplicaciones tecnológicas a la producción de máquinas, herramientas, cuchillería, armas y otros bienes metálicos.

Al mismo tiempo que una rigurosa política proteccionista preservaba el mercado interno para los productores y financistas locales, la marina británica se encargó de desplazar a los holandeses y otros competidores en los mercados de Oriente y del Nuevo Mundo. En el tráfico esclavista, los ingleses asumieron la posición dominante. A fines del siglo XVIII, cerca de 200 navíos ingleses con una capacidad de carga anual de 50 mil esclavos operaban desde los puertos de Londres, Liverpool, Bristol y Lancaster. Los británicos controlaban entonces el 50% del tráfico, los franceses el 30% y los portugueses el 15%. Con participaciones menores les seguían los holandeses y daneses.

La penetración británica en el comercio de ultramar con Oriente fue posterior a la de Portugal y Holanda. Sin embargo, a fines del siglo XVIII, Gran Bretaña era la potencia dominante desde el golfo Pérsico hasta el mar de la China. Como en el caso de Holanda, la expansión comercial británica se organizó en compañías a las cuales el Estado confirió el monopolio en su zona de influencia y autorización para emplear la fuerza al este del cabo de Buena Esperanza. Con tales atributos, la Compañía Inglesa de las Indias Orientales fue establecida en 1660. Su capital inicial fue sólo del 10% del de la VOC holandesa. Los recursos para cada viaje fueron aportados por inversores privados. Recién después de mediados del siglo XVII, la Compañía contó con un capital permanente. De este modo, su capacidad operativa fue inicialmente inferior a la de su rival holandesa. Sus principales asentamientos fueron en la India. A fines del siglo XVII, la Compañía estaba instalada en las tres ciudades, Bombay, Madrás y Calcuta, que serían las bases del Imperio británico en India. Las estrategia de la Compañía fue establecer acuerdos con los gobernantes locales para instalarse en sus territorios y expulsar a sus competidores. Así, en 1622, cooperó con el Imperio persa para expulsar a los portugueses de Ormuz y ganar un acceso privilegiado al golfo Pérsico.

La Compañía no logró establecer un monopolio efectivo en su comercio con India. Comerciantes británicos independientes, holandeses, franceses y otros europeos tenían acceso a los mercados y a las fuentes de abastecimiento de textiles, índigo, pimienta, café y té. En menor medida que los portugueses y holandeses, la Compañía participó en el comercio intraasiático y en la venta de protección a los mercaderes y navegantes orientales.

En la segunda mitad del siglo XVIII, cambió la naturaleza de la presencia británica en India. Los triunfos en Plassey (1754) y Buxar (Bengala) provocaron la ocupación de gran parte del territorio y la expulsión de los franceses. En 1773 (Regulating

Act), la administración de la Compañía, el gobierno de los territorios ocupados y las relaciones con los príncipes locales pasaron a manos del gobernador designado por la corona de Gran Bretaña. Concluía así la fase de la expansión comercial fundada en las factorías y el liderazgo de una compañía privada, y comenzaba la primera experiencia en gran escala de dominio continental de una potencia europea en Oriente.

En América, la corona británica delegó en la iniciativa privada la empresa de la ocupación territorial y la colonización. En las colonias continentales los resultados fueron paradójicos y en las Antillas reflejaron la experiencia del dominio colonial.

Parte 4
MEDIO ORIENTE, ÁFRICA Y ASIA

X. Medio Oriente y África

LA EVOLUCIÓN de las economías, las sociedades y la inserción internacional de esta región gira en torno de los imperios otomano y persa.

El Imperio otomano

Al promediar el siglo XVI, bajo el reinado de Solimán II el Magnífico (1520-1566), el Imperio alcanzó su máxima extensión y poderío. Dominaba el Asia Menor, los Balcanes y el norte de África. En el apogeo de su poder el Imperio podía enfrentar con éxito a los rusos por el control de Crimea y el mar Negro, y a los austríacos por el de Europa Central y los Balcanes. La flota otomana disputaba a los navíos venecianos, genoveses y españoles el dominio del mar Egeo, el Mediterráneo oriental y el mar Negro. Al este, la lucha por el dominio territorial con el Imperio persa incluía el conflicto al interior de la fe entre los sunnitas turcos y los chiítas persas.

El Islam otomano era, todavía, la civilización más avanzada de la época, sucesora de las grandes contribuciones de los sabios árabes y judíos, y de la tolerancia religiosa heredada de las enseñanzas de Mahoma. Esta última permitió la asimilación de técnicos y científicos no musulmanes y enriqueció la calidad de los recursos humanos. Griegos, judíos y gentiles estaban al servicio del Sultán. En el sitio de Constantinopla, la artillería otomana fue abastecida por las fundiciones dirigidas por un húngaro.[1] El desarrollo tecnológico del Imperio en la producción manufacturera (molinos, fundición, utensilios y herramientas) y agropecuaria (incluyendo la crítica cría de caballos) era semejante sino superior al que prevalecía en las emergentes potencias atlánticas. Lo mismo sucedía con la infraestructura de caminos y puertos. Consecuentemente, la artillería y el equipamiento y organización de las fuerzas armadas eran las más avanzadas de su tiempo. La marina de guerra, compuesta de galeras y pequeños navíos, era todavía comparable a las flotas venecianas, genovesas y españolas que operaban en el Mediterráneo. En tiempos de Solimán el Magnífico, las fuerzas armadas turcas contaban entre 200 mil y 300 mil hombres bajo armas, tanto o más que las fuerzas sumadas de todas las potencias atlánticas, incluyendo la de los Habsburgo bajo Carlos V y Felipe II de España, entonces en el apogeo de su poder.

Hacia mediados del siglo XVI, la población del Imperio otomano ascendía a 14 millones de habitantes. Constantinopla, la capital desde su conquista en 1453, con 500 mil habitantes, era la mayor y más avanzada ciudad de la época. Ninguna metrópolis de Europa contaba entonces con los servicios de iluminación y drenaje, bibliotecas y templos religiosos como los existentes en Constantinopla y otras principales localidades del Imperio. Bajo Solimán el Magnífico, la administración del territorio, el control de la fuerzas armadas y el sistema de tributación eran probablemente más eficientes que en los emergentes estados nacionales de Europa.

En el siglo XVI, la producción artesanal, manufacturera y

---

[1] P. Kennedy, *The Rise and Fall of Great Powers*, ob. cit., p. 11.

agropecuaria en el Imperio no presentaba mayores diferencias de productividad y nivel tecnológico con las prevalecientes en las regiones más avanzadas de Europa. Pero había dos diferencias fundamentales referidas a la acumulación de capital y al papel del comercio en la transformación de la economía y la sociedad. El comercio seguía siendo, como en la Antigüedad, un intercambio de excedentes y un medio de vida, más o menos próspero, para los mercaderes. Pero, a diferencia del proceso que se venía registrando en varias partes de Europa desde el siglo XI, no constituía una fuente de acumulación de capital para la ampliación de las redes de comercio, la formación de excedentes líquidos y la intermediación financiera. Ni, sobre todo, un medio para el ascenso social y la participación en el sistema de poder.

El Imperio otomano y el resto del mundo islámico no lograron seguir avanzando sobre la base de los hallazgos científicos, el progreso técnico, las reformas sociales y la organización política inaugurados en el siglo VII por la descomunal empresa religiosa y militar del Profeta.

La batalla naval de Lepanto (1571), con la victoria de don Juan de Austria y de su flota española y veneciana sobre el sultán Selim II (1566-1574), sucesor de Solimán el Magnífico (muerto en el asalto a Szigetvar en Hungría, a los 72 años, después de reinar 46), marca el inicio del eclipse otomano. Hacia finales del siglo XVIII, el Imperio era apenas una pieza en el tablero de las disputas entre Francia, Inglaterra, Rusia y Austria.

Las derrotas militares tenían causas profundas. Desde fines del siglo XVI no sólo se estancó el desarrollo religioso, cultural, económico y político del Imperio otomano, sino que entró en franco retroceso. Los rasgos más negativos de la organización teocrática y absolutista del régimen del sultanato configuraron un escenario de despojo, luchas intestinas y despilfarro de recursos que frustraron toda posibilidad de desarrollo. Las pueblos cristianos, en cambio, estaban movilizando formidables fuerzas de transformación que generaban nuevas fuentes de poder. En definitiva, estas últimas, las intangibles, definieron el resultado de la disputa entre el Imperio otomano y los pueblos cristianos de Europa.

El Imperio otomano nunca logró superar el sistema de poder y organización social heredado de las raíces nómades del pueblo turco. Ni, tampoco, la tradición oriental de idolatrar al monarca como depositario del poder temporal y religioso. El reparto del poder entre las clases dominantes, los militares (jenízaros), los sacerdotes y los burócratas culminaba en el poder absoluto del Sultán y en su capacidad de arbitraje y de organización del espacio imperial. No había lugar en este sistema para la emergencia de nuevas fuerzas sociales fundadas en la acumulación de riqueza a través del comercio, la producción y las finanzas.

Después de la muerte de Solimán el Magnífico, la sucesión ininterrumpida, hasta el siglo XVIII, de sultanes incompetentes, agravaron las disputas internas y pusieron de manifiesto las peores expresiones del poder despótico y oscurantista.

En Europa cristiana, los mercaderes y banqueros eran en su mayor parte oriundos de sus propios países y estaban sentando las bases del desarrollo económico. En el mundo otomano eran predominantemente extranjeros y estaban sujetos a la expropiación de sus bienes y a la imposición de tributos excesivos. Lo mismo sucedía con las cargas impuestas a la actividad rural que sustentaba al 90% de la población del Imperio. El sostenimiento del derroche y la pompa de la corte imperial y de las fuerzas armadas imponían cargas desmesuradas sobre los productores. Las exportaciones estaban prohibidas, la ganancia y el interés condenados por la religión y los gremios de oficios estimulados a rechazar cualquier práctica de acumulación capitalista.

La decadencia del Imperio otomano se fue gestando en estos comportamientos hostiles al ascenso social de las clases asociadas a la acumulación de capital y la expansión del comercio. El poder absoluto y despótico, la intolerancia religiosa y el rechazo de las nuevas ideas, contrastaba con las mejoras tradiciones del Islam cuya grandeza se había fundado en una organización política y actitud religiosa compatible con la asimilación de ideas y credos diversos, el fomento de la ciencia, la cultura, el desarrollo de la producción agropecuaria, las manufacturas y el comercio.

El oscurantismo religioso llevó a la persecución de las ideas disidentes y la prohibición de la imprenta. Ésta recién comenzó a emplearse en 1730, casi tres siglos después que en Europa cristiana. El rechazo a las ideas occidentales impidió la aplicación de nuevos métodos para el control de plagas y, en 1580, una fuerza de jenízaros destruyó el observatorio astronómico bajo el cargo de ser responsable de una epidemia. Las disputas por el poder entre jenízaros, burócratas y religiosos debilitaron la capacidad del Estado de administrar el Imperio. En el plano militar, impidieron la modernización de las fuerzas y la incorporación de los avances técnicos de la artillería y de los nuevos navíos de guerra.

Las prácticas políticas del Imperio incluían la costumbre del Sultán de eliminar eventuales sucesores asesinando a sus hermanos. El récord lo alcanzó Mohamed III (1595-1603) que eliminó a sus 19 hermanos.[2] El método alternativo era la reclusión, lo cual provocó el ascenso posterior de sultanes analfabetos y con una ignorancia absoluta de la realidad.

---

[2] *Enciclopedia Británica*, ob. cit., tomo 22, p. 595.

La organización del Estado se asentaba en los sanjacatos (distritos administrativos centrales), vasallos autónomos y en uniones tribales semiestatales. La corrupción de los administradores (pashas), el arrendamiento de impuestos y el soborno, eran prácticas generalizadas. El debilitamiento del poder militar y naval otomano dio lugar al desmembramiento progresivo del Imperio. En la guerra Ruso-Turca (1735-1739) se perdió Crimea y el control del mar de Azov y del acceso al mar Negro. Nuevas derrotas bajo el sultán Selim III (1789-1807) provocaron la pérdida de Egipto. A fines del siglo XVIII, el otrora poderoso Imperio otomano era apenas *la cuestión de Oriente* en las disputas europeas por el reparto del poder y el dominio territorial.

Los vínculos de esta parte del mundo con los pueblos cristianos de Europa habían sido el núcleo de las relaciones internacionales durante la Edad Media. A partir del siglo XVI, la expansión de ultramar de las potencias atlánticas disminuyó la importancia relativa de los acontecimientos en esta región. La disputa por el control territorial y marítimo, y por la hegemonía religiosa siguió ocupando buena parte del esfuerzo militar de los pueblos cristianos. Pero estas circunstancias eran marginales al escenario central de los acontecimientos. Éste abarcaba las luchas entre los pueblos cristianos por el control de Europa, el cisma abierto por la reforma protestante y el dominio de las rutas de ultramar a Oriente y el Nuevo Mundo.

En este contexto, entre los siglos XVI y XVIII, el comercio dentro del Imperio otomano fue esencialmente un tráfico intracontinental controlado por los mercaderes musulmanes. Con la apertura de las rutas oceánicas entre Europa y Asia, la región perdió importancia como lugar de tránsito del comercio. La expansión europea influyó débilmente en los sistemas productivos de la región y en su desarrollo social y político. Los acontecimientos vinculados al comportamiento del Imperio otomano fueron determinantes en la evolución de los acontecimientos en el norte de África, el Asia Menor y los Balcanes. Recién en el siglo XIX, bajo el impacto de la Revolución industrial y la política imperial de las potencias europeas, la región fue efectivamente incorporada al dominio europeo.

El Imperio persa

A comienzos del siglo XVI, un miembro de la dinastía Safévida, asentada en Irán pero de origen turco, como los otomanos, fundó el nuevo Imperio persa. En 1501, Ismail (1486-1524) conquistó Tabriz, derrotó a la horda turcomana de los *carneros blancos* y se proclamó Sha. Los monarcas safévidas centralizaron el ejercicio del poder y organizaron el Estado y las fuerzas armadas. La vieja organización militar fundada en las tribus y sus nobles fue reemplazada por una conducción centralizada. Un proceso semejante al registrado en Europa durante la transición del régimen feudal hacia el Estado nacional.

Islamizada desde el siglo VII, Persia ocupaba una posición geográfica estratégica al este del Imperio otomano. La consolidación del poder de Ismail planteó el conflicto de hegemonías entre los imperios otomano y persa. El enfrentamiento adquirió una dimensión religiosa. Los safévidas asumieron la postura chiíta y rechazaron la pretensión sunnita otomana de que el Califa era el intérprete y gobernador de la fe.

La dinastía Safévida gobernó hasta mediados del siglo XVIII. El Imperio alcanzó su máximo poderío bajo el sha Abbas el Grande (1571-1629). El esplendor de su capital, Isfahan, las artes plásticas, la arquitectura y la literatura asombraron a los visitantes europeos de la época. Sin embargo, las prácticas despóticas e intolerantes de Abbas anticiparon el inicio de la decadencia del Imperio.

Desde mediados del siglo XVII, el Imperio comenzó a ceder territorios frente a sus enemigos. En 1638 los turcos conquistaron Bagdad y poco después comenzaron los ataques de los cosacos rusos en la región del Cáucaso. Más tarde se alzaron los afganos y establecieron un Estado independiente sunnita. La dinastía Safévida concluyó con el ascenso al trono en 1736 del turcomano Nadir Kali (1688-1747) de la dinastía Kadchar. A finales del siglo XVIII el Imperio se estaba desmembrando con las invasiones de los turcos y los rusos.

En el Imperio persa, aun antes del comienzo de su decadencia, tampoco operaron las fuerzas de transformación económica y social que el capitalismo comercial y la expansión de ultramar estaban movilizando en Europa. La actividad mercantil y las finanzas eran actividades marginales excluidas del sistema de poder. La acumulación de riqueza por esas vías no permitía el ascenso social. El poder, concentrado en la corte imperial, los burócratas, propietarios territoriales y las jerarquías chiítas, era impermeable al cambio. Consecuentemente, los exagerados impuestos, la ausencia de la acumulación de capital e incorporación de nuevas técnicas impidieron el aumento de la productividad en la actividad agropecuaria y en las artesanías y manufacturas. El conocimiento y la técnica, que hacia el siglo XV eran los más avanzados, quedaron estancados en aquellos niveles. A fines del siglo XVIII, el ingreso por habitante en Persia era probablemente inferior al existente en los tiempos de Ismail. En todos estos terrenos, la brecha con Europa creció sin pausa en el transcurso del Primer Orden Económico Mundial. Fueron aquellos factores endógenos los que sancionaron la decadencia persa.

El Imperio no estuvo aislado del resto del mundo ni de Europa. En el marco de su estrategia de enfrentamiento con los turcos, desde el siglo XVI, los sha promovieron contactos con las potencias europeas. En 1561, un comerciante inglés inició un modesto comercio anglo-persa. En la misma época el Sha contrató a asesores ingleses para su corte.

La disputa por el control de las redes de comercio transplantó al golfo Pérsico los enfrentamientos entre las potencias atlánticas. Portugueses, holandeses, ingleses, franceses y españoles incursionaron y combatieron en las aguas del golfo. En 1507, los portugueses se habían establecido en el emplazamiento estratégico de Ormuz y pagaron tributos al sha Ismail. Más tarde, los portugueses atacaron a los agentes de las compañías europeas rivales. El Sha los expulsó de Ormuz y concentró la actividad comercial en Bandar Abbas, sobre tierra firme en la entrada al golfo Pérsico. De todas maneras, esta presencia europea influyó marginalmente en la evolución del Imperio.

Arabia

Durante la Edad Media, la tierra de origen de Mahoma y sede de las ciudades sagradas de La Meca y Medina ocupaba una posición estratégica para el tráfico mercantil entre Europa y Oriente. Sus costas lindan con el mar Rojo y el golfo Pérsico y, consecuentemente, contornan los principales accesos marítimos al Mediterráneo oriental. Las rutas a Oriente por el cabo de Buena Esperanza disminuyeron la importancia estratégica de Arabia durante los tres siglos del Primer Orden Económico Mundial. De todos modos, los europeos disputaron el control de las costas arábigas. Los portugueses fueron los primeros en instalarse en la región. Ocuparon la costa este de Omán y, hasta su expulsión en 1651, Muscat (tomada por Alburquerque en 1508) en el golfo de Omán.

La relevancia de Arabia en la formación del Primer Orden Económico Mundial es insignificante en relación con su trascendencia religiosa y, a través de la fe, a su impacto sobre los acontecimientos mundiales desde la convocatoria del Profeta en el siglo VII hasta la actualidad.

La península, sin ríos ni bosques, está cubierta en su mayor parte por el desierto con la excepción de Yemen y Omán y numerosos oasis fértiles, como los de Medina Qasim y Hasa. Su ubicación geográfica entre los imperios otomano y persa convirtió a su territorio en un escenario de la disputa interimperial. En 1633, un príncipe yemenita estableció un imanato autónomo.[3]

A mediados del siglo XVIII el dominio de la península quedó dividido en principados independientes. El movimiento religioso ortodoxo Wahhabi, liderado por el príncipe Mohamed Ibn Saud, estableció control de Arabia central y oriental. Al comando de legiones de beduinos, derrotó a los turcos y conquistó las ciudades sagradas. En 1799 ocupó La Meca, y Medina en 1804. Con la destrucción de la ciudad chiíta sagrada de Karbala, los turcos quedaron definitivamente expulsados de Arabia. Estos acontecimientos fueron relativamente intrascendentes en la evolución de los sucesos mundiales del período pero de enorme significación para el mundo islámico.

La economía peninsular estaba asentada en la agricultura en los valles fértiles de Omán y Yemen, en los oasis y, sobre todo, en los pastores nómades. La actividad mercantil era de escasa significación salvo la referida al tránsito entre Oriente y Euro-

---

[3] *Ibid.*, tomo 2, p. 179.

pa. Como en el resto del Islam, el poder se asentaba en las jerarquías tribales y religiosas y era impermeable al ascenso de otros sectores sociales. La presencia europea en el transcurso del Primer Orden Económico Mundial influyó débilmente en la dinámica interna de la economía y la sociedad de Arabia.

África sudsahariana

Las caravanas siguieron transportando, entre Senegal y las costas del mar Rojo, y entre el cinturón del Sudán y la costa del Mediterráneo oro, sal, almizcle, cobre, mijo, ganado y esclavos. La actividad económica de los reinos de la región continuó concentrada en las actividades de subsistencia en la agricultura y la ganadería, y en el trabajo del hierro y el cobre para la construcción de herramientas, utensilios y armas simples. La expansión de ultramar de las potencias atlánticas ejerció una débil influencia en la evolución de esa parte de África. La plata y el oro americanos sustituyeron los envíos de oro desde los yacimientos africanos que, hasta comienzos del siglo XVI, habían sido la principal fuente de suministro para Europa.

Hasta la llegada de los portugueses a la costa de África sobre el océano Índico, el comercio se concentraba en el intercambio con la India de oro (procedente de los yacimientos de Zambezi), marfil y esclavos africanos por tejidos y especias orientales. Los mercaderes musulmanes, persas e indios controlaban casi todo el comercio intercontinental. A partir del siglo XVI aparecieron en el océano Índico los mercaderes portugueses y, más tarde, los holandeses, británicos y franceses. Sin embargo, el volumen y la composición del comercio entre la costa este de África y Oriente no cambiaron sustancialmente.

Fue a lo largo de las costas occidentales y orientales, al sur del Sahara, en donde la expansión de ultramar de las potencias atlánticas ejerció mayor influencia sobre los acontecimientos africanos. El tráfico de esclavos fue la principal vía de participación de África sudsahariana en el Primer Orden Económico Mundial. La magnitud del fenómeno fue extraordinaria y en su apogeo, en el siglo XVIII, llegó a representar probablemente alrededor del 10% del valor del comercio internacional.

En los reinos de Ashanti, Dahomey y Benin, al sur del río Níger sobre el golfo de Guinea, la guerra y la destrucción de aldeas, organizadas por los jefes locales para capturar seres humanos, incluso de sus propios súbditos, se convirtió en la actividad dominante. La costa occidental de África, desde Senegal hasta Angola, fue el primer escenario del tráfico esclavista. Más tarde se extendió, con menor importancia relativa, a la costa oriental desde el cuerno de África hasta Mozambique.

La penetración europea en África sudsahariana estuvo limitada por el rigor del clima y las amenazas de una geografía hostil. La selva impenetrable en varias regiones, la mosca tsetsé y el tripanosomas eran fatales para el ganado y animales de carga, y la malaria y la fiebre amarilla, para los seres humanos. Hasta el siglo XIX, las enfermedades tropicales fueron una barrera infranqueable al acceso al interior del continente. El transporte de carga se limitaba al traslado de bultos sobre la cabeza (*headporterage*) de los esclavos o personal contratado. Esto explica por qué la presencia de los portugueses desde el siglo XV y, más tarde, de los holandeses se limitó al establecimiento de factorías y sitios fortificados para el intercambio de productos con las poblaciones locales y, sobre todo, el comercio de esclavos. La VOC holandesa se estableció en la región del cabo de Buena Esperanza en 1652.

Más allá de las regiones cercanas al litoral marítimo, afectadas por la captura y comercio de seres humanos, la presencia europea no influyó decisivamente en el desarrollo económico, social y político de los reinos y poblaciones africanas. La actividad económica continuó desenvolviéndose dentro de sus moldes tradicionales y la inmensa mayoría de la población ocupándose en actividades de subsistencia. Esto no impidió la consolidación y desarrollo de grandes unidades políticas como el Reino del Congo sobre el estuario del río del mismo nombre, los reinos de Rwanda y Buganda en torno de los lagos Victoria y Tanganika, y el de Zimbabwe, célebre por sus yacimientos de oro. Entre los grandes reinos habitaban poblaciones dispersas de menor desarrollo cultural.

El aislamiento de África sudsahariana se diluyó poco a poco bajo el impacto de la curiosidad científica de los exploradores europeos. Las barreras geográficas y climáticas fueron cediendo progresivamente. A fines del siglo XVIII, los europeos estaban penetrando profundamente en el interior del continente. El enigma de las fuentes de los grandes ríos africanos comenzó a ser develado con la expedición de James Bruce de 1770-1772, en la cual descubrió las fuentes del Nilo. Poco más tarde, en 1796, Mungo Park, llegó a las fuentes del río Níger. Pero sería recién a partir del siglo XIX y bajo el Segundo Orden Económico Mundial que toda África quedaría sometida a las potencias europeas.

El extremo sur del continente, la actual Sudáfrica, es una historia aparte. Hasta que el navegante portugués Bartolomé Días circundara el cabo de Buena Esperanza en 1488, la región era desconocida para los europeos. Desde entonces adquirió una importancia creciente como lugar de reaprovisionamiento y reparación de las naves ocupadas en el tráfico entre Europa y Oriente. Pronto los holandeses e ingleses disputaron a los portugueses el control de un emplazamiento de tanta importancia estratégica. Las islas de Santa Helena y Mauricio compartieron con la ciudad de El Cabo la función de puertos de recalada.

El clima moderado y la riqueza de las tierras sudafricanas resultaban además propicios para el asentamiento de poblaciones europeas. En 1652 una flota de la VOC holandesa al mando de Jan van Rieebeck desembarcó y ocupó El Cabo. La inmigración holandesa fue complementada con la de alemanes y franceses hugonotes expulsados de Francia después de la revocatoria del Edicto de Nantes. A principios del siglo XVIII, la población de la región consistía en cerca de dos mil europeos y más de mil esclavos. La población autóctona de hotentotes y *bushmen* mantenía alternativamente relaciones de cooperación y hostilidad con los colonizadores por el control del territorio y la propiedad de la tierra. Los primitivos colonos holandeses formaron el núcleo inicial de una población europea arraigada en África y que se denominaría *Afrikaner*. Salvo por la importancia estratégica de la región para el tráfico marítimo intercontinental, Sudáfrica tuvo una significación marginal durante los tres siglos del Primer Orden Económico Mundial. En 1795 los británicos ocuparon El Cabo e iniciaron otra historia.

XI. Asia

India

TRES AÑOS DESPUÉS del desembarco de Vasco da Gama en Calicut, Babur (1483-1530), príncipe mongol de credo islámico originario de Kabul y descendiente de los grandes conquistadores mongoles Timur Lenk (1336-1405) y Genghis (1162-1227), consolidó la presencia de los invasores afganos y fundó el Imperio moghul (denominación de los mongoles en idioma persa) en la India. Babur transformó las hordas mongoles en una fuerza de combate de alta eficiencia equipada con artillería. Babur derrotó a los sultanes afganos establecidos en el norte de la India desde fines del siglo XIV y a los infieles príncipes hindúes y conquistó Delhi en 1526. A su muerte, en 1530, el Imperio moghul abarcaba desde la capital afgana de Kabul hasta Bihar en la cuenca del río Ganges sobre la frontera de Bengala.

El talento político y la cultura de Babur no iban en zaga de su capacidad militar. Logró conciliar a los príncipes y poblaciones conquistadas y establecer una convivencia pacífica entre pueblos de distinto origen étnico y tradiciones religiosas. Estos atributos fueron heredados por su nieto Akbar (1542-1605) que ascendió al trono en 1556. Aun cuando el Gran Moghul era prácticamente analfabeto tenía, como su abuelo, un gran respeto por todas las expresiones culturales e impulsó el desarrollo de la arquitectura, las artes plásticas y la literatura. El esplendor y refinamiento de su corte no tenía equivalente en ninguna de las grandes capitales europeas. El reinado de Akbar consolidó el Imperio que, a su muerte, se extendía desde Gujarat y Bombay hasta la bahía de Bengala. En la segunda mitad del siglo XVI, el Imperio moghul parecía reunir todas las condiciones propicias para el desarrollo económico y la consolidación institucional de largo plazo. Entre ellas, la tolerancia religiosa, la receptividad para las nuevas ideas provenientes del resto del mundo, la convivencia pacífica entre las diversas etnias y tradiciones culturales, y la inteligente política de establecer lazos de sangre, a través del matrimonio, con descendientes de los príncipes locales sometidos. La no discriminación (incluyendo la designación de un hindú como ministro de Finanzas) contra los hindúes en la aplicación del impuesto a la tierra y otros tributos, la centralización del poder en el monarca y la eficacia en la administración del Imperio parecían sentar las bases para la consolidación del poder moghul y, en este contexto, el despegue de un desarrollo económico de largo plazo. La asimilación de los conquistadores y conquistados generó la aparición de un nuevo idioma, el urdu, que integraba el hindi con vocabulario persa y turco. Hacia la misma época se consolidaron las lenguas neoindias (hindi, bengalí, panjabi, mahrati, etc.) afirmativas del pluralismo étnico y cultural del subcontinente. La asimilación entre la tradición islámica e hindú generó nuevas expresiones religiosas sincréticas.

A partir de Babur, cuyas *Memorias* testimonian el nivel cultural de su autor, la corte moghul acogió a poetas, historiadores y sabios persas y árabes y, más tarde, a sacerdotes católicos. Mientras en Europa imperaba el fanatismo religioso y se estaban generando las condiciones para la Reforma y las guerras de religión, en el Imperio moghul tenía lugar uno de los episodios más extraordinarios de convivencia creativa del pluralismo cultural y religioso. En ese mismo período, la versión en idioma hindi del *Ramayama* se convirtió en la escritura sagrada de los hindúes.[4,5]

La actividad económica reflejaba este favorable contexto cultural y político. La infraestructura de caminos, canales e irrigación, y la producción por hombre ocupado en la actividad agrícola eran comparables a las más avanzadas de Europa. La producción de metales, las artesanías y manufacturas operaban también en la frontera tecnológica de la época. El refinamiento de la industria textil y orfebrería deslumbraban a los mercaderes europeos y a sus clientes en Francia, Inglaterra, Portugal, España y Holanda. El mercado interno dentro del inmenso espacio imperial y el tradicional intercambio entre China, India, Asia Menor y el Mediterráneo permitió la formación de importantes grupos de mercaderes, generación de ganancias y actividades financieras vinculadas al tráfico mercantil y al crédito.

Tradicionalmente, los mercaderes chinos, persas y árabes habían llegado a las costas indias del mar de Arabia y del océano Índico. Hasta fines del siglo XV, ellos estaban a cargo del tráfico de mercaderías desde Oriente a Europa, por tierra a lo largo de la *ruta de la seda* y, por vía marítima, a través del golfo Pérsico y el mar Rojo. Intermitentemente, aventureros y comerciantes europeos aparecían en Agra y otras cortes orientales, como en el caso del más célebre de ellos, Marco Polo (1254-1324). La situación comenzó a cambiar cuando los portugueses inauguraron la vinculación interoceánica entre Europa y Oriente.

[4] *The Times Atlas of World History*, Hammond, 1979, p. 2243.
[5] J. M. Roberts, *The Pelican History of the World*, Londres, 1987, p. 410.

Los portugueses instalaron fuertes y factorías a lo largo de toda la costa occidental de la India desde Diu en la península de Gujarat hasta Camorím en el extremo sur del subcontinente, en Santo Tomé de Meliapor y Negapatao en la costa oriental y, en la isla de Ceilán, en Colombo y Gale. Al final del reinado de dos grandes monarcas, Akbar e Isabel I de Inglaterra (1533-1603), el primer emisario de la recién creada Compañía Inglesa de las Indias Orientales (1600) llegó en 1603 a la corte moghul en Agra.

En el transcurso del Primer Orden Económico Mundial, el inmenso subcontinente de India, con una superficie de cerca de 4 millones de km^2 y 70 millones de habitantes de distintos credos, etnias y tradiciones culturales, fue uno de los teatros del enfrentamiento de las potencias atlánticas por el control del comercio con Oriente. La disputa central fue, primero, en el siglo XVI y principios del XVII, entre portugueses y holandeses, y desde fines del XVII y hasta el siglo XVIII, entre Gran Bretaña y Francia.

La significación de la presencia europea en India, hasta culminar en el dominio británico, reflejó los cambios en Europa y las posiciones hegemónicas de las potencias atlánticas. Pero los factores decisivos, en la evolución económica y en el estilo de inserción de la India en el emergente orden económico mundial fueron los acontecimientos internos en el subcontinente.

Los emperadores moghules Jahangir (1569-1627) y Sha Jahn (1592-1666), conservaron las orientaciones trazadas por sus grandes antecesores, Babur y Akbar. El refinamiento de la corte moghul alcanzó su máxima expresión con la construcción del Taj Mahal en Agra, mausoleo en memoria de la esposa favorita del Sha Jahn. Las fronteras del Imperio alcanzaron su mayor extensión bajo el reinado de su hijo Aurungzebe (1618-1707) que dominó efímeramente el resto del subcontinente hasta una línea aproximada entre Mangalore y Madrás. Pero el absolutismo y el fanatismo religioso del Emperador revelaron que la tolerancia y la convivencia pluralista, promovida por Babur y Akbar, no habían arraigado en los conquistadores ni en los sometidos. Los moghules volvieron a ser entonces los amos que despojaban a sus vencidos, los sometían a tributos especiales, perseguían sus expresiones religiosas y destruían sus templos. Al mismo tiempo que languidecía la creación cultural, se imponían tributos insoportables sobre la masa campesina hindú, los mercaderes y artesanos. El despilfarro de la corte imperial, la multitud de servidores parásitos, los haremes y otras extravagancias, absorbían la totalidad de los recursos públicos. El Estado dejó de realizar inversiones esenciales en la infraestructura de caminos, puertos y canales, y de concurrir en ayuda de la población en emergencias por inundaciones, hambrunas y plagas.[6]

En este contexto volvieron a emerger las expresiones más negativas del sectarismo hindú, con graves consecuencias para la economía y la sociedad. La prohibición de matar insectos y roedores destruía parte de la producción rural, las prácticas sobre el manejo de excrementos humanos facilitaba la difusión de la peste bubónica y otras plagas, el sistema de castas y la influencia de los sacerdotes brahamanes impedía la movilidad social y el desarrollo del comercio. La superposición del despotismo moghul con el fanatismo religioso hindú sentó las bases, primero, para el alzamiento maharata contra el Imperio y, poco después, la penetración extranjera y la subordinación del subcontinente a la Corona de Gran Bretaña.

Los maharata de la región de Decán, en el centro de la India,

---

[6] P. Kennedy, ob. cit., p. 13.

que constituían el núcleo de la resistencia hindú se aliaron con
los sultanes musulmanes enfrentados con el Emperador. A principios del siglo XVIII, el Imperio comenzó a desmoronarse por la
presión maharata y la lucha por la sucesión de los hijos de
Aurungzebe. El dominio perdido por el Emperador fue asumido por los príncipes moghules de las distintas regiones, y por
los rebeldes maharatas. En el Punjab, los sikhs, una secta dife-
renciada del hinduismo y enfrentada a los musulmanes, asumieron el control de su territorio. Más tarde, una invasión persa ocupó la región de Baluchistán.

Hasta fines del siglo XVIII, la penetración europea en India,
como sucedía también en Medio y Extremo Oriente y en África
sudsahariana, se limitó a la instalación de factorías y fuertes
para comerciar con los productores y mercaderes locales, y negociar con sus príncipes. A diferencia de los turcos otomanos,
cuyo marina de guerra respaldó su hegemonía en el Mediterráneo oriental y el mar Negro, los moghules tuvieron la impru-
dencia de no desarrollar una fuerza naval. Fueron, por lo tanto,
incapaces de enfrentar la creciente presencia portuguesa en sus
aguas territoriales y, más tarde, de holandeses, franceses e ingleses. De este modo, aún antes del desmoronamiento del Imperio moghul y de la partición de la India en la diversidad de
principados independientes los navíos europeos pudieron interferir los viajes de peregrinos a La Meca, hacerse cargo de buena
parte del tráfico intracontinental en Asia e imponer el pago de
cartazes a los mercaderes indios, persas, chinos y árabes, que
traficaban en las especias, textiles y artesanías del subcontinente.

Bajo la hegemonía moghul en los siglos XVI y XVII y durante
la fragmentación del XVIII, la India mantuvo un superávit constante en su comercio con Europa. Las manufacturas europeas,
con la excepción importante de las armas y herramientas metá-

licas, no podían competir con la sofisticada producción textil, de moblaje y orfebrería local. Los mercaderes europeos pagaban sus compras en la India con la plata y el oro que, desde mediados del siglo XVI, provenían de los yacimientos del Nuevo Mundo. No fue esta la única vinculación triangular Europa-India-América. Los portugueses llevaron semillas de cultivos que arraigaron en el suelo de la India: papas, chile, tabaco, maíz y piñas.[7]

En los siglos XVI y XVII, los portugueses y holandeses confrontaron un Imperio moghul impotente en el mar pero con un dominio efectivo del territorio. En el XVIII, en cambio, los ingleses y franceses se encontraron con un gigantesco espacio continental políticamente desintegrado y vulnerable. El primer asentamiento inglés de la Compañía de las Indias Orientales fue en Madrás en 1679. Poco después los portugueses cedieron su posesión en Bombay. Antes del fin del siglo, la Compañía había establecido otro fuerte en Calcuta sobre la bahía de Bengala. Cuando el gobernador moghul de Bengala capturó Calcuta y maltrató a sus prisioneros ingleses, el director de la Compañía, Robert Clive (1725-1774) contraatacó, recuperó la ciudad y, en Plassey (1754), derrotó al ejército moghul. El combate demostró que una pequeña fuerza europea, bien organizada y equipada, podía derrotar a contingentes muy superiores y conquistar el territorio. Esta evidencia transformó los objetivos comerciales de la corona británica y de su instrumento, la Compañía, en una política imperial de dominio del territorio. A finales del siglo XVIII, los británicos ocupaban el espacio comprendido entre Delhi y Bengala, la costa oriental del subcontinente, la isla de Ceilán, la costa occidental entre Goa y Calicut,

[7] J. M. Roberts, ob. cit., p. 416.

Bombay y parte de Gujarat. La India británica estaba consolidada, y las responsabilidades militares y políticas de la Compañía definitivamente transferidas a la Corona. Por primera vez, una nación europea establecía su dominio sobre el territorio de una gran civilización de Oriente. Los factores culturales y políticos endógenos que habían frustrado la posibilidad de acumulación de capital, cambio tecnológico e inserción internacional vinculada a la transformación interna fueron reforzados por la subordinación a la política del poder imperial. Estaban sentadas las bases para que una sociedad que, hasta el siglo XVI, era de las más avanzadas de la época se incorporara a la periferia europea y al contingente de economías y sociedades subdesarrolladas. Pero la plena consecuencia de estos hechos recién se advertiría en el siglo XIX, bajo el impacto de la Revolución industrial.

La Compañía Francesa de las Indias Occidentales se estableció en India en la segunda mitad del siglo XVII pero no pudo resistir el embate británico. Por dos motivos principales. Primero, porque la corona francesa estaba más empeñada en el dominio de Europa que en consolidar la expansión de ultramar. Segundo, porque la política británica de alianzas con los príncipes locales fue más eficaz que la francesa. Hacia fines de siglo, los británicos sólo permitían la presencia de algunas factorías francesas a condición de que no fueran fortificadas.

El sudeste asiático

A principios del siglo XVI varias monarquías islamizadas imperaban en la masa continental de Birmania y la península de Indochina. En este espacio, durante el Primer Orden Económico Mundial, los europeos negociaron con los gobernantes locales el establecimiento de factorías y posiciones fortificadas para controlar el tráfico comercial y enfrentar a sus competidores. La penetración europea fue limitada, reflejó las rivalidades entre las potencias atlánticas y se vinculó a las disputas por el poder entre los soberanos locales.

En tierra firme, la presencia europea no modificó el reparto preexistente del poder ni la significación del comercio y la acumulación de capital en la transformación de la economía y la sociedad. La situación fue distinta en la península malaya y en las islas Célebes, las Molucas y las Filipinas. Allí, la menor dimensión del espacio territorial y la dispersión del poder en débiles y enfrentados soberanos locales permitieron una penetración más profunda de los europeos. Por otra parte, estos territorios dominaban las vías de navegación entre el mar de la China y el océano Índico, y eran la principal fuente de producción de especias. De este modo, desde el siglo XVI, la economía y el control de estos territorios quedaron comprometidos por la presencia europea y las disputas por el poder entre las potencias atlánticas.

En el siglo XVII, los holandeses desplazaron a los portugueses y se convirtieron en la potencia dominante en la región. Conquistaron Malaca (1641), ocuparon casi la totalidad de la isla de Java y establecieron su capital en Batavia (Yacarta). Lo mismo hicieron en el archipiélago de las Molucas, del cual expulsaron a los ingleses. La VOC estableció un control efectivo de los territorios ocupados en la isla de Java y, en las islas Célebes, en el *hinterland* de Macasar.

Los holandeses fueron los primeros europeos que no se limitaron a la actividad comercial y organizaron en Oriente plantaciones para la producción de diversas especies. Sobre esta bases y la superioridad de su poder naval y de sus redes comerciales, la VOC logró establecer un monopolio efectivo, aunque transitorio, sobre el comercio de especias. A fines del siglo XVIII, después de la conquista de Holanda por las fuerzas de Napoleón, los ingleses ocuparon Malaca y diversas posesiones holandesas en el archipiélago malayo. Después de las guerras napoleónicas, por el Tratado Anglo-Holandés de 1824, Holanda cedió definitivamente Malaca, reconoció la posesión de Singapur y recuperó sus otros dominios en el sudeste asiático.

En el siglo XVI, los españoles conquistaron y ocuparon el archipiélago de las Filipinas. Lograron luego rechazar las posteriores incursiones de portugueses y holandeses. Hacia el final del Primer Orden Económico Mundial, los ingleses conquistaron Manila (1762) que fue devuelta a España por el Tratado de París de 1763. A partir del descubrimiento de Filipinas en 1521 por la expedición de Magallanes, los españoles enviaron desde Nueva España varias flotas que lograron la ocupación efectiva del archipiélago, con la excepción de los principados islámicos de Mindanao. A fines del siglo XVI, los españoles habían establecido su capital en Manila e iniciado el intercambio con Acapulco por medio de una expedición anual conocida como el *Galeón de Manila*. El último viaje fue efectuado a principios del siglo XIX. Las exportaciones desde Filipinas incluían textiles, especias, tabaco, azúcar y cáñamo. Las importaciones consistían principalmente en armas, herramientas y, sobre todo, plata. Desde fines del siglo XVI, las barras y monedas de plata provenientes de los yacimientos de Nueva España fueron una fuente importante de abastecimiento para la orfebrería, ornamentación de templos y palacios, y acuñación de monedas. Los españoles fueron los primeros que vincularon el Nuevo Mundo con Oriente por la ruta del océano Pacífico pero la significación de este intercambio fue declinando en el transcurso del Primer Orden Económico Mundial.

China

En el siglo XV, cuando Enrique el Navegante promovía las expediciones portuguesas a lo largo de la costa de África y antes de que Vasco da Gama llegara a Calicut, los chinos constituían una presencia poderosa en las aguas de Oriente y participaban activamente en el comercio intracontinental de especias, textiles, porcelanas y metales preciosos.

China era entonces la nación más extensa, poblada y avanzada del mundo. Sus logros incluían la imprenta de tipos movibles, las grandes bibliotecas, la pólvora, las redes de canales y la producción agrícola bajo riego, la producción de más de 100 mil toneladas anuales de hierro y sus manufacturas. Las grandes urbes chinas eran las mayores del mundo. En el siglo XIV, el ejército chino enfrentado a los invasores mongoles disponía de cañones y tenía un millón de hombres bajo armas. Seguramente era la fuerza más poderosa de su tiempo.

Antes que los marinos europeos, los chinos dispusieron de las técnicas más avanzadas de navegación, incluyendo el compás magnético. Los juncos aptos para la navegación de ultramar eran de mayor porte que los navíos de las emergentes potencias atlánticas. Los restos arqueológicos sugieren que los chinos llegaron a disponer de embarcaciones de más de 100 metros de eslora y 1.500 toneladas de arqueo bruto. A finales de la dinastía Ming, a mediados del siglo XV, la marina de guerra incluía cerca de 1.500 navíos y, la mercante, un gran número de embarcaciones que los mercaderes chinos empleaban en su tráfico con el sudeste asiático y la costa oriental de África. La combinación del comercio con el ejercicio prudente de la fuerza impuso la presencia china y el cobro de tributos a los soberanos locales.

En las primeras décadas del siglo XVI, un pueblo no chino inició su expansión desde su asentamiento, en las montañas en el sudeste de Manchuria, hacia el sur. Estableció su capital en Mukden (actual Shenyiang) y sometió a vasallaje la península de Corea y Mongolia interior. En 1644, los manchúes invadieron China, expulsaron a la dinastía Ching y fundaron la dinastía Ming. A mediados del siglo XVII, ejercían la soberanía sobre 10 millones de km² y 100 millones de habitantes.

En la segunda mitad del siglo XVII, los señores feudales de las provincias del sur (Yunnan, Kweichow y Kwantung) se alzaron, pero fueron finalmente sometidos a la autoridad imperial. Restablecida la paz interior, los manchúes afianzaron su control de la administración del Imperio y del ejército. Como había sucedido antes con los invasores mongoles, los manchúes se integraron con la población china y asimilaron su herencia cultural y religiosa. La extraordinaria riqueza de la cultura y del desarrollo económico y social de China concluía por asimilar a los conquistadores.

Los primeros asentamientos de los portugueses en Cantón (1516) y Macao (1557) fueron autorizados por el emperador Ming contra el pago de tributos. Poco después, en 1581, los sacerdotes jesuitas Ricci y Ruggieri se instalaron en China. Sus conocimientos matemáticos y técnicos fueron apreciados en la corte imperial en Beijing.

Hacia el final de la dinastía Ching y comienzos de la Ming, China le dio espaldas al mar y comenzó a desmontar el formidable poder naval que había construido en los siglos anteriores. Las amenazas en la frontera norte de China absorbieron los mayores recursos del Imperio. La consecuente desprotección de las costas las sometió a las depredaciones de los piratas japoneses y debilitó la capacidad negociadora del Imperio frente a la creciente presencia de las flotillas europeas.

La reclusión de China en su interior y el desmantelamiento de su poder naval eran el resultado de una decisión estratégica.

Pero reflejaba, además, razones más profundas que inhibían la capacidad de crecimiento y transformación de la economía y sociedad chinas. El conservadorismo de la visión del mundo, heredada de las enseñanzas de Confucio, generó el desprecio de la actividad productiva y mercantil, de las ganancias y la acumulación de capital. En el siglo XVIII, bajo un emperador fundamentalista, Kien-lung (1736-1796), la intolerancia religiosa impuso la expulsión de las misiones cristianas, la persecución de las ideas, la quema de libros y una xenofobia extrema.

Mientras en Europa el desarrollo del capitalismo mercantil estimulaba la aceptación del interés y de las ganancias como actividades legítimas y compatibles con el cristianismo, en China se retrocedía hacia las posturas más conservadoras y hostiles al comercio y la acumulación de capital. El elitismo de la ilustrada burocracia imperial cerró las puertas al ascenso de nuevos actores sociales y a la generación de nuevas fuentes de poder e influencia fundadas en la iniciativa privada y el desarrollo económico.

De este modo no sólo se deprimió la actividad de los mercaderes chinos y de la actividad financiera, que había llegado a incluir el uso del papel moneda, sino que se desmantelaron núcleos vitales del sistema productivo, como la producción de hierro y la industria naval. El poder quedó así encerrado en los límites estrechos de la propiedad de la tierra y del excedente extraído de los campesinos, y en los impuestos aplicados a los mercaderes y artesanos.

Las innovaciones tecnológicas (papel, imprenta, compás magnético, pólvora, relojes mecánicos, hidráulica y riego), que constituían conquistas de la cultura china, fueron despreciadas por el fundamentalismo religioso. Quedaron rotos así los eslabonamientos entre la actividad mercantil, las ganancias, la acumulación de capital y el cambio tecnológico que, en Europa, sustentaban la expansión de ultramar.

El estancamiento económico agudizó los problemas históricos planteados por la alta densidad de población. En los siglos XVI y XVII, la producción agrícola se había diversificado con la incorporación de cultivos (maíz, tabaco y maní) procedentes del Nuevo Mundo y Medio Oriente. Pero el agotamiento de la frontera agrícola generó tensiones demográficas que no fueron aliviadas por las flagelos de las plagas y el hambre. En el siglo XVIII, el deterioro del sistema administrativo del Imperio, la corrupción, la delegación de atribuciones del poder central en los señores feudales y la desmoralización y pobre equipamiento del ejército agravaron las tensiones sociales y las consecuencias de los alzamientos de campesinos (llamados del Loto Blanco).

En el transcurso de los tres siglos del Primer Orden Económico Mundial, en China, como en los imperios otomano, persa y moghul, se interrumpieron los procesos de transformación que habían ubicado a esas grandes civilizaciones en los niveles más altos del desarrollo económico y cultural. Se había creado, de este modo, el escenario propicio para la creciente penetración europea en el espacio chino.

Desde el siglo XVI, primero los mercaderes portugueses y, poco después, los holandeses, ingleses y franceses comenzaron a participar en el comercio de especias, textiles, sedas, porcelanas y orfebrería de lujo, entre los puertos de China, los de India y el sudeste asiático. Al mismo tiempo, se abrieron las rutas marítimas al comercio intercontinental entre China y Europa que, hasta entonces, había estado limitado al tránsito terrestre de *la ruta de la seda*. A fines del siglo XVIII, los europeos comenzaron a emplear el opio para financiar su déficit comercial con China que había sido tradicionalmente saldado con barras y monedas de plata. El comercio de opio con China y el tráfico de esclavos africanos constituyen las dos expresiones más siniestras de la expansión europea de ultramar durante el Primer Orden Económico Mundial.

El comercio de opio alcanzó su máximo nivel en las primeras décadas del siglo XIX cuando excedió el valor de las exportaciones chinas de seda. El pago del déficit comercial chino con plata deprimió la liquidez y la actividad económica, y complicó aún más las finanzas públicas. A fines del Primer Orden Económico Mundial, la penetración europea en China no había alterado el predominio de los acontecimientos internos en un país gigantesco pero había sentado las bases para el posterior desmembramiento del país y su subordinación a las decisiones de las potencias extranjeras.

Japón

El carácter insular de Japón estimuló su aislacionismo y, desde principios del siglo XVII, una actitud abiertamente hostil a los extranjeros. Los jesuitas liderados por san Francisco Javier fueron autorizados e instalaron sus misiones en 1549, pero fueron expulsados en 1612, y los cristianos, extranjeros y japoneses perseguidos y exterminados. Todos los puertos fueron cerrados para los navíos extranjeros. Sólo los holandeses fueron autorizados a mantener una factoría en Nagasaki, al tiempo que se prohibieron los viajes de los japoneses al exterior y la construcción de navíos para la navegación de altura. Bajo el shogunato de los Tokugawa se consolidó el Estado nacional y sometió a los señores feudales. En este contexto de aislamiento y centralización del poder se produjo un desarrollo económico considerable, la integración del mercado interno y el desarrollo urbano. En 1600 la población ascendía 20 millones y a 30 millones dos siglos más tarde.

En el período emergieron algunos rasgos de la cultura japonesa que tanta influencia tendrían en el desarrollo del país a partir de la restauración Meiji (1868) y su espectacular crecimiento después de 1945. El legado espiritual de Confucio, importado de China, se transformó en un ideal ético caballeresco y marcial, de fidelidad al emperador y su familia, y en un estricto código de honor. A diferencia del confucianismo ortodoxo chino y de las tradiciones islámicas en sus versiones otomana y moghul, la cultura japonesa no privilegiaba al mercader ni exaltaba la ganancia, pero tampoco los despreciaba. De este modo, mercaderes, banqueros, señores feudales y la casta guerrera de los samurai se asociaron a menudo en emprendimientos mercantiles y financieros en los mares de Oriente y en el mercado interno.

Tempranamente, la fuerza de la identidad nacional japonesa incluyó aptitudes singulares de asimilar e incorporar en su propio acervo tecnológico equipos, instrumentos y conocimientos extranjeros.

Al mismo tiempo, los piratas japoneses obtenían ricos botines de sus asaltos a las costas de China y Corea, y de los abordajes de los navíos de los mercaderes orientales y europeos. La administración del Estado era tanto o más competente que en Inglaterra, Francia y Holanda. El alfabetismo era probablemente más alto que en cualquier otra parte, y la arquitectura y las artes plásticas alcanzaron altos niveles de excelencia. De este modo, la penetración europea en Japón en el transcurso del Primer Orden Económico Mundial fue totalmente marginal y subordinada a los objetivos nacionales del país.

Cuando en 1853, el comodoro Perry forzó la apertura de los puertos japoneses a los navíos extranjeros, Japón estaba preparado para responder con eficacia, como efectivamente sucedió, a la penetración foránea y mantener con firmeza (y agresividad) sus objetivos nacionales. Japón nunca fue subordinado a la condición periférica de las potencias atlánticas ni, más tarde, de los Estados Unidos.

Parte 5
EL NUEVO MUNDO

XII. Factores condicionantes de la conquista y la colonización

ANTES DEL INICIO de su expansión de ultramar, Europa mantenía algún tipo de relaciones con las principales civilizaciones de Asia y África. Las nuevas rutas marítimas abrieron nuevos cauces de conocimiento e intercambio, comunicación y conflicto. Pero los europeos no descubrieron nada que no conocieran, en alguna medida, desde tiempos remotos. Por otra parte, con las excepciones significativas de los asentamientos holandeses en el archipiélago malayo y, a finales del siglo XVIII, la penetración británica en la India, la presencia europea en ultramar no modificó fundamentalmente el mapa político y la organización económica y social en África y Medio y Extremo Oriente.

En América, los europeos encontraron una situación absolutamente diferente. Su presencia transformó la realidad preexistente como jamás había sucedido antes en semejante escala. Las poblaciones que habitaban el continente en las vísperas del descubrimiento y la conquista habían perdido todo contacto con el resto del mundo desde que, alrededor de 30 mil años antes, emigrantes provenientes de Asia comenzaran a poblar el territorio. Cuando Colón fondeó sus naves frente a la isla Guanahani, el desconocimiento recíproco de los recién llegados y los nativos era absoluto. Tres siglos después, cuando concluye el Primer Orden Económico Mundial, América era el asiento de nuevas civilizaciones. En América, los europeos descubrieron y crearon un Nuevo Mundo.

En el gigantesco espacio americano se conformaron tres sistemas básicos de organización de la economía y la sociedad. A saber: las colonias hispano-portuguesas, las economías de plantación británico-francesas-holandesas de las Antillas y las colonias continentales británicas de América del Norte. Estas últimas se incorporaron tempranamente al emergente mundo desarrollado. En cambio, América Latina y el Caribe se asociaron al naciente orden mundial en condición periférica y subordinada de las potencias atlánticas.

Antes de destacar los rasgos principales de tales sistemas, es preciso identificar cuatro factores que condicionaron la conquista y la colonización del Nuevo Mundo. A saber: la población nativa, la dotación de recursos naturales, la esclavitud y los cambios en las posiciones relativas de poder de las potencias atlánticas.

La población nativa

A diferencia de la ocurrido en Asia y África, los europeos enfrentaron en América a organizaciones sociales y políticas que se desplomaron frente a su presencia. Por lo tanto, el desafío americano no tenía precedentes en la expansión de ultramar ni, por cierto, en la experiencia histórica de la humanidad. Todas las grandes corrientes migratorias previas, como las de las tribus bárbaras hacia Europa al final del Imperio romano o de los mongoles a China y la India, consistieron en la radicación y fusión de los invasores con los pueblos y las culturas conquistadas. América fue un caso excepcional de demolición de culturas preestablecidas y construcción de nuevas civilizaciones.

En consecuencia, no se trataba ya de imponer un *modus*

vivendi con las poblaciones conquistadas ni de establecer factorías y fortalezas para negociar con los soberanos y traficar con los productores y mercaderes locales. Los europeos confrontaron así, por primera vez, en semejante escala, el problema de la ocupación, la organización y la defensa del territorio, y la puesta en marcha de un nuevo sistema productivo destinado a servir los objetivos de los nuevos ocupantes. El hecho que, en apenas dos siglos, las potencias atlánticas ocuparan efectivamente un continente varias veces mayor que Europa, es el ejemplo más notable de la audacia y capacidad desplegadas por los conquistadores.

Hacia 1500, la población nativa era de cerca de 60 millones de habitantes[1] y los niveles de desarrollo económico, cultural y político muy diversos. En el norte del continente, la Amazonia, las islas del Caribe y la cuenca del Río de la Plata, habitaban alrededor de 20 millones de personas en un estado de desarrollo humano correspondiente a la Edad de Piedra, nómades que vivían de la caza, la pesca, los recursos vegetales naturales del bosque y las praderas, y una incipiente actividad agrícola. En Mesoamérica (México y América Central) y en el macizo central andino de América del Sur existían, en cambio, dos grandes imperios. En Mesoamérica, desde su capital de Tenochtitlán los aztecas ejercían su dominio sobre alrededor de 30 millones de personas de diversas etnias. La base económica del Imperio era una agricultura cuya productividad por hombre ocupado seguramente no difería mucho de la que prevalecía en Europa hacia la misma época, y que incluía cultivos autóctonos como el maíz, la papa y los frijoles. Los nativos poseían un dominio conside-

---

[1] W. M. Denevan, *The Native Population of the Americas in 1492*, The University of Wisconsin Press, 1992, p. 291.

rable de la fundición y forjado de metales preciosos, la producción de textiles, alfarería y materiales de construcción.

Antes que los aztecas, los mayas habían desarrollado un conocimiento matemático considerable que posibilitó la medición del tiempo y la construcción de las extraordinarias obras de ingeniería de los templos y palacios de los grandes centros ceremoniales y urbanos precolombinos. Sin embargo, civilizaciones tan avanzadas disponían sólo de una escritura jeroglífica sobre piedra, y carecían de un alfabeto escrito y de la rueda.

El Imperio azteca había establecido un eficaz sistema de control social y de exacción de los excedentes de la producción de las poblaciones sometidas. Las tensiones dentro del Imperio eran acrecentadas por las guerras permanentes y la captura de prisioneros que los aztecas sacrificaban en homenaje al Dios Sol, Huitzilopochtli.

En América del Sur, en el macizo central andino, los españoles encontraron una civilización aún más sofisticada y compleja que la de Mesoamérica. El Imperio inca, desde su capital en Cuzco, ejercía su dominio sobre una población de alrededor de 10 millones de habitantes y un territorio que abarcaba desde el sur de Colombia hasta el norte de Chile y Argentina. Los incas tenían un avanzado conocimiento de la explotación de tierras de montaña para la agricultura intensiva en terrazas bajo riego y disponían de técnicas para la producción de textiles, metales, alfarería y construcción. La llama era un recurso fundamental para el transporte y el suministro de lana, leche y carne. Conocían elementos de cirujía y la matemática necesaria para la contabilidad, la medición del tiempo y las obras de ingeniería. Éstas incluían una extensa red de caminos (estimada en 10 mil km) y puentes en toda la extensión del Imperio. Sin embargo, los incas también carecían de escritura y de la rueda.

Los incas implantaron su cultura y creencias en los pueblos sometidos y organizaron el Imperio bajo un régimen de dominio del suelo, trabajo obligatorio y una red de seguridad social que garantizaba la satisfacción de las necesidades básicas. Como los aztecas, los incas adoraban al Sol pero los sacrificios en su homenaje no incluían a los seres humanos.

En vísperas del descubrimiento, la esperanza de vida y los consumos esenciales de alimentos, vestuario y vivienda prevalecientes en los imperios azteca e incaico no eran sustancialmente menores a los que imperaban en las grandes civilizaciones del resto del mundo. El producto *per capita* debía ser del orden de los 400 dólares y alrededor de dos tercios del predominante en Europa hacia la misma época. Sin embargo, los límites culturales y tecnológicos bastaban por sí solos para impedir cualquier posibilidad de crecimiento a largo plazo de la productividad y de los niveles de vida.

Hernán Cortés (1481-1547) y Francisco Pizarro (1475-1541) manipularon las tensiones internas dentro de los dos grandes imperios americanos para derrotarlos e imponer el dominio español. En su expansión de ultramar, los europeos aprovecharon a menudo los conflictos internos de las poblaciones nativas. Otro ejemplo notable en el mismo sentido durante el Primer Orden Económico Mundial lo proporciona la penetración británica en la India en la segunda mitad del siglo XVIII.

Pero, en América, éste fue un componente secundario de la conquista. Lo fundamental fue la confrontación de la racionalidad y de medios (que incluían la rueda, el caballo y la pólvora) de los europeos con civilizaciones atrapadas en el pensamiento mágico. De allí, por ejemplo, el convencimiento de Moctezuma de que Cortés era la encarnación del dios blanco y barbudo Quetzalcoatl, creador de la tierra y del hombre. De este modo, puñados de aventureros pudieron derrotar y dominar gigantescos imperios, y someter a sus poblaciones a un nuevo dominio. La presencia europea en América provocó la mayor catástrofe demográfica de la historia mundial. Su magnitud depende de la estimación que se adopte sobre la población americana hacia 1500. Los conquistadores trajeron consigo plagas frente a las cuales las poblaciones locales no habían desarrollado inmunidades. La viruela llegó a la isla Española (Santo Domingo) en 1519 y en una década se propagó por el continente. En 1530-1531 arribó el sarampión y quince años después el tifus. La epidemia de gripe que asoló Europa a finales del siglo XVI se propagó en América poco después. Hacia la misma época, la disentería hemorrágica hizo estragos en la población nativa del Brasil. La fiebre amarilla y la malaria llegaron desde África a mediados del siglo XVII.[2] A su vez, la población indígena padecía de enfermedades venéreas. Desde el primer viaje de Colón, numerosos marinos regresaron enfermos y difundieron la sífilis en Europa.

El factor determinante de la rápida extinción de la mayor parte de la población precolombina de las Américas fue la difusión de las epidemias importadas por los europeos. Hacia 1650, en el transcurso de un siglo y medio, la población nativa estaba reducida a alrededor de 6 millones, es decir, al 10% de la que habría existido a fines del siglo XV. La destrucción de las organizaciones sociales y de los estilos de vida preexistentes, sumados a las formas brutales de explotación de los nativos, también contribuyeron a la catástrofe demográfica.

Las mayores culturas y alrededor del 80% de la población

---

[2] M. A. Burkholder y L. L. Johnson, *Colonial Latin America*, Oxford University Press, 1990, p. 66.

nativa cayeron bajo la jurisdicción del Imperio español en América. En Brasil, América del Norte al norte del río Bravo y las Antillas existían espacios abiertos deshabitados y poblaciones de inferior nivel cultural. Los portugueses, holandeses, británicos y franceses encontraron, pues, situaciones muy distintas a las confrontadas por los españoles. Estas diferencias influyeron decisivamente en el curso de la conquista y en la formación de las civilizaciones americanas.

Los recursos naturales

Los metales preciosos y las tierras aptas para la producción de azúcar fueron los dos principales atractivos iniciales de los conquistadores y colonizadores del Nuevo Mundo. Estos fueron los dos grandes rubros del comercio internacional de la época que los europeos desarrollaron inicialmente. Las especias y otros productos, que se importaban de Oriente, eran inexistentes en América o requerían organizaciones productivas de difícil implantación en el Nuevo Mundo.

Los yacimientos de oro y plata y las tierras tropicales atrajeron así los primeros asentamientos europeos y las primeras explotaciones destinadas al mercado internacional. El valor de los metales preciosos permitía soportar altos fletes hasta los puertos de embarque. Esto hacía posible la penetración profunda en el continente, como en las explotaciones de plata en Potosí y, más tarde, en las de oro en Minas Gerais. El azúcar, en cambio, no soportaba los costos de transporte terrestre. Los ingenios debían por lo tanto ubicarse cerca de la costa lo cual explica el poblamiento del nordeste del Brasil y las Antillas.

El Nuevo Mundo encerraba yacimientos de plata y oro mucho más ricos que los de Mali, los Balcanes y Japón, que habían abastecido tradicionalmente la demanda de metales preciosos de Europa y Oriente. En los territorios americanos bajo dominio español y, desde fines del siglo XVII también en los dominios de Portugal, fueron descubiertos los yacimientos más ricos. En 1537 se descubrieron los primeros depósitos de oro en el valle del río Magdalena en Colombia. Pero fueron los espectaculares hallazgos de los yacimientos de plata de la década siguiente los que transformaron radicalmente la situación preexistente. En 1545 fueron descubiertos los yacimientos de plata de Potosí en el Alto Perú y en 1546 los de Zacatecas en el norte de México. El primer gran cargamento de plata de los nuevos yacimientos llegó a España en 1552. Entre 1590 y 1620, se alcanzó el punto máximo con 200 toneladas anuales frente al tope alcanzado por la producción de los yacimientos de los Balcanes de poco más de 10 toneladas anuales.[3] Hacia 1650, desde América habían llegado a Europa 16 mil toneladas de plata y cerca de 200 toneladas de oro. Hacia la misma época, la producción europea de plata representaba menos del 10% de las importaciones desde el Nuevo Mundo.[4] En el siglo XVIII, las minas auríferas de Brasil y Colombia proporcionaron el 80% de la producción mundial de oro, de 1.400 toneladas.[5]

Los portugueses fueron los principales protagonistas del aumento de la producción de oro. En la última década del siglo XVIII encontraron yacimientos en la región de Minas Gerais y, poco después (1728), minas de diamantes. La *fiebre del oro* convirtió a la región *Mineira* en el epicentro de la

[3] R. Davis, *The Rise of the Atlantic Economies*, Cornell University Press, 1973, p. 96.
[4] J. M. Roberts, *The Pelican History of the World*, ob. cit., p. 598.
[5] *Enciclopedia Británica*, ob. cit., tomo 10, p. 481.

actividad de la colonia portuguesa. En la primera mitad del siglo XVIII, los envíos de oro a Lisboa promediaron 10 toneladas anuales cuyo valor era semejante al de las exportaciones de plata de México y Perú a finales del siglo XVI.[6] En la América española los principales yacimientos de oro se encontraron en Colombia. En el siglo XVII, el valor de la producción colombiana de oro equivalía a alrededor del 20% del de la producción de plata del Alto Perú.[7] Desde 1492 hasta 1600 las exportaciones de oro a Europa alcanzaron a 200 toneladas[8] y representaron un tercio de la producción mundial de oro. En los siglos XVII y XVIII, la producción americana representó alrededor del 70% de la producción mundial de oro.

El azúcar fue el segundo producto en torno del cual se articuló la colonización de tierras del Nuevo Mundo con el comercio internacional y el primero de carácter agrícola. El azúcar mantuvo su importancia en el transcurso del Primer Orden Económico Mundial. Desde la segunda mitad del siglo XVII, las importaciones de azúcar en Inglaterra eran superiores a las de todos los otros productos importados del Nuevo Mundo; en las últimas décadas del siglo XVIII representaban casi el 20% del total de las importaciones. El azúcar, que en la Edad Media era un producto raro y de lujo, se convirtió paulatinamente en un bien de consumo difundido. El abastecimiento de azúcar aumentó desde unas 3 mil toneladas anuales a fines del siglo XV, a 20 mil cien años después y a 200 mil a fines del siglo XVIII.[9] La red de distribución del azúcar abarcó, inicialmente, el tráfico entre Olinda, Pernambuco y Salvador con Lisboa. Más tarde,

---

[6] R. Davis, ob. cit., p. 175.
[7] Burkholder y Johnson, ob. cit., p. 238.
[8] *Enclopedia Británica*, ed. 1962, tomo 10, p. 481.
[9] R. Davis, ob. cit., p. 251.

incorporó la producción de las plantaciones e ingenios de las posesiones británicas, francesas y holandesas en las Antillas. Los puertos de destino más importantes eran Amsterdam y Londres, y los franceses en el golfo de Vizcaya (Burdeos, Nantes, La Rochelle) y el Canal de la Mancha.

La incorporación del Nuevo Mundo al emergente orden mundial provocó, al mismo tiempo, una transferencia intercontinental de recursos de la agricultura y la producción animal que diversificó la oferta de alimentos y materias primas. La papa y el maíz fueron las dos grandes contribuciones de la agricultura americana a la de Europa y del resto del mundo. En la tercera década del siglo XVI, los españoles y portugueses ya estaban cultivando maíz en la Península Ibérica. La papa fue introducida en España poco después de la conquista del Perú y se convirtió paulatinamente en un elemento importante de la dieta de los trabajadores urbanos y campesinos europeos. Otros productos de origen americano, como batata, frijoles, tomate y maní tuvieron menor importancia relativa pero también contribuyeron a diversificar la dieta en Europa. Su producción se difundió en las tierras aptas de los otros continentes.

A su vez, la riqueza de los suelos americanos facilitó el trasplante de cultivos de origen europeo. Los españoles introdujeron durante el siglo XVI trigo, olivo, viña y diversos tipos de hortalizas. El banano, introducido por primera vez en las Antillas en 1516, se difundió rápidamente por las tierras tropicales de las islas del Caribe y tierra firme. La importación de vacunos, equinos, ovinos y porcinos provocó un aumento espectacular de la producción ganadera en América. Lo mismo sucedió con la introducción de cabras y aves de corral. Las avanzadas de los conquistadores españoles y portugueses llevaban consigo semillas y animales que arraigaron rápidamente en las tierras fértiles del Nuevo Mundo. La difusión del caballo como medio de transporte y de guerra generó una cultura ecuestre, no ya de los caballeros en la tradición medieval europea, sino de las nuevas formaciones sociales de gauchos, *vaqueiros* y llaneros de las planicies americanas. Con el transcurrir del tiempo, los cultivos y animales que los europeos introdujeron en América generaron nuevas exportaciones a Europa, como cuero, sebo y lana. Sin embargo, durante los tres siglos del Primer Orden Económico Mundial, la producción agrícola y ganadera resultante de la colonización se destinó en lo fundamental a la subsistencia de las poblaciones y al comercio local y, en menor medida, al tráfico intercontinental.

Las relaciones económicas entre el Nuevo Mundo y las potencias atlánticas se organizaron fundamentalmente en torno de la producción y exportaciones de metales preciosos y azúcar. Estos dos rubros representaron alrededor de dos tercios de las exportaciones del Nuevo Mundo durante los tres siglos del Primer Orden Económico Mundial. Pero no fueron estos los únicos productos que posibilitaron el desarrollo de nuevas producciones y asentamientos humanos. En las tierras tropicales de las Antillas, el golfo de México y Brasil se desarrollaron otros cultivos destinados al mercado europeo. Principalmente, café, tabaco, cacao, índigo y algodón. El café, el más importante de estos cultivos tropicales, era originario de Arabia que fue la principal fuente de suministro hasta la expansión cafetalera en las Antillas en los inicios del siglo XVIII. A fines del mismo, el café de origen americano estaba abasteciendo casi la totalidad de la creciente demanda europea. El tabaco y el algodón, cuya producción era posible en pequeña escala, dio lugar a la formación de pequeños productores independientes. Las economías de escala en la producción de café e índigo, en cambio, extendió estos cultivos a las plantaciones con mano de obra esclava.

En las posesiones de España y Portugal se desarrollaron otras producciones de menor importancia para el comercio intercontinental (tabaco, algodón, café, colorantes, cueros). Las posesiones franceses y británicas en América del Norte exportaban a Europa una variedad de productos: las plantaciones de Virginia y las Carolinas, tabaco y algodón; las pesquerías de Terranova y Nueva Escocia, pescado salado; las tierras frías de los Grandes Lagos y la cuenca del río San Lorenzo, pieles. Los bosques de Nueva Inglaterra permitieron la exportación de maderas y material naval e, incluso, de navíos construidos en los astilleros de la región.

La esclavitud

La institución de la esclavitud existía en Europa, África y el Medio Oriente desde la Antigüedad. La penetración portuguesa en África amplió la dimensión del tráfico esclavista. En las últimas décadas del siglo XV, desde el castillo fortaleza de São Jorge da Mina en el golfo de Guinea y otros asentamientos portugueses, se enviaban anualmente a Lisboa alrededor de 10 mil esclavos[10] cuyo valor de cambio, en África, era de 10 por un caballo.[11] Parte de estos esclavos se destinaban a las plantaciones de azúcar en las islas portuguesas del océano Atlántico.

Pero el Nuevo Mundo introdujo dos nuevas dimensiones en el tráfico esclavista, desconocidas en la experiencia histórica previa. Primero, la dimensión del fenómeno. Segundo, la asociación de la esclavitud con la raza. Nunca antes, se había trafi-

---

[10] *The Times Atlas of World History*, ob. cit., p. 146.
[11] *Portugal e os descobrimentos*, Commissariado de Portugal, ob. cit., p. 93.

cado en escala semejante a la inaugurada con incorporación del Nuevo Mundo al emergente orden mundial. Tampoco la esclavitud había estado asociada con la raza y a una fractura profunda entre los niveles culturales de esclavistas y esclavizados. En la Antigüedad, los esclavos eran generalmente prisioneros de guerra, de la misma raza y de semejante, y a menudo, mayor nivel cultural que sus dueños. El comercio de esclavos africanos en gran escala a partir del siglo XVI provocó una repercusión sin precedentes en la estratificación social.

Entre 1500 y 1800 ingresaron al Nuevo Mundo cerca de seis millones de esclavos originarios, en su mayor parte, de la región del golfo de Guinea. El Nuevo Mundo fue responsable del 90% del tráfico esclavista en el período.[12] Poco más de la mitad de los esclavos embarcados en África llegaban vivos a destino. Además, las condiciones de explotación en las plantaciones y en las minas eran tales que la mayor parte de los esclavos morían jóvenes y sin descendencia. Estos hechos realimentaban el tráfico que alcanzó su punto culminante a fines del siglo XVIII, con envíos anuales del orden de los 80 mil esclavos. El 80% de los destinados al Nuevo Mundo se localizaron en Brasil y el Caribe. En las colonias continentales británicas de América del Norte, los esclavos importados se radicaron principalmente en las plantaciones de arroz de las Carolinas y en las de tabaco de Virginia y Maryland.

Cambios en el poder relativo de las potencias atlánticas

Las transformaciones dentro de Europa y el nuevo reparto del

---

[12] *Enclopedia Británica*, ob. cit., tomo 20, p. 780.

poder, fueron el cuarto factor que encuadró el desarrollo de las nuevas civilizaciones del Nuevo Mundo y su inserción en el emergente orden mundial.

Durante la mayor parte del siglo XVI, América fue un escenario reservado casi exclusivamente a la presencia española y a la conquista de los grandes imperios en Mesoamérica y el macizo andino central. El inicio de la conquista y la colonización del Nuevo Mundo correspondió a la época de esplendor de los Habsburgo españoles, y a un período en el cual la expansión de ultramar de Portugal estaba en su apogeo pero fundamentalmente orientada hacia África y Asia.

La primer disputa por el dominio de los territorios del Nuevo Mundo se planteó inicialmente entre las naciones ibéricas. El Tratado de Tordesillas (1494), acordado por los embajadores de Juan II de Portugal y los Reyes Católicos de España, bajo el patrocinio del papa Alejandro VI, resolvió la disputa ampliando la zona bajo hegemonía portuguesa a las tierras al Este de un meridiano a 370 leguas (2.100 km) de las islas de Cabo Verde. Como esta línea demarcatoria atraviesa desde la desembocadura del río Amazonas hasta el actual puerto de Santos, Portugal adquirió la soberanía sobre las tierras que seis años después, en 1500, serían descubiertas por Pedro Álvarez de Cabral. Recién al promediar la segunda mitad del siglo XVI comenzó la ocupación efectiva del territorio con el desarrollo de la producción azucarera en las regiones de Bahía y Pernambuco.

A fines de siglo XVIII, cuando España y Portugal eran potencias de segundo orden, los tratados de San Idelfonso y el Pardo realizaron el reparto definitivo de las posesiones coloniales de las naciones ibéricas. Portugal cedió a España las islas de Annobón y Fernando Poo en África y, en América, la Colonia del Sacramento y las márgenes de los ríos de la Plata y Paraguay a cambio de las provincias de Santa Catarina y Rio Grande do Sul.

La presencia de las otras potencias atlánticas en el espacio americano se limitó, inicialmente, a las incursiones de los corsarios ingleses. En las últimas décadas del siglo XVI, John Hawkings y sir Francis Drake atacaron los navíos españoles para despojarlos de los tesoros americanos que transportaban a la metrópolis. Con los mismos fines, asaltaron las posesiones españolas en las costas del Caribe en tierra firme y en las Antillas. En el océano Pacífico, desde la primera expedición del pirata inglés John Oxenham en 1575 hasta mediados del siglo XVIII, corsarios ingleses, franceses y holandeses atacaron repetidas veces puertos y navíos españoles. La flota de la plata desde Perú a Portobelo y el tráfico entre Acapulco y Manila, ofrecían la oportunidad de fabulosos botines.

En el siglo XVII, el holandés Piet Heyn, el inglés Morgan, el francés Nu y otros corsarios con patentes otorgadas por sus respectivos soberanos continuaron asaltando los navíos y posesiones españolas en la región del mar Caribe. Las depredaciones de piratas y corsarios plantearon graves problemas a la defensa del Imperio español en América. Pero Gran Bretaña, Francia y Holanda nunca se propusieron seriamente la ocupación permanente del territorio continental americano bajo jurisdicción de la corona española.

Mientras estaban unificadas las coronas de España y Portugal (1580-1640) y los Países Bajos estaban alzados contra la soberanía española (1568-1648), la Compañía Holandesa de las Indias Occidentales ocupó Bahía (1624) y, más tarde, la mayor parte de las áreas azucareras del nordeste. Pero fueron finalmente expulsados. Con la rendición de la guarnición holandesa de Recife en 1654, concluyó la tentativa holandesa de asentarse en tierras portuguesas en América. En cambio, hacia la misma época, lograron instalarse en Guayana y ocupar las islas de Curação, St. Martin y St. Eustatius.

En el siglo XVII, el atractivo de las tierras calientes aptas para la producción de azúcar y otros cultivos tropicales indujo a Gran Bretaña y Francia a ocupar permanentemente numerosas islas del archipiélago de las Antillas. Las cuales, desde el Tratado de Tordesillas de 1494, estaban bajo jurisdicción española. Entre 1625 y 1655, los franceses tomaron posesión de San Cristóbal, Guadalupe, Martinica y Haití. Hacia la misma época, los británicos ocuparon Barbados, las Bahamas y las Bermudas y, durante la guerra anglo-española de 1654-1659, Jamaica. A fines del siglo XVII, con la excepción de Cuba, Santo Domingo y Puerto Rico, las Antillas estaban bajo dominio de Gran Bretaña y Francia. Trinidad y Tobago fueron teatro de las incursiones de ingleses, franceses y holandeses, hasta que Trinidad fue ocupada, a fines del siglo XVIII, por los primeros y cedida formalmente por España a Gran Bretaña en el Tratado de Amians (1802).

A partir del siglo XVII, los conflictos por la hegemonía en Europa abarcaban el reparto de las tierras del Nuevo Mundo. Por el Tratado de Utrecht (1713), que puso fin a la guerra de la Sucesión del trono de España, el Príncipe Borbón, Felipe de Anjou, nieto de Luis XIV de Francia, renunció a la sucesión de su abuelo y fue reconocido como soberano de España. Madrid cedió a los británicos Gibraltar y Menorca y el monopolio del tráfico de esclavos en sus posesiones, incluyendo el asiento de la Colonia del Sacramento en el Río de la Plata. A su vez, los franceses cedieron a Gran Bretaña, la posesión de Acadia, Terranova y la libertad de operaciones para las actividades de la Compañía Británica de la bahía de Hudson.

El conflicto anglo-francés se prolongó al siglo XVIII. En 1754 se abrieron las hostilidades en América del Norte entre los franceses y sus aliados iroquois con las fuerzas británicas. Pero la guerra se definiría en el escenario europeo. La derrota de Francia en la Guerra de Siete Años (1756-1763) puso fin a sus pretensiones imperiales en América; sus dominios quedaron reducidos a varias islas de las Antillas y parte de Guayana en América del Sur. Por la Paz de París (1763) todas las posesiones francesas en Canadá y al este del río Mississipi fueron cedidas a Gran Bretaña. De este modo, el Imperio británico en América abarcó toda la costa atlántica de América del Norte, desde Quebec hasta Florida. España recuperó el dominio de Manila y La Habana (ocupada por fuerzas británicas) y obtuvo Louisiana, en compensación por la cesión de la península de Florida. La Paz de París consolidó también las conquistas británicas en África y Oriente. Las posesiones francesas en Senegambia y en la India fueron cedidas a Gran Bretaña.

La Paz de París fue la culminación del ascenso de la expansión de ultramar de Gran Bretaña, de su hegemonía en los mares y de su gravitación decisiva en las disputas dinásticas en el escenario europeo. Aún antes, en 1703, el Tratado anglo-portugués de Methuen, había subordinado a Portugal a la estrategia imperial de Gran Bretaña.

El otro eje de la disputa entre las potencias atlánticas por el dominio de las tierras del Nuevo Mundo y las redes comerciales de Oriente se desarrolló entre la República holandesa y Gran Bretaña. A principios del siglo XVIII, este diferendo también estaba resuelto en favor de los británicos. Entre 1652 y 1674, las dos armadas más poderosas se enfrentaron en tres guerras navales, cuyo epílogo fue el comienzo de la decadencia de Holanda. En la Paz de Breda (1667), que puso fin al segundo de esos enfrentamientos, se pactó la permuta de Nueva Amsterdam (Nueva York) que los holandeses ocupaban desde la expedición de Henry Hudson (1609), navegante a las órdenes de la Compañía de la Indias Orientales (VOC). Los holandeses recibieron en cambio la posesión de parte de Guayana (Surinam).

España y Portugal, que, después de la Paz de Westfalia, perdieron rápidamente capacidad de enfrentar a sus competidores, lograron conservar la posesión de la mayor parte de sus territorios en tierra firme y las Antillas Mayores. A fines del siglo XVIII, las naciones ibéricas ejercían su soberanía sobre toda la América del Sur, con la excepción de las Guayanas. La línea demarcatoria entre el Brasil portugués y el Imperio español quedó trazada en lo fundamental con el Tratado de San Idelfonso (1778) que deslindó las hegemonías en las tierras disputadas de la cuenca del Río de la Plata. El Imperio americano de España abarcaba, asimismo, Mesoamérica, y California y Louisiana en América del Norte. En el Caribe, España conservaba la posesión de las Antillas Mayores (Cuba, la parte oriental de Santo Domingo y Puerto Rico) y, en el Atlántico Sur, el remoto y casi deshabitado archipiélago de las Islas Malvinas.

XIII. Hispanoamérica

Organización del territorio
y de la relación colonial

EL SISTEMA ADMINISTRATIVO implantado en América reflejó la tradición institucional de Castilla y Aragón. El poder central radicaba en un Consejo, subordinado directamente al Rey, responsable del dictado de las leyes y normas aplicables en las esferas legislativa, judicial, financiera, comercial, militar y eclesiástica. Ese real y supremo Consejo, denominado de Indias, establecido en 1524 por Carlos I, dictaba las leyes y decretos administrativos, censuraba libros, regulaba la tutela de los indios, era tribunal de apelación y administraba las materias eclesiásticas. A través de sus *visitadores* supervisaba la organización política y administrativa establecida en las colonias. Éste abarcaba, en la cúpula, al Virrey, delegado personal del Soberano y las distintas jurisdicciones territoriales (audiencias, provincias mayores y menores, capitanías generales y municipios). El espacio americano fue dividido inicialmente en dos virreinatos: Nueva España y Perú. El primero, establecido en 1535, comprendía desde la actual Costa Rica hasta una difusa línea al norte que abarcaba los actuales estados norteamericanos de Florida, Alabama, Mississipi, Louisiana, Texas, Nueva México, Arizona y California. El Virreinato de Nueva España abarcaba, asimismo, las islas del Caribe y parte del territorio actual de Venezuela. Después de su conquista en la década de 1570, las islas Filipinas fueron incorporadas al mismo Virreinato.

El del Perú, creado en 1542, abarcaba la América del Sur con la excepción de una parte del actual territorio de Venezuela. En el siglo XVIII, se subdividió el Imperio formando dos nuevos virreinatos en América del Sur. Al norte, el de Nueva Granada establecido en 1717 y confirmado en 1739, abarcaba la Gran Colombia (actuales Venezuela, Colombia y Ecuador). Al sur, el del Río de la Plata, fundado en 1776, comprendiendo los territorios actuales de Argentina, Paraguay, Uruguay y Bolivia. A fines de la década de 1770, se establecieron también las Capitanías Generales de Chile y Venezuela.

La organización política y administrativa del territorio hispanoamericano incluía un régimen comercial fundado en los mismos criterios piramidales y centralistas. Conforme a los principios inherentes al capitalismo mercantil, el régimen imponía normas monopolistas y excluyentes. La organización comercial fue establecida inmediatamente después del descubrimiento y antes de la organización política y administrativa del Nuevo Mundo. En 1503 se estableció la Casa de Contratación de Sevilla, y se otorgó a este puerto andaluz sobre el río Guadalquivir la exclusividad del transporte y comercio con las Indias. La Casa tenía la responsabilidad de autorizar las expediciones, supervisar la carga y descarga de los navíos, recaudar impuestos, autorizar la emigración y administrar justicia sobre las cuestiones vinculadas al comercio. En 1717, la Casa fue transferida a Cádiz que, desde la segunda mitad del siglo XVII, se había convertido en el principal puerto para el comercio con América. La Casa operaba conjuntamente con el Consulado de Sevilla, corporación de comerciantes a la cual el Rey le confirió el monopolio del comercio de Indias. Inicialmente, el Consulado designó agentes en las principales ciudades del Nuevo Mundo y controló los dos extremos del tráfico. A fines del siglo XVI y principios del XVII, la Corona autorizó el establecimiento de consulados de comerciantes mayoristas en México y Lima que ejercían el monopolio del comercio en sus respectivos virreinatos.

El régimen comercial español en América incluía el sistema de convoyes destinado a proteger el tráfico entre la metrópoli y las colonias de los ataques de corsarios y piratas. A mediados del siglo XVI, el sistema estaba bien establecido y abarcaba el comercio entre Sevilla y Cádiz con los puertos autorizados en el Nuevo Mundo: Veracruz, Cartagena de Indias y Nombre de Dios (Portobelo). En mayo (la flota) y agosto (los galeones) partían de España. Entre marzo y abril del año siguiente las naves convergían en La Habana para el regreso a la metrópoli. En los puertos, los comerciantes mayoristas de los Consulados compraban los textiles, herramientas, bebidas y otros bienes provenientes de Europa, y los distribuían por la red de intermediarios y minoristas en el resto del Imperio. Al regreso a España, los convoyes transportaban los metales preciosos extraídos de los yacimientos de México y el Alto Perú y, en menor medida, algunos productos de la agricultura tropical. A través del régimen de convoyes, del monopolio de las asociaciones de comerciantes mayoristas y de los puertos autorizados la Corona recaudaba los tributos sobre el comercio exterior, las ventas (la *alcabala*) y la explotación minera.

La recaudación de impuestos de fuente americana fue importante dentro de los recursos totales de la Corona. En la segunda mitad del siglo XVI representaba alrededor del 25% de los ingresos totales del fisco español. Parte importante de los tributos se empleaba para la defensa y el sostenimiento de la administración de las colonias del Nuevo Mundo y de las posesiones de las Filipinas. Los gastos militares aumentaron a partir de la decisión de Carlos III de crear los ejércitos coloniales para enfrentar la penetración británica y francesa, y los alzamientos indígenas en el Perú. La ejecución de Tupac Amaru en 1781 puso fin a cuatro décadas de rebeliones que costaron 100 mil vidas.[1] A fines del siglo XVIII, había en Nueva España 24 mil y en Perú 18 mil hombres bajo bandera. Las fricciones de la tropa con los oficiales españoles contribuyeron a agravar las tensiones que culminarían con las guerras de independencia. Mientras tanto, más de la mitad de los ingresos fiscales del Nuevo Mundo se destinaba a los gastos militares.

Los altos márgenes de la intermediación y la carga tributaria, sumados a la penetración de los mercaderes de las otras potencias atlánticas y a la corrupción en la administración generaron el contrabando y la evasión fiscal que abrumaron el orden colonial español. El sistema de flotas y galeones fue eficaz para defender los cargamentos de metales preciosos transportados desde América a España. Solamente en dos ocasiones, 1628 y 1656, los convoyes cayeron en manos de los corsarios.

En el siglo XVIII, el sistema de convoyes fue sustituido por los *barcos de registro*, navíos autorizados a comerciar con las colonias en el Caribe, el Río de la Plata y los puertos del océano Pacífico. El nuevo sistema permitió la expansión del volumen de comercio y la diversificación de los bienes transportados. En las últimas dos décadas del siglo XVII y la primera del siguiente, el promedio anual de los embarques de España a América fue de 6 mil toneladas. A mediados del siglo XVIII había aumentado a cerca de 20 mil toneladas.[2] Al regreso, los navíos no sólo transportaban metales preciosos sino que incluían nuevos productos (cacao, azúcar, tabaco, tinturas).

Como sistemas de vinculación entre la producción de España y la demanda del Nuevo Mundo, los convoyes y barcos de

---

[1] Burkholder y Johnson, ob. cit., p. 241.
[2] *Ibid.*

registro fueron intrascendentes. La progresiva declinación de la economía española disminuyó su capacidad de abastecer la demanda de las colonias. Los comerciantes españoles, delegados del régimen monopólico, eran frecuentemente intermediarios de los bienes comercializados por mercaderes franceses, ingleses y holandeses. Hacia 1700, alrededor del 90% de los bienes exportados al Nuevo Mundo eran producidos fuera de España. Las tres potencias atlánticas en expansión, Holanda, Gran Bretaña y Francia, eran el principal origen de las exportaciones al Nuevo Mundo, no sólo a sus propias posesiones sino incluso a los dominios de España y Portugal.

El siglo XVIII fue, en España, un período de transformaciones que las naciones más avanzadas, Holanda e Inglaterra, habían realizado mucho antes. Las reformas borbónicas se articularon en torno de la secularización y la subordinación de la Iglesia al poder temporal, la eliminación de las prácticas extremas de la Inquisición y la expulsión de la Sociedad de Jesús, la abolición de fueros y privilegios heredados del orden feudal, la creación de academias científicas y bibliotecas, la tolerancia de la prensa contestataria y la liberalización de la actividad económica simultáneamente con el respaldo público al desarrollo industrial. Los dos mayores exponentes de la renovación del pensamiento económico, Gaspar Melchor de Jovellanos (1744-1811) y el conde de Campomanes (1723-1802) difundieron las ideas de la fisiocracia francesa y del liberalismo británico encarnado en la obra de Adam Smith. Desde su posición en el máximo cuerpo colegiado del reino, el Consejo de Castilla, Camponanes influyó en las reformas de la administración de las colonias americanas y en la promulgación del Reglamento de Comercio Libre (1778), que flexibilizó sustancialmente el régimen comercial impuesto a las colonias.

La Iglesia, la educación y la cultura

La Monarquía y la Iglesia fueron las dos instituciones trasplantadas de España a América. Con el respaldo del Patronato Real y el entendimiento entre la Santa Sede y la Corona, la Iglesia desempeñó un papel transcendente en la evangelización de la población indígena y en su asimilación a las pautas culturales de los conquistadores y colonizadores. Los virreinatos de Nueva España y del Perú fueron divididos en 4 arzobispados y 24 obispados. La Iglesia fue, asimismo, la principal fuente de educación e irradiación cultural, de resistencia a la infiltración de los credos cristianos reformistas y de imposición del dogma católico. Con el tiempo, la Iglesia acumuló importantes riquezas. Su patrimonio abarcaba grandes extensiones de tierras y empresas productivas de diverso carácter. Los ingresos eclesiásticos incluían la participación en el impuesto (diezmo) aplicado a la producción agropecuaria y contribuciones de la feligresía. El poder temporal de la Iglesia en América consolidó la hegemonía de su influencia espiritual y religiosa.

La conquista de América planteó a la Iglesia una empresa evangelizadora sin precedentes. Los primeros en asumir el desafío fueron los sacerdotes de las órdenes de los franciscanos, dominicos y agustinos. Confrontados con la catástrofe demográfica provocada por las enfermedades importadas por los europeos y las formas de explotación del trabajo indígena, desde el mismo inicio de la conquista, los religiosos alzaron su protesta. El más notorio de ellos, Bartolomé de las Casas (1474-1566) planteó una cuestión de principio fundamental: ¿en qué se fundaba el derecho de España de conquistar y dominar el Nuevo Mundo? La respuesta fue la evangelización de los nativos, que debía ser pacífica si no existía resistencia armada.

La evidencia acerca de la exterminación de la población nativa y la prédica de De las Casas y otros religiosos indujeron a la Corona a la adopción de normas para la protección del indígena. La influencia de la Iglesia en las decisiones de la Corona, y las consecuentes restricciones en el ejercicio del poder de los conquistadores y colonizadores, fue uno de los puntos de fricción que caracterizaron las relaciones entre esas tres esferas del poder en el mundo colonial hispanoamericano.

Las órdenes religiosas se difundieron en el continente y cumplieron un papel decisivo en la evangelización y reorganización de las diezmadas comunidades indígenas. Los jesuitas vincularon la evangelización con la creación de organizaciones sociales complejas y autosuficientes, cuyo ejemplo más notable fueron las misiones en el Paraguay. Estos centros de poder autónomos terminaron por constituirse en una amenaza a la autoridad real, la jerarquía eclesiástica y los colonizadores. En 1767, Carlos III expulsó a los jesuitas de las colonias hispanoamericanas. Poco antes, en 1759, el marqués de Pombal, Ministro de José I de Portugal, había expulsado a la Sociedad de Jesús del Brasil, de las otras posesiones coloniales y de la metrópoli.

Las disputas entre las órdenes y el clero secular por el dominio de la influencia espiritual y el ejercicio del poder temporal de la Iglesia fue otro rasgo de lo conflictivo del orden colonial americano. Finalmente, la Corona terminó arbitrando en favor del clero secular.

La Iglesia cumplió una función decisiva en la educación básica y superior en América. Los dominicos y, hasta su expulsión, la Sociedad de Jesús fueron las órdenes más activas en el desarrollo de la educación. El impulso evangelizador fue reforzado por la Contrarreforma contra la herejía protestante. Desde su llegada a América con los primeros colonizadores, la Sociedad de Jesús, creada poco antes y vanguardia de la restauración católica, comenzó a establecer colegios para la formación cultural y religiosa. En 1551, la Corona autorizó la creación de universidades en las dos grandes capitales del Imperio hispanoamericano, México y Lima. Antes (1538), se había fundado la de Santo Domingo. Los dominicos fundaron la Universidad de San Marcos en Lima (1551) y el franciscano Juan de Zumárraga (1475-1548) la Universidad de México (1553).

El *curriculum*, gobierno y administración de las dos mayores universidades americanas, se basó en los antecedentes de la Universidad de Salamanca. En el siglo XIII, bajo el patrocinio de Alfonso X el Sabio, este centro castellano era una de las universidades más avanzadas de Europa en derecho civil y canónico. Más tarde, en sus aulas se debatieron las teorías de Copérnico (cuando aún era cuestionado el sistema heliocéntrico) y Cristóbal Colón disertó sobre su viaje a Indias. La investigación científica en Salamanca declinó desde mediados del siglo XVI y su actividad docente se concentró en las ramas tradicionales del conocimiento con un fuerte peso de la teología y el derecho canónico. Esta fue la tradición académica transplantada en las nuevas universidades americanas en cuyo curriculum predominaba el estudio de teología, derecho canónico y civil, lógica y física aristotélica y metafísica. Desde la segunda mitad del siglo XVI se establecieron centros de enseñanza superior en otras partes del Imperio hispano-americano. A finales del siglo XVIII habían egresado de sus aulas 150 mil graduados en teología, derecho canónico y civil, y medicina.[3,4]

La docencia y la actividad cultural del Nuevo Mundo estuvo fuertemente condicionada por la religión. En 1569, mientras sesionaba el Concilio de Trento (1545-1563), la Corona esta-

[3] *Enciclopedia Británica*, ob. cit., tomo 19, p. 867.
[4] Burkholder y Johnson, ob. cit., p. 259.

bleció tribunales de la Inquisición en Lima y México para preservar la pureza de la fe y la moral católica. En Castilla y Aragón el establecimiento de la Inquisición, en la década de 1480, se insertó en el proceso de la Reconquista y la expulsión de musulmanes y judíos. En América, en cambio, la motivación central fue enfrentar la herejía protestante. La influencia de la Inquisición disminuyó desde fines del siglo XVII. Su presencia fue probablemente más importante en el campo cultural que en el de la represión de las herejías. La pena de muerte se aplicó a menos de 100 heréticos no arrepentidos a lo largo de toda la existencia del Santo Oficio en América.[5]

La imprenta se instaló por primera vez en México en la década de 1530. A fines del siglo XVI estaba establecida en Lima y las principales ciudades del Imperio hispanoamericano. La mayor parte de los libros publicados era de carácter religioso. Progresivamente, fueron imprimiéndose obras de medicina, historia, geografía y derecho. En el siglo XVIII aparecieron publicaciones periódicas. Dos ejemplos notables fueron el *Mercurio Peruano*, publicación bisemanal que apareció entre 1790 y 1795 y, en México, la *Gaceta de Literatura* (1788-1795).

En los tres siglos del orden colonial hispanoamericano, surgieron importantes figuras literarias entre las cuales resaltan la del peruano Inca Garcilaso de la Vega (1540-1616) y la religiosa mexicana Juana Inés de la Cruz (1651-1695). El interés en el estudio de la deslumbrante naturaleza americana y del pasado precolombino, y la influencia de la Revolución científica en Europa, se reflejaron en la actividad de notables eruditos en matemática, astronomía, ingeniería, arqueología e historia. Los más notorios fueron probablemente el mexicano Carlos de Sigüenza y Góngora, titular de la cátedra de matemática y astrología de

⁵ *Ibid.*, p. 94.

la Universidad de México a fines del siglo XVII y, en el XVIII, el peruano Pedro de Peralta y Barnuevo, matemático y cosmógrafo, rector de la Universidad de San Marco.[6]

La economía

Mano de obra

La primera fuente de suministro de mano de obra fue la población indígena. En Hispanoamérica, desde los primeros asentamientos en la Española (Santo Domingo) y otras islas del Caribe los indios capturados fueron sometidos a esclavitud, institución de larga tradición en Europa como en el Nuevo Mundo. La ocupación de la tierra firme aumentó radicalmente la población indígena sometida y planteó la necesidad de formas más complejas de organización del trabajo servil. La respuesta inicial fue la asignación de *encomiendas* sobre grandes extensiones territoriales y su población. El encomendero tenía la obligación de instruir a los nativos en la religión y de protegerlos contra arbitrariedades. En la realidad, esta mano de obra fue compulsivamente transferida a la explotación de las minas o arraigada en la producción rural. La rápida extinción de los indígenas encomendados dio lugar a otras formas de organización, como el *repartimiento* o *mita*, que imponía a las comunidades indígenas la obligación de asignar una cuota de trabajadores durante una parte del año.

La explotación de mano de obra indígena servil tropezó con tres problemas fundamentales a lo largo de todo el período co-

[6] G. Weinberg, "Sobre la historia de la tradición científica latinoamericana, Documentos 10", *Boletín de la Secretaría de Ciencia y Técnica*, Nº 7, Buenos Aires, septiembre, 1985.

lonial. El primero y más importante, la rápida extinción de la población nativa. El segundo fue la pobre capacidad de los indios de sobrevivir a las condiciones del trabajo en las minas y las explotaciones rurales. En 1512 la Junta de Teólogos de Burgos prohibió esclavizar a los nativos dada su condición de "vasallos libres" y "dignos de protección". Esta decisión y la influyente prédica de Fray Bartolomé de las Casas, generaron crecientes tensiones entre los titulares de encomiendas, mitas y otros repartimientos y los delegados de la autoridad real. Mientras tanto se desarrollaron nuevas formas de explotación como el monopolio establecido por corregidores y alcaldes sobre el comercio de los campesinos y artesanos.

Los límites impuestos por la mano de obra indígena fueron en parte resueltos por dos vías: el trabajo libre y la importación de esclavos de África. La emergencia de nuevos grupos humanos surgidos de las relaciones de los conquistadores y colonizadores con las mujeres nativas, de indios liberados de la relación servil, de inmigrantes europeos marginales y, más tarde, de esclavos negros libertos proporcionaron nuevos contingentes de trabajadores libres asalariados. Sin embargo, la concentración de la propiedad en grandes explotaciones rurales, plantaciones y minas limitó la demanda de empleo y promovió modalidades, como el endeudamiento del trabajador y la imposibilidad de abandonar su empleo, que implicaban la inexistencia de un mercado de trabajo.

La importación de esclavos africanos fue la otra fuente de la oferta de mano de obra. El ingreso de esclavos africanos entre mediados del siglo XVI y fines del XVIII, ascendió a cerca de un millón.[7] La participación de Hispanoamérica en el comercio

---

[7] Burkholder y Johnson, ob. cit., pp. 104, 119.

esclavista fue reducida: poco más del 10% de los africanos ingresados al Nuevo Mundo tuvieron aquel destino. Sus principales ocupaciones fueron los yacimientos mineros, y las plantaciones del Caribe y del golfo de México. Más tarde, en las últimas décadas del siglo XVIII, las plantaciones azucareras de Cuba se convirtieron en el mayor mercado para la importación de esclavos.

Desde el mismo inicio de la conquista, figuraron africanos como esclavos o libertos en las fuerzas de los adelantados. A pesar de su mayor costo respecto del nativo, el esclavo africano era más eficaz en la producción de las minas y en las plantaciones. Era también útil en las tareas domésticas de las ciudades en las cuales, como sucedía en Caracas, Lima y Quito, los africanos representaban entre 10 y 25% de la población.[8] La autorización de Isabel la Católica, en 1501, de importar esclavos a América intentó sustituir la sumisión de los nativos por la de africanos. Más tarde, de todos modos, la Corona y la Iglesia procuraron limitar las condiciones extremas de explotación de estos últimos.

Producción y comercio exterior

En las colonias españolas del Nuevo Mundo se desarrollaron diversas producciones destinadas a España y los mercados europeos. Entre ellas, el cacao, explotado inicialmente para el consumo local en el sur de México y, más tarde, para la exportación, en Venezuela y Colombia. En Mesoamérica y el norte de Sudamérica se difundió también la producción de índigo, algodón, café y drogas diversas. Sin embargo, la economía de las colonias hispanoamericanas se organizó en torno de tres ejes

---

[8] *Ibid.*, p. 122.

principales: la producción minera, el suministro de las zonas mineras y los centros urbanos, y las actividades de subsistencia. *La minería.* Los españoles fueron no sólo los pioneros de la conquista, fueron, también, los más exitosos en el hallazgo de metales preciosos. Las conquistas de Tenochtitlán (1521) por Hernán Cortés, y de Cuzco (1533) por Francisco Pizarro consumaron el sometimiento y la apropiación de los tesoros de los imperios azteca e incaico. A mediados del siglo XVI, los conquistadores comenzaron a enviar a España los frutos del saqueo de los tesoros de las grandes civilizaciones americanas. Pero éste fue apenas el inicio de la corriente de metales preciosos desde América a Europa que tendría consecuencias importantes en el comportamiento de las potencias atlánticas y el desarrollo del Primer Orden Económico Mundial.

La producción minera se convirtió en una actividad capital intensiva, con fuertes inversiones en la construcción de los túneles, animales de carga, la trituración del material y bombeo para el desagote de las minas. El progresivo agotamiento de las vetas más ricas de plata y la necesidad de explotar yacimientos secundarios promovió el empleo del mercurio en la amalgama y de molinos de agua para el molido de la piedra. El aumento de la demanda de mercurio fue abastecido con la producción proveniente de los yacimientos de Almadén en España y Huancalevica en Perú. A fines del siglo XVI, la minería era una actividad tecnológica de frontera con fuerte empleo de capital. e integrada verticalmente dentro del Imperio español.[9] El sistema abarcaba desde la producción de los insumos de mercurio, la maquinaria y el refinado del mineral hasta su transformación en obras de arte por los orfebres y la exportación de monedas y barras a España.

---

[9] R. Davis, ob. cit., p. 51.

La tecnología de explotación de la plata consistió inicialmente en la fundición con carbón de leña y, desde la segunda mitad del siglo XVI, en la amalgama empleando catalíticos (sal y pirita de cobre) y mercurio. El aumento en Europa de los precios denominados en plata de más de tres veces entre mediados de los siglos XVI y XVII,[10] sumado al agotamiento de las vetas más ricas de los yacimientos de México y el Alto Perú, provocó una caída de la producción. En México, después de los yacimientos de Zacatecas se descubrieron nuevos emplazamientos en San Luis Potosí (1598) y Parral (1631-1633). La producción se recuperó hacia el final del XVII y un siglo después duplicaba el máximo volumen de producción alcanzado en 1690. El aumento obedeció a la explotación secundaria de viejos yacimientos en Guanajuato y Parral y, sobre todo, a la recuperación de los precios relativos de la plata debido al incremento de la oferta de oro generada por la explotación de los nuevos yacimientos de Minas Gerais y Colombia.

De todos modos, la época de auge de la producción minera en México y su impacto revolucionario sobre las economías de la colonia, de España y de Europa, había ya pasado. La declinación fue aún más profunda en la producción de plata del Alto Perú. En la segunda mitad del siglo XVI, los yacimientos de Potosí producían más de la mitad de la producción de plata del Nuevo Mundo. La plata perdió poder adquisitivo por el aumento de su oferta, el incremento de los precios en Europa y los mayores riesgos y costos del transporte marítimo por la agresiva y creciente presencia holandesa, británica y francesa en el Atlántico norte y el Caribe. La producción del Alto Perú nunca se repuso de la pérdida de rentabilidad de la producción de

[10] *Ibid.*, p. 160.

plata. La importancia relativa de la producción del Alto Perú declinó y hacia 1750 su valor era menos de la mitad de la de México. Los descubrimientos de nuevos yacimientos en Oruro (1608) y Pasco (1630) fueron insuficientes para compensar la declinación de la producción de Potosí.[11] Las exportaciones de plata y oro de los yacimientos de las posesiones españolas llegaban por el sistema de flotas y galeones a Cádiz desde los puertos de Veracruz, Cartagena de Indias y Portobelo. Alrededor de un 50% de las exportaciones de metales preciosos correspondía al pago de los tributos a la Corona y el resto financiaba las importaciones de las colonias americanas desde España y el resto de Europa. Pero existía un importante contrabando que eludía los controles y los impuestos, y representaba probablemente alrededor del 50% de las exportaciones oficialmente registradas. Lo mismo sucedía con los principales productos importados que incluían textiles, alimentos elaborados, armas, herramientas y otros productos metálicos. A fines del siglo XVI comenzó un tráfico importante desde el puerto mexicano de Acapulco y del peruano del Callao con Manila en la posesión española de las islas Filipinas. Las exportaciones de plata en barra y del peso plata español fueron la principal fuente de suministro de dinero para el tráfico de Oriente. Las exportaciones de plata hacia ese destino pagaban las importaciones de productos asiáticos (sedas, porcelanas, lacas). La importancia creciente del comercio directo entre posesiones coloniales provocó la reacción de las autoridades españolas que introdujeron restricciones al tráfico por la ruta del Pacífico a mediados del siglo XVII.

Hasta el descubrimiento de los grandes yacimientos de plata en México y el Alto Perú, el valor de los envíos de oro, obtenido

[11] *Ibid.*, p. 159.

principalmente del saqueo de los tesoros mesoamericanos e incaicos, superaba al de plata. En las posesiones españolas, aun después de la explotación de los yacimientos colombianos, la plata fue siempre el metal precioso más importante. En las posesiones portuguesas, en cambio, el oro y los diamantes constituyeron los envíos de metales y piedras preciosas desde el Brasil a la metrópoli.

Suministro de los centros mineros y urbanos. El segundo eje de la economía colonial se vinculó al abastecimiento de las regiones mineras y las ciudades. En torno de los grandes centros mineros se formaron concentraciones urbanas, la más importante de las cuales fue Potosí. Su población de 3 mil habitantes en 1540, antes del inicio de la producción de plata, aumentó a 120 mil cuarenta años más tarde y a 160 mil a mediados del siglo XVII. Los otros grandes centros eran las cabeceras de los virreinatos de Nueva España y del Perú: México y Lima. A fines del siglo XVII la población de ambas capitales se acercaba a los 100 mil habitantes.

Lima era, además, el centro comercial de América del Sur: por su puerto del Callao salía hacia Portobelo, en el istmo centroamericano, la plata procedente de Potosí y embarcada en Arica. Las importaciones procedentes de Europa seguían el camino inverso. Los puertos de Cartagena, Veracruz y La Habana y, en menor medida, Buenos Aires, eran los otros centros del orden colonial. Su actividad económica incluía el comercio exterior y, también, artesanías y servicios destinados al consumo local. A partir del siglo XVII se desarrollaron otras producciones destinadas al comercio exterior, como el cacao en Venezuela y el tabaco y el azúcar en Cuba.

El suministro de materiales y animales de carga (como las mulas de Córdoba y Tucumán destinadas a los yacimientos de Potosí), de textiles, alimentos y materiales de construcción para las poblaciones de las minas, los puertos y los centros administrativos y políticos fueron constituyendo un mercado interno abastecido por la producción local. Las enormes distancias y los costos de transporte limitaban la zona de influencia de los núcleos de la economía colonial. En particular, la producción de cereales, hortalizas y otros alimentos de origen agrícola se desarrollaba en las explotaciones rurales cercanas a los centros de consumo. La ganadería tenía un mercado más amplio.

Las economías de subsistencia. Finalmente, en las regiones alejadas de los centros urbanos y de la producción minera se desarrollaba una actividad destinada al consumo local en el contexto de economías de subsistencia. Tal el caso, por ejemplo, de las economías regionales del interior del actual territorio argentino con la excepción de las actividades destinadas a la producción argentífera del Alto Perú. Otro ejemplo, fueron las misiones jesuíticas en la región compartida actualmente por Paraguay, Brasil y Argentina. En donde no se explotaron metales preciosos ni se instalaron redes administrativas y comerciales del orden colonial, la producción se destinó fundamentalmente a la subsistencia de las poblaciones locales, a un modesto intercambio interno y, marginalmente, al comercio con otras regiones. Esto dio lugar a un grado considerable de diversficación de la oferta: desde la producción de alimentos agrícolas y la ganadería, hasta materiales de construcción y las artesanías textiles, madereras y, en menor medida, metálicas.

Moneda

A pesar de que los yacimientos de los virreinatos de Nueva España y del Perú eran las principales fuentes de abastecimiento de metales preciosos de Europa y el resto del mundo, la economía monetaria tuvo un escaso desarrollo durante el período colonial. Debido al gran peso relativo de las economías de subsistencia y del trabajo servil dentro de la fuerza de trabajo, buena parte del pago de la mano de obra y del comercio, se realizaba en especie. La economía monetaria era esencialmente urbana, y vinculada al comercio exterior y a la producción minera y las plantaciones. Las monedas de plata y oro que circulaban en el Nuevo Mundo eran acuñadas en la metrópoli y en las casas de moneda locales autorizadas por la Corona. Estaban sujetas, como en otras partes, a la degradación de su contenido de metal precioso. El sistema bancario y las redes de intermediación tuvieron un muy bajo desarrollo relativo durante todo el período colonial y nunca constituyeron una fuente importante de generación de ganancias y acumulación ni de financiamiento de la inversión. En su mayor parte, la reducida actividad financiera estaba asociada al comercio, y eran los principales mercaderes los que realizaban algún tipo de intermediación financiera.

Población, raza y estratificación social

Hacia fines del siglo XVIII la población total de Hispanoamérica ascendía a alrededor de 14 millones de personas. De éstas, un 50% era indígena, 25% de inmigrantes españoles y sus descendientes criollos y el resto, negros mestizos, mulatos y zambos. Alrededor del 40% de la población estaba radicada en el Virreinato de Nueva España, el 10% en Perú, 20% en el de Nueva Granada, 10% en el del Río de la Plata y otro tanto en las Antillas españolas. El resto estaba diseminado en la Capitanía General de Chile y otras partes.[12] En los siglos XVI y XVII, los

---

[12] *Ibid.*, p. 263.

navíos procedentes de España habían transportado cerca de 500 mil inmigrantes al Nuevo Mundo.

La conquista generó una extraordinaria concentración de la riqueza, y el ingreso y la profunda fractura entre la mayor parte de la población y las élites españolas y criollas. La Corona retuvo la titularidad del suelo y del subsuelo, y la propiedad de las minas. La concesión de su explotación a los conquistadores y colonizadores en encomiendas, repartimientos y capitanías donatarias, y el otorgamiento de privilegios monopólicos sobre el comercio concentraron en pocas manos los principales frutos de las economías coloniales. Los conflictos por la propiedad definitiva de la tierra y las minas, y por el reparto de los lucros comerciales, fueron factores permanentes de fricción entre la Corona y los grupos económicos y políticos más poderosos e influyentes del orden colonial. La concentración de los derechos de explotación y, más tarde, la apropiación de los recursos, sumados al carácter servil de la mayor parte de la mano de obra, ejercieron una influencia decisiva en la estratificación social y en el rumbo del desarrollo económico y social de Hispanoamérica.

El poder político y la explotación de la tierra y las minas se concentró en los delegados del poder imperial, los herederos criollos de los conquistadores y la jerarquía eclesiástica. Estos grupos representaban alrededor del 5% de la población total. Alrededor de un 80% estaba compuesto por los descendientes del vínculo de los europeos con las mujeres indígenas, los nativos sometidos a trabajo servil, los esclavos de origen africano, libertos y mulatos. La mayoría de la población estaba sujeta a condiciones de servidumbre y sólo una pequeña parte eran trabajadores manuales, agricultores y prestadores de servicios independientes. La franja social intermedia de artesanos, pequeños comerciantes, profesionales diversos y el bajo clero ocupaba una posición marginal en el sistema productivo y social de la colonia. El régimen político y el poder se sustentaban en el régimen colonial y en la concentración del control de los recursos. En la cúspide del sistema estaban las máximas autoridades del orden imperial (inicialmente los adelantados y luego los virreyes, auditores, corregidores y alcaldes), los titulares de encomiendas, mitas y repartimientos, los grandes comerciantes y empresarios mineros (beneficiarios del monopolio del tráfico con la metrópoli y la explotación de los yacimientos) y la jerarquía eclesiástica.

El ascenso a la posiciones de poder estaba excluido para la inmensa mayoría de la población y dependía, fundamentalmente, de los favores de la Corona en la atribución de cargos, títulos de nobleza y derechos monopólicos para la explotación de la tierra y las minas bajo dominio público. La acumulación de riqueza se fundaba esencialmente en las explotaciones mineras, en el comercio monopólico y en la corrupción de los funcionarios. Es decir, en los privilegios conquistados por la fuerza o conferidos por la Corona antes que en los frutos del trabajo y la iniciativa individual.

La corrupción en el ejercicio de la función pública fue un mal inherente al régimen colonial. La crisis financiera del reinado de Felipe II indujo la venta de los cargos en el Nuevo Mundo y, por este mismo motivo, a aumentar innecesariamente el número de funcionarios. Los cargos de menor jerarquía, que incluían a los recaudadores fiscales, estaban muy mal remunerados y eran apetecidos por la posibilidad de lucrar con ellos a través del manipuleo doloso de los impuestos y el monopolio del comercio exterior. Estos cargos solían asignarse por vida e, incluso, eran transmisibles por herencia. La práctica de vender cargos públicos se mantuvo durante todo el período colonial y, en momentos especialmente críticos de las finanzas reales, incluyó las posiciones de mayor jerarquía.

El sistema se fundaba en la estructura social del orden colonial y en los principios transplantados desde España. El mérito militar y religioso, y la limpieza de sangre eran valores supremos. El trabajo y la iniciativa individual aplicada a la actividad económica no eran apreciados en una sociedad de nobles, hidalgos y religiosos. La ética trasplantada al Nuevo Mundo estaba en las antípodas de la capitalista que se estaba afianzando en Holanda, Gran Bretaña y, en menor medida, Francia. Consecuentemente, la acumulación de riqueza no generaba nuevos actores sociales ni reclamos para participar en la administración y control del sistema. Porque la riqueza sólo era posible dentro y desde el orden establecido, raramente fuera del mismo. Cuando esto último sucedía, quienes acumulaban recursos procuraban adherirse al mismo accediendo a cargos públicos y títulos de nobleza. La Corona fue moderada en la concesión de estos últimos. Hasta mediados del siglo XVIII solo había otorgado poco más de cien títulos de nobleza a residentes del Nuevo Mundo.[13] Estas eran las bases fundamentales del *status* social y, en definitiva, del poder. Aquel rasgo distintivo de la riqueza en el orden colonial hipanoamericano ejerció una profunda influencia en el proceso de acumulación de capital y el cambio técnico.

[13] *Ibid.*, p. 188.

XIV. Brasil

Organización del territorio y de la relación colonial

EN EL CONTEXTO de la expansión de ultramar de Portugal, la ocupación y organización del territorio del Brasil fue, inicialmente, una empresa de menor importancia relativa. La Corona administraba directamente el Imperio y no estableció ningún organismo semejante al Consejo de Indias español. Recién a mediados del siglo XVIII creó un Ministerio de la Marina y los Territorios de Ultramar y, poco después, un Consejo Real con responsabilidades diferenciadas para la administración imperial.

A principios del siglo XVI, se intentó aplicar en Brasil el sistema de factorías y fuertes prevalecientes en África y Oriente. Pero este esquema reveló ser insuficiente para defender y ocupar efectivamente el territorio comprendido entre la costa y la línea trazada en el Tratado de Tordesillas. Consecuentemente mediados de la década de 1530, don João III extendió al Nuevo Mundo el esquema organizativo aplicado con éxito en las islas portuguesas en los archipiélagos de las Azores, Madeira y Cabo Verde: las *capitanías donatarias*. En este régimen, el Rey donaba en administración, no en propiedad, una extensión de tierra, la obligación de defenderla y el derecho de explotarla y de administrar justicia. Los gobernadores de las capitanías eran responsables ante la Corona por el pago de tributos y los colonos conservaban los derechos que gozaban los portugueses en la metrópoli. Las primeras doce capitanías se extendían desde Pará en la desembocadura del río Amazonas hasta São Vicente en el sur y desde el Atlántico hasta la línea de Tordesillas. Al norte quedaban los inhóspitos territorios de Guayana que serían en definitiva ocupados por las potencias atlánticas no ibéricas: Gran Bretaña, Francia y Holanda. La ausencia inicial de recursos atractivos para la economía de la época, salvo el palo brasil para la producción de tinturas, impidió el asentamiento de población, someter a los indígenas nativos y ocupar efectivamente el territorio de las capitanías, con la excepción de las de Pernambuco y São Vicente. La Corona recuperó la posesión de varias de ellas y, en 1548, instaló un gobernador general en Salvador de Bahía. La Corona mantuvo a lo largo del período colonial un complejo equilibrio entre las autonomías regionales (representadas por las capitanías y los cabildos locales) y el gobernador general, cuyas facultades eran semejantes a las de los virreyes del Imperio hispanoamericano. La declinación de la hegemonía portuguesa en África y Oriente desde fines del siglo XVI fue convirtiendo a Brasil en el centro del Imperio de ultramar. La ocupación de Guanabara por los franceses en 1555 y la invasión holandesa, iniciada en 1624, del territorio nordestino abarcado por las localidades de San Luis, Olinda y Salvador, impusieron el refuerzo de la organización administrativa del territorio y de su defensa. Al mismo tiempo, después de la separación de las coronas de España y Portugal en 1640, la disputa por el control de una extensa región en la cuenca del Río de la Plata se convirtió en una cuestión central de la política imperial.

La administración colonial se desplazó acompañando los cambios en el centro de gravedad del poblamiento y la actividad económica. En 1763, como resultado de la declinación de la economía azucarera del nordeste y el desarrollo de la minería y la producción agropecuaria del centro-sur, la capital fue trasladada de

Salvador a Rio de Janeiro. Por el mismo motivo, en el siglo XVIII, la administración del territorio fue divida en nuevas capitanías y las antiguas fueron reorganizadas. La concesión de tierras públicas en el interior y la creación de nuevas ciudades promovió la ocupación territorial y la recaudación de los tributos de la Corona. Con la excepción de los cargos de gobernadores, capitanes generales y las posiciones más elevadas de la justicia y los municipios, los puestos públicos eran vendidos o concedidos por la Corona. Como en el Imperio hispanoamericano, era endémica la corrupción en la administración del diezmo, los derechos de aduana y otros impuestos.

El régimen comercial portugués en Brasil fue menos institucionalizado e inflexible que el de España. Mientras el comercio con las Indias Orientales fue más importante que el realizado con sus posesiones en el Nuevo Mundo, la Corona permitió un comercio con pocas restricciones entre los puertos portugueses y brasileños. Entre los primeros los más importantes eran los de Oporto y Lisboa y, en América, los de Recife, Salvador y Rio de Janeiro. Hasta la primera mitad del siglo XVII, los embarques desde Brasil eran predominantemente de azúcar. Los principales transportadores eran los navíos ingleses y holandeses. Durante la unificación de las coronas de España y Portugal (1580-1640) y la ocupación holandesa de Pernambuco (1630-1654), cerca de dos tercios de las exportaciones brasileñas eran transportadas por navíos holandeses. Amsterdam, con sus cuarenta refinerías era, en la época, la primer ciudad azucarera de Europa. Con la instalación en 1640 del duque de Braganza como João IV, Portugal intentó recuperar el control del tráfico marítimo con Brasil e implantar un régimen similar al de flotas y galeones español. La compañía establecida al efecto fracasó pero el sistema de flotas sobrevivió hasta mediados del siglo XVIII. Un aspecto fundamental del comercio portugués era la importación de esclavos africanos en Brasil. La corona administraba el tráfico esclavista mediante la concesión de asientos en sus posesiones africanas.

Después del terremoto que destruyó Lisboa (1º de enero de 1755), bajo el reinado de José I, José Sebastián de Carvalho e Melo (1699-1782) marqués de Pombal, asumió plenos poderes. Su política se orientó a centralizar el poder en la Corona y reducir los privilegios de la nobleza latifundista y el alto clero. Al mismo tiempo, introdujo reformas económicas de fuerte contenido mercantilista para jerarquizar las actividades comerciales y artesanales, recuperar autonomía frente a la influencia británica, fortalecer la flota, expandir y monopolizar el comercio de ultramar y, mediante la creación del Banco Real, financiar el desarrollo económico y el gasto público. Fue en su período que se establecieron el Consejo Real y el ministerio para administrar los asuntos imperiales. Con el apoyo de Pombal, en 1755 se estableció la Compañía de Grão Parã y Maranhão, a la cual se le confirió un monopolio de veinte años sobre la navegación y el comercio de esclavos de las capitanías del nordeste. Poco después (1759), se creó la Compañía de Pernambuco y Paraíba para monopolizar el comercio de estas dos capitanías. La política de Pombal fue el último, tardío y, en definitiva, frustrado intento de vincular la expansión colonial con el desarrollo económico de Portugal.

La centralización del poder en la metrópoli fue acompañada por medidas para facilitar la penetración portuguesa en la cuenca del Plata. En este contexto, Pombal dispuso la expulsión de los jesuitas de la Corte y de las misiones del Paraguay que frenaban la penetración de los *bandeirantes*. La caída y destierro de Pombal en 1777 puso fin a su política reformadora para ampliar las bases de sustentación del desarrollo de Portugal y de la explotación de su Imperio brasileño. La débil, pequeña y subdesarrollada economía portuguesa fue incapaz de aprovechar la expansión de la demanda de su colonia para sustentar su producción textil y metalúrgica. En definitiva, desde la segunda mitad del siglo XVIII fueron los británicos, operando frecuentemente por intermediarios portugueses, los que abastecieron la expansión de la demanda generada por el crecimiento del centro-sur brasileño.

El sistema tributario se sustentó en la producción azucarera, el comercio, la producción minera y, al final del período, en el café y otros productos tropicales. Los impuestos a la importación, las ventas y la participación en las minas concesionadas a particulares fueron las principales fuentes de recursos para financiar la administración y defensa del Brasil y el gasto público de la metrópoli. Como en Hispanoamérica, la corrupción de los recaudadores fiscales fue un mal endémico.

La Iglesia, la educación y la cultura

La Iglesia portuguesa, menos poderosa que la española, influyó, sin embargo, en la formación de la sociedad brasileña durante el período colonial. Bajo el patronazgo real y el auspicio de la Santa Sede el fervor evangelizador inspiró la gigantesca empresa marítima lusitana iniciada por el infante Enrique el Navegante. En África, las Indias Orientales y, finalmente, Brasil, los sacerdotes católicos acompañaron a los navegantes y mercaderes portugueses que estaban sentando las fundaciones del Primer Orden Económico Mundial. En mayor medida que en Hispanoamérica, los intereses temporales y espirituales de la Iglesia entraron en conflicto con la Corona y los colonizadores del Brasil.

Los jesuitas tuvieron un protagonismo decisivo en la conquista y evangelización. Desde mediados del siglo XVI asumieron el liderazgo en la propagación de la fe en las *aldeas*, en las cuales concentraban a los indígenas catequizados. A fines del siglo XVI, cerca de 200 sacerdotes jesuitas, dominicos y franciscanos controlaban la mayor parte de la población indígena pacificada del nordeste. La defensa de la población nativa obstaculizó su esclavización para servir en las plantaciones azucareras, las minas y los obrajes. Esto provocó los primeros conflictos entre los conquistadores y colonizadores y la Iglesia.

Un siglo después que el sacerdote dominico Bartolomé de las Casas alzara su prédica contra la explotación del indígena en Hispanoamérica, en Brasil, el jesuita Antonio Vieira (1608-1697) emprendió una empresa semejante y, aun, de mayores alcances. Su talento literario, conocimiento de las lenguas nativas, dotes oratorias, habilidad diplomática e influencia en la corte real difundieron su mensaje humanista y tolerante que abarcaba a los indígenas y a los judíos conversos. Después de la muerte (1656) de su amigo y protector, el rey João IV, el padre Vieira enfrentó la resistencia de la Inquisición, de su propia orden jesuita y de los colonizadores del Brasil. La Corona había establecido la Inquisición destinada, como en España, a reprimir la herejía protestante, vigilar a los "nuevos cristianos", perseguir a los blasfemos, bígamos, lectores de literatura prohibida y responsables de otras herejías. Vieira entró irremediablemente en conflicto con la ortodoxia religiosa en Portugal y, peor aún, con los grupos dominantes del Brasil.[1]

El conflicto entre la Iglesia y el Estado, que estalló en el siglo XVIII, reconoce razones más terrenales que las levantadas por el padre Vieira. El poder tangible de la Iglesia y las órdenes, la

---

[1] *Enciclopedia Británica, ob. cit.,* tomo 23, p. 140.

propiedad de tierras, las misiones jesuíticas y la participación en los frutos de la explotación de los yacimientos de la región de Minas Gerais agudizaron el conflicto latente entre los poderes temporal y religioso. En 1760, bajo la administración del marqués de Pombal, se produjo la ruptura de relaciones de Portugal con la Santa Sede. Un año antes se había dispuesto la expulsión y la expropiación de los bienes de la Sociedad de Jesús, abiertamente opuesta a la política pombaliana de explotación de los recursos del interior brasileño.

Los jesuitas se habían convertido en la principal potencia económica de la colonia con sus misiones e intereses en la posesión de tierras, la producción rural y el control de la población nativa. La Corona vendió o se hizo cargo de las posesiones materiales de la Sociedad de Jesús y el clero secular de las iglesias e instituciones de enseñanza. En España e Hispanoamérica la expulsión de los jesuitas fue un hecho localizado en la represión del exagerado poder de la Sociedad de Jesús, de su autonomía y valores enfrentados con los intereses económicos hegemónicos. En Portugal y Brasil, en cambio, formó parte de un enfrentamiento más amplio entre la Iglesia y el Estado.

Hacia 1700 existían en Brasil sólo tres obispados. Esto explica la menor influencia que, en el campo educativo, ejerció la Iglesia brasileña respecto de la hispanoamericana. Durante el período colonial no se fundaron centros de estudios superiores en Brasil. La célebre Universidad de Coimbra en Portugal fue el centro de enseñanza superior de las élites criollas, cuya formación elemental y media se realizaba en colegios religiosos de la colonia. Algunos estudiantes se formaron en universidades francesas, como Montpellier, y abrevaron en el racionalismo de la Ilustración.

Portugal mantuvo la hegemonía en la educación y formación de sus súbditos americanos que España delegó en las universidades y las imprentas del Nuevo Mundo. La primera imprenta en territorio brasileño se instaló en 1808, 250 años después que en México. La impresión de las obras de autores brasileños pasaba necesariamente por Lisboa y esta fue una severa restricción a la creatividad y difusión de las ideas. No es casual que la mayor figura de las letras en el período colonial, Antonio Vieira, fuera un sacerdote portugués criado en Brasil y que mantuviera contactos tan estrechos con la metrópoli y la Corte. De todos modos, el arte religioso brasileño alcanzó niveles de excelencia comparables con los del barroco hispanoamericano.

La economía

Mano de obra

En contraste con la experiencia de Hispanoamérica, en Brasil los esclavos africanos y sus descendientes fueron la fuente principal de la oferta de mano de obra. Tres factores explican esta diferencia entre los dos imperios iberoamericanos. *Primero*, cuando comienza la colonización del Brasil, los portugueses, a través de sus posesiones en África, tenían más de un siglo de experiencia en el comercio esclavista. A principios del siglo XVI, el 10% de la población de Portugal estaba compuesta por esclavos africanos.[2] *Segundo*, las tribus indígenas del norte del Brasil no constituían una fuente suficiente y adecuada de mano de obra. Recién con la expulsión de los jesuitas y las incursiones de las *bandeiras* en el centro-sur los indígenas esclavizados realizaron un aporte significativo a la mano de obra rural y la explota-

---

[2] Burkholder y Johnson, ob. cit., p. 198.

ción de los yacimientos minerales. *Tercero*, la producción azucarera del nordeste era especialmente apta para el empleo de mano de obra esclavizada.

Sobre estas bases, la importación de esclavos africanos constituyó desde el siglo XVI la base principal del poblamiento del territorio y la explotación de sus recursos. Entre los siglos XVI y XVII ingresaron al Brasil 600 mil esclavos y en el XVIII cerca de 2 millones.[3,4] En el siglo XVIII mientras la inmigración de portugueses en Brasil fue de alrededor de 2 mil personas anualmente, la de esclavos alcanzó a cerca de 20 mil. Con más de un tercio del total de esclavos africanos ingresados al Nuevo Mundo, Brasil fue el principal destino del tráfico esclavista. En las regiones en las cuales se concentraba la ocupación de mano de obra esclavizada, como en las plantaciones azucareras del nordeste o los yacimientos de Minas Gerais, los africanos y sus descendientes constituían la mayor parte de la población.

En Brasil, como en Hispanoamérica, los trabajadores asalariados eran una parte menor de la fuerza de trabajo y estaba compuesta principalmente por pardos (mulatos), libertos y, a diferencia de América española, por muy pocos indígenas independientes. Los portugueses pobres se dedicaban principalmente a las artesanías, la prestación de servicios por cuenta propia y ocupaban los cargos más bajos de la administración colonial y las fuerzas armadas. La mano de obra calificada para las actividades urbanas, los cuadros de capataces en las plantaciones y en las minas estaba compuesta en buena medida por pardos y negros libertos, que también contribuían a la formación de la tropa y la policía.

[3] *Ibid.*, pp. 105-107, 119.
[4] R. Davis, ob. cit., p. 135.

Producción y comercio exterior

La formación de la economía del Brasil colonial presenta varias diferencias importantes con la experiencia hispanoamericana. El comienzo de la conquista y colonización fue más tardío. La ausencia inicial de yacimientos de metales preciosos limitó la ocupación territorial a la franja costera del océano Atlántico, cuyas tierras eran aptas para la producción de azúcar y otros cultivos tropicales y subtropicales. El avance hacia el interior recién progresa en el centro-sur un siglo después de los primeros asentamientos en el nordeste. Desde el emergente polo de São Pãulo, los *bandeirantes* fueron ocupando la frontera trazada por la línea de Tordesillas, la ultrapasaron y penetraron profundamente en la cuenca del Alto Paraná y el Paraguay. Su objetivo principal era la ocupación de tierras para la producción ganadera, acceder a los yacimientos de oro y diamantes de Minas Gerais y Goiás, y someter a esclavitud para el trabajo rural y de las minas a la población indígena. De allí el conflicto desatado con los jesuitas en la región del Rio Grande y el Paraguay en el curso del siglo XVIII.

Otro rasgo distintivo es la mayor diversificación de la producción destinada al comercio exterior. Además, su localización geográfica se desplazó desde la economía azucarera, asentada en la región de Bahía en los siglos XVI y XVII, pasando por la explotación de oro y diamantes en Minas Gerais y Goiás en el XVII y XVIII, hasta la producción cafetalera del centro-sur en torno de la región de São Pãulo desde la segunda mitad del siglo XIX. El centro de gravedad de la economía exportadora se trasladó a lo largo del territorio brasileño, generando núcleos dinámicos y fases de auge y declinación asociados a la suerte de los productos exportados.

Cuando los portugueses iniciaron su producción en la región

de Pernambuco y Bahía a fines del siglo XVI, el azúcar era ya un producto importante en el comercio internacional. En el siglo XV, la explotación estaba localizada en la región meridional de la Península Ibérica (Andalucía y Algarve), el Magreb en el norte de África y en las islas del Atlántico (Madeira, Canarias, São Tome y Fernando Poo). La producción azucarera contaba con tres características principales que la convirtieron en una actividad productiva pionera en el marco del capitalismo mercantil del Primer Orden Económico Mundial. *Primero*, fue la primera producción agrícola capitalista que generaba economías de escala y, consecuentemente, estimulaba la formación de grandes explotaciones y de acumulación de capital. *Segundo*, fue también la primer actividad destinada principalmente al comercio internacional. *Tercero*, desde su inicio fue un emprendimiento transnacional en el cual participaban mercaderes y banqueros de varias nacionalidades, entre ellos, venecianos, genoveses y florentinos.

Las islas y territorios bajo jurisdicción portuguesa proveían alrededor del 80% del azúcar consumido en Europa. Hacia fines del siglo XV, un tercio de la producción de azúcar se encaminaba hacia los puertos holandeses (Amberes y Amsterdam). En el curso de las décadas siguientes, los holandeses llegaron a controlar las redes de distribución. Compraban el azúcar en bruto en Lisboa, lo refinaban y lo distribuían en Europa, inclusive en Inglaterra que era el principal consumidor.[5, 6]

De este modo, la expansión de la producción azucarera en Brasil se inició en el marco de un sistema productivo y de distribución bien desarrollado. Existían empresarios, mercaderes y

---

[5] C. Furtado, *La formación económica del Brasil*, México, D.F., Fondo de Cultura Económica, p. 18.
[6] R. Davis, ob. cit., p. 10.

banqueros experimentados que disponían de la tecnología más avanzada de cultivo y refinación, y sabían cómo emplear mano de obra esclava. Desde el siglo XV el azúcar y la esclavitud formaban parte del mismo escenario económico y social. Un factor adicional del éxito de la expansión azucarera en Brasil fue la inmigración de judíos lusitanos que escapaban de la Inquisición instalada en Portugal con la fusión de las coronas ibéricas (1580-1640). Ellos aportaron su experiencia empresaria y mercantil. La población de origen europeo ascendía a cerca de 30 mil personas en la última década del siglo XVI.[7]

El azúcar se convirtió en una fuente principal de los ingresos del fisco portugués. Pero eran los navíos holandeses los que predominaban en el transporte desde Olinda y Salvador hasta Lisboa, y quienes controlaban la refinación y las redes de distribución desde la capital lusitana al resto de Europa. Esta hegemonía holandesa y su poder naval, sumado al enfrentamiento entre las Provincias Unidas holandesas y la corona unificada de Portugal y España, indujeron las invasiones (1621-1654) y la ocupación por la Compañía Holandesa de las Indias Occidentales de la franja costera comprendida entre São Luis, Olinda y Salvador, en la cual se concentraba la producción azucarera. La derrota y expulsión de los holandeses en 1654 dio inicio a un desplazamiento de la producción azucarera desde Brasil a las Antillas.

Aún después de la declinación de los productos líderes, como el azúcar, el oro y los diamantes, subsistieron los núcleos iniciales de poblamiento y la formación de economías regionales con una base agropecuaria destinada al consumo interno y a un cierto intercambio con el resto del espacio colonial. En varios puntos del territorio surgieron, al mismo tiempo, otros productos exportables como algodón, tabaco, arroz, maderas y cacao.

[7] *Ibid.*, p. 173.

En los centros urbanos se desarrollaron artesanías y servicios que ampliaron la oferta para el abastecimiento de los mercados locales. El eje inicial del poblamiento del Brasil, como en Hispanoamérica, fue la explotación de los recursos naturales para la producción de los artículos demandados por Europa y Oriente. En torno de estos ejes se desarrolló la actividad comercial y la producción subsidiaria de las exportaciones y, más allá, economías fundamentalmente dedicadas a la producción agrícola, ganadera y artesanal de subsistencia.

Estos procesos contribuyen a explicar la consolidación de la ocupación portuguesa del espacio americano y el éxito de la política imperial de preservar la unidad de un gigantesco territorio y extenderlo al oeste de la línea del Tratado de Tordesillas. Mientras el Imperio hispanoamericano se dispersó en virreinatos y capitanías, la corona portuguesa logró conciliar la diáspora regional con un poder central unificador de la administración del territorio. Consecuentemente, después de la independencia de las potencias metropolitanas, Hispanoamérica se dividió en múltiples soberanías y Brasil consolidó su estado nacional unificado en un inmenso territorio.

Moneda

La situación en Brasil era similar a la de Hispanoamérica. Hasta que la explotación de los yacimientos de oro de la región de Minas Gerais convirtió las monedas de oro en el principal medio de pago, la plata proveniente de Potosí y contrabandeada desde Buenos Aires y el Paraguay predominaba en la circulación monetaria. El sistema financiero durante todo el período colonial ejerció una débil influencia en la formación de ahorro y el financiamiento de la inversión productiva. La reinversión de las ganancias de los propietarios de las plantaciones, de las minas y del comercio, fueron la principal fuente de financiamiento de la inversión durante todo el período colonial.

Población, raza y estratificación social

La población del Brasil alcanzaba a un millón en 1700 y a más de dos millones en 1800. La unión de europeos con mujeres indígenas y africanas contribuyó decisivamente a la formación étnica del país. A fines del siglo XVIII, cerca de dos tercios de la población era de origen africano y casi el 40% era esclavo. Alrededor del 30% estaba compuesto por libertos y mulatos, y una proporción semejante de europeos. Los indígenas en las zonas colonizadas alcanzaban apenas al 5%.[8] Las Capitanías Generales de Pernambuco, Bahía y Rio de Janeiro contenían el 60% de la población total. La región de Minas Gerais era, con el 20% de la población y 400 mil habitantes, las más poblada. Salvador y Rio de Janeiro, con alrededor de 50 mil habitantes cada una, constituían las principales ciudades y puertos para el comercio exterior, seguidas por Recife y São Luis. En vísperas de la gran expansión cafetalera, São Paulo era, todavía, una ciudad secundaria. Con la declinación de la producción aurífera, Ouro Preto perdió importancia en la segunda mitad del siglo XVIII.

La experiencia del Brasil tiene importantes semejanzas con la de Hispanoamérica. La estratificación social tuvo dos fundamentos principales: el trabajo servil, la concentración de la riqueza y el ingreso en la Corona, sus vicarios y *donatarios* de capitanías y monopolios en la explotación de la tierras, las minas y el comercio. La corrupción de los funcionarios públicos

---

[8] Burkholder y Johnson, ob. cit., p. 248.

fue también un rasgo endémico de la administración colonial portuguesa, y fuente importante de acumulación de riqueza. Alrededor de un 5% de la población estaba compuesto por los titulares del poder económico y político, y sus principales servidores. El 80% comprendía a los esclavos africanos e indígenas, pardos, libertos y trabajadores independientes, y el resto a los artesanos, trabajadores calificados, el bajo clero y la burocracia civil y militar de menor rango.

Las diferencias en la tradición institucional de las dos metrópolis ibéricas se reflejaron en sus colonias americanas. La Iglesia y las órdenes (con la excepción de los jesuitas), que en Portugal tenían menor poder e influencia que en España, tampoco gravitaron en Brasil con la misma importancia que en Hispanoamérica. El clero secular tuvo menos espacio de autonomía y estuvo más subordinado a los intereses de los grandes propietarios de las plantaciones y las minas. Lo mismo sucedió con las corporaciones de artesanos, oficios y pequeños comerciantes que, como en Portugal respecto de España, fueron menos importantes en Brasil que en Hispanoamérica.

Dada esta estratificación de la sociedad, el ascenso desde los rangos medios y clases bajas a las posiciones en la cúspide era prácticamente imposible. La raza trazaba de partida una barrera infranqueable. Al mismo tiempo, la educación superior en la Universidad de Coimbra y en otros centros de excelencia de Europa estaba restringida a los miembros de la élite. Sólo algunos pocos individuos excepcionales lograron un cierto grado de reconocimiento, sin llegar a romper las barreras establecidas. Entre ellos, el negro Henrique Días, héroe de la resistencia contra la invasión holandesa del nordeste en la primera mitad del siglo XVII y el pardo Antonio Lisboa, el Aleijadinho, hijo de un inmigrante portugués y una esclava de origen africano, que se convirtió en el escultor más notable del barroco brasileño del siglo XVIII.

La convergencia de las contribuciones de figuras notables de la inteligencia europea, como Antonio Vieira, con el aporte afroamericano en la pintura, la escultura y la música, enriqueció la cultura brasileña y contribuyó a conformar la identidad nacional. Pero esto sirvió de poco para quebrar las barreras levantadas por el orden colonial y la esclavitud. La consagración del éxito económico con la obtención de títulos nobiliarios y la manifestación de la riqueza a través de expresiones extremas de inversiones y consumo suntuarios fue también un rasgo característico del comportamiento de la élite portuguesa y criolla en Brasil. Los valores fundados en la hidalguía, la pureza de sangre y el mérito militar, aunque probablemente menos extremistas que en España y sus colonias, eran fundamentales para el *status* social. La ostentación de riqueza, debía ratificarse con el reconocimiento de la Corte. Consecuentemente, la acumulación de capital no era una fuente autónoma de generación de poder y plataforma para el ascenso social si no era avalada por el orden colonial. El *espíritu capitalista*, como diría Max Weber, nunca arraigó en el Brasil colonial como tampoco en el mundo hispanoamericano.

XV. Las Antillas

EL CONVENCIMIENTO DE Colón de haber llegado a Oriente en sus viajes del descubrimiento, legó a la posteridad el apelativo de Indias Occidentales para las ínsulas a través de las cuales los europeos iniciaron la conquista y colonización del Nuevo Mundo. Tales Indias Occidentales, o Antillas, comprenden las islas que se extienden en un arco de 1.600 km de extensión, desde las penínsulas de Yucatán y Florida hasta la desembocadura del río Orinoco en Venezuela. Entre ese arco y la tierra firme quedan comprendidos el mar Caribe y el golfo de México. La superficie total de las Indias Occidentales es de 230 mil km² de los cuales el 90% corresponde a las llamadas Antillas Mayores (Cuba, La Española, Puerto Rico y Jamaica) y el resto a las Menores.

A fines del siglo XVIII, España retenía el dominio de las Antillas Mayores, con la excepción de Jamaica, ocupada por las fuerzas inglesas durante el gobierno de Cromwell (formalmente cedida por el Tratado de Madrid de 1670) y la parte occidental de La Española ocupada por piratas franceses y cedida a Francia por el Tratado de Ryswic de 1697.

Hacia mediados del siglo XVI, la población nativa de las Antillas Mayores había sido extinguida por las plagas y la violencia importadas por los europeos, y estaban agotados los modestos yacimientos de oro aluvional. Dentro del emergente Imperio español en América, las Antillas Mayores cumplieron dos funciones principales. Por una parte, fueron la plataforma de lanzamiento para la conquista de México, América Central

y el Perú. Por otra, en los puertos de La Habana y San Juan de
Puerto Rico recalaban las flotas y galeones que transportaban
a España los tesoros de las grandes civilizaciones indígenas y,
más tarde, de la plata y el oro producidos por los yacimientos
americanos. Las Antillas Menores fueron el asiento de piratas y corsarios
y el trampolín de sus asaltos a las posesiones y navíos españoles. Durante todo el siglo XVI y parte del XVII, este fue el estilo
de participación de Holanda, Gran Bretaña y Francia en las
riquezas del Nuevo Mundo. La respuesta de España fue la forti-
ficación de sus principales puertos insulares y de Cartagena de
Indias, en tierra firme, en cuyo diseño y construcción trabajó el
mayor ingeniero militar de la época, Juan Bautista Antonelli.[1]

Desde mediados del siglo XVII cambió el curso de los acontecimientos y emergió una organización económica y social cuyas
consecuencias aún perduran en las Antillas. La producción de
azúcar y el empleo de esclavos africanos se constituyeron en los
ejes de las economías insulares y su organización social. Las
posesiones inglesas y francesas se convirtieron en nuevas fuentes de producción de azúcar, y los holandeses, expulsados del
Brasil, en protagonistas importantes de los nuevos desarrollos. La rentabilidad de las empresas azucareras y su gran escala provocaron cambios importantes en la actividad económica y la composición étnica de las Antillas. Las pequeñas
plantaciones de tabaco e índigo explotadas con personal contratado *(indetured servants)* fueron sustituidas por los grandes ingenios que empleaban mano de obra esclava. Barbados,
Jamaica, Martinica, Guadalupe, Santo Domingo y otras islas
se convirtieron en los principales centros azucareros. A mediados del siglo XVIII representaban el 80% de la producción

---

[1] *Enciclopedia Británica,* ob. cit., tomo 23, p 536.

mundial de azúcar, y Brasil el 20% restante. Hacia la misma época comenzó a surgir la producción azucarera en Cuba con la consecuente formación de grandes ingenios y la importación de esclavos. "El azúcar transformó la sociedad en todos los lugares en que se implantó."[2]

Aún antes de su expulsión del nordeste brasileño en 1654, los holandeses habían comenzado a explorar la posibilidad de producir azúcar en la isla de Barbados, cuyo territorio era reducido (menos de 500 km²) pero sus tierras excepcionalmente aptas para el cultivo de la caña azucarera. La isla había sido ocupada en 1624 por colonos británicos que desarrollaron producciones en pequeña escala de algodón, tabaco y productos alimenticios para el consumo local. La situación cambió radicalmente con la suba del precio del azúcar en Europa como consecuencia de la guerra holando-portuguesa en Brasil. Esto promovió la migración hacia Barbados de holandeses y de realistas británicos expulsados por Cromwell. Los primeros aportaron tecnología, equipos y esclavos, y, los segundos, recursos financieros adicionales. Se formaron rápidamente plantaciones que desplazaron a los colonos y pequeños propietarios independientes, y se sustituyó la mano de obra independiente por esclavos africanos. A fines de la década de 1660, el número de propietarios de tierras, que veinte años antes superaban los 11 mil, se había reducido a poco más de 700. Entre 1650 y 1680, 30 mil europeos emigraron de Barbados, mientras que el número de esclavos aumentaba en igual cantidad.[3] Buena parte de aquellos se dirigieron hacia las colonias británicas de América del Norte en donde se convirtieron en agricultores, artesanos y comerciantes independientes. Hacia fines del siglo XVII, el ago-

[2] R. Davis, ob. cit., p. 261.
[3] *Ibid.*, p. 252.

tamiento de los suelos y la baja del precio del azúcar inició la decadencia de la producción azucarera de la isla.

La historia de Barbados proporciona un ejemplo notable de transformación de una economía básicamente autosuficiente en la producción de alimentos, en una plataforma de exportaciones de un producto primario. Hacia 1680, dos tercios de los alimentos debían ser importados y la isla se había convertido, con sus exportaciones de 10 mil toneladas anuales, en uno de los principales proveedores de azúcar para el mercado europeo. Barbados revela, asimismo, el proceso de transformación económica y social que el azúcar y la esclavitud provocaron en las Antillas. Los esclavos pasaron a representar la inmensa mayoría de la población y la clase alta estaba constituida por los propietarios de las plantaciones y sus principales servidores. Aún hoy, en la mayor parte de las Antillas Menores, las personas de raza negra y mulatos, descendientes de los esclavos, representan más del 80% de la población total. El ausentismo de la clase propietaria, para vivir de sus rentas en Gran Bretaña y Holanda, fue otra particularidad de Barbados y, al mismo tiempo, una de las causas de la pérdida de eficiencia en la producción azucarera y de la propagación de la corrupción entre los administradores residentes.

Las altas ganancias de la producción azucarera y la aptitud de los suelos insulares, transformaron el estilo de la presencia de Gran Bretaña, Holanda y Francia en las Indias Occidentales. Las Antillas Menores dejaron de ser primordialmente el trampolín de piratas y corsarios para asaltar a los intereses españoles. Se convirtieron, además, en localización importante de la producción azucarera. En el siglo XVIII, las guerras europeas entre las potencias atlánticas incluyeron enfrentamientos armados en las Antillas. Todos los tratados de paz para poner fin a las primeras incluían un nuevo reparto de las posesiones en las últimas y, consecuentemente, de las fuentes de la producción azucarera y el tráfico de esclavos. A fines del Primer Orden Económico Mundial y principios del siglo XIX, Gran Bretaña había consolidado su dominio en Jamaica, las Bahamas y numerosas islas de las Antillas Menores, incluyendo Trinidad y Tobago. Francia retuvo Martinica y Guadalupe pero no pudo dominar el alzamiento en Haití y evitar su independencia. Los holandeses dominaban Curaçao, Aruba, Bonaire y otras islas menores. España había logrado resistir con éxito los ataques contra sus posesiones en Cuba y Puerto Rico. Por último, en tierra firme, las Guayanas quedaron repartidas entre Gran Bretaña, Holanda y Francia.

Hacia 1770, más del 80% de las exportaciones de las Antillas Menores bajo jurisdicción británica correspondía a azúcar y sus subproductos. En esa época, la población de esas islas ascendía a 100 mil habitantes de origen europeo y 300 mil esclavos oriundos de África.[4] En las Antillas francesas, el azúcar proporcionaba el 50% de las exportaciones y el café, importado desde Arabia a principios del siglo, el 25%. Otros productos de menor importancia incluían el tabaco y el algodón. El número de habitantes, el origen étnico y la estratificación social de las Antillas francesas, eran comparables a los de las británicas.

De todos modos, cuando en la segunda mitad del siglo XVIII se produjo un nuevo *boom* azucarero, el reducido territorio de las Antillas Menores resultó insuficiente para cubrir la demanda europea de azúcar, del orden de 200 mil toneladas anuales. Las Antillas Mayores, incluyendo Jamaica, asumieron entonces el liderazgo de la producción de caña azucarera y Cuba el papel protagónico. La demanda de esclavos tuvo un nuevo impulso. De allí en adelante, la composición étnica y la estratificación

---

[4] *Ibid.*, p. 264.

social de esas ínsulas refleja aquellos acontecimientos de las últimas décadas del Primer Orden Económico Mundial.

Desde mediados del siglo XVII aparecieron otros protagonistas en los acontecimientos de las Indias Occidentales: los mercaderes y navegantes originarios de Nueva Inglaterra. Inicialmente, comerciaron con las posesiones británicas exportando carne conservada y otros alimentos e importando azúcar, ron, algodón, tabaco e índigo. A fines del siglo se había montado una red de comercio triangular entre Gran Bretaña y sus colonias en América del Norte y las Antillas. Los principales proveedores de carne, trigo, productos lácteos, caballos y maderas para las plantaciones azucareras en Barbados y otras islas británicas eran las productores de las colonias comprendidas entre Nueva Inglaterra y Pensylvania.

El superávit del comercio de estos últimos con las Antillas, era empleado para saldar su déficit con la metrópoli y pagar los tributos coloniales. Desde las primeras décadas del siglo XVIII, su capacidad exportadora excedió la demanda de las Antillas británicas. Desafiando el monopolio establecido por las Leyes de Navegación promulgadas por Cromwell, los productores, mercaderes y navegantes de las colonias continentales de América del Norte comenzaron a comerciar, también, con las posesiones holandesas y francesas. Este conflicto de intereses contribuyó a gestar las condiciones que desembocaron en la Revolución de independencia norteamericana. Desde fines del siglo XVIII, los nacientes Estados Unidos de América comenzaron a desempeñar un papel crecientemente importante en los acontecimientos de las Indias Occidentales.

En este escenario de territorios insulares reducidos y economías fundadas en la esclavitud, la estructura productiva, la estratificación social y la concentración del poder, excluían toda posibilidad de crecimiento de la producción más allá de las reducidas fronteras del enclave azucarero y, en menor medida, de otros cultivos tropicales. La acumulación de capital y cambio técnico se reducían al sector exportador y eran imposibles fuera de la estructura productiva establecida. Consecuentemente, la sociedad estaba dividida en dos clases extremas: esclavos y propietarios. Los sectores medios eran ínfimos y el ascenso en la escala social imposible.

La esclavitud marginaba a la mayor parte de la población de toda participación en la determinación de su propio destino y subalternizaba la significación del trabajo manual. La asociación de éste con la condición servil y la negritud fue uno de los peores impactos culturales del régimen esclavista.

En el espacio hispano-luso-americano, la esclavitud reforzó el desprecio por las actividades manuales heredadas de las tradiciones del Medioevo ibérico. En las otras posesiones antillanas, incorporó un comportamiento que no prevalecía en Gran Bretaña, Holanda y en Francia. En estas potencias atlánticas, las mismas que asumieron el liderazgo del Primer Orden Económico Mundial desde fines del siglo XVI, el trabajo independiente, la industria, las ganancias generadas por la innovación y la gestión empresaria eran actividades socialmente reconocidas y fuente del poder intangible y del cambio social asociados a la acumulación de capital. Los asalariados formaban la clase baja y estaban excluidos del sistema de poder pero el trabajo independiente de artesanos, herreros, agricultores y otros emprendimientos enriquecían el tejido social y, especialmente en Gran Bretaña, tendía un puente con la ciencia y la innovación tecnológica. Bacon era inconcebible en la realidad iberoamericana y en las Indias Occidentales. En éstas, por último, el color de la piel sancionaba definitivamente la existencia de barreras sociales infranqueables. En semejante contexto, la Revolución científica de Newton, las ideas de Locke y la Ilustración carecían de arraigo alguno.

En Cuba, Santo Domingo y Puerto Rico, el azúcar y la esclavitud marcaron también profundamente la formación de la economía y la sociedad. De todos modos, el mayor tamaño de estas Antillas Mayores y sus funciones adicionales dentro del Imperio, inscribieron la evolución de estas posesiones dentro de la saga hispanoamericana y la diferencia de la experiencia de las Antillas Menores. La expansión de la producción azucarera en Cuba en las últimas décadas del siglo XVIII atrajo inmigrantes desde las otras Antillas y de España, y la importación en gran escala de esclavos. La población de la isla ascendía a fines del siglo XVII a 50 mil habitantes. Un siglo después alcanzaba a 300 mil.[5]

En todo el arco antillano, desde Cuba hasta Trinidad Tobago, la condición periférica asumió características extremas. En definitiva, sólo Cuba, La Española y Puerto Rico contaban, por su tamaño, con alguna posibilidad de formar economías más complejas y de alcanzar niveles relativamente altos de autoabastecimiento de sus consumos básicos. Sin embargo, cuando el Caribe se convirtió en un mar interior de los Estados Unidos, la gravitación abrumadora de los factores externos limitó severamente la posibilidad de transitar, siquiera, el camino estrecho y equívoco que recorrieron las posesiones españolas y portuguesas de tierra firme. Pero esta es otra historia que forma parte del Segundo Orden Económico Mundial.

---

[5] *Enciclopedia Británica,* ob. cit., tomo 6, p. 844.

XVI. Gestación de la condición periférica en Iberoamérica y el Caribe

LA ESTRUCTURA SOCIOECONÓMICA y los valores predominantes en el orden colonial iberoamericano, ejercieron una influencia profunda en la inserción internacional y en el proceso de acumulación y cambio técnico en el Nuevo Mundo. El Imperio americano de España, como el de Portugal en Brasil y las colonias británicas, francesas y holandesas del mar Caribe, constituyen las primeras regiones del mundo que asumieron una condición periférica respecto de los *centros*. Es decir, las economías líderes del Primer Orden Económico Mundial. Esa relación se sustentó en varios elementos principales.

Rasgos dominantes de la condición periférica

Hispanoamérica y Brasil comparten varios rasgos comunes. En primer lugar, el intercambio de productos primarios por manufacturas. Los metales preciosos, el azúcar y, más tarde, el café, tabaco, cacao y otros productos tropicales constituían la totalidad de las exportaciones de esos territorios. Los costos de transporte generaban un margen de protección a la producción americana que estimuló la oferta local de muchas manufacturas. Sin embargo, las más sofisticadas (textiles de lana y algodón, vestuario, armas, herramientas y bebidas) demandadas por las clases altas eran importadas de Europa. El comercio exterior de

las colonias iberoamericanas y del Caribe consistió esencialmente en el intercambio de productos primarios por manufacturas.
El comercio de Europa con Oriente tenía una composición
muy distinta. Junto a las especias, las grandes civilizaciones
orientales desde Asia Menor hasta la China enviaban textiles,
lacas, porcelanas y otras manufacturas. La producción manufacturera europea era tan poco apreciada, que las potencias atlánticas debían pagar con metales preciosos la mayor parte de sus
importaciones desde Medio y Extremo Oriente. África era otra
historia: su inserción con la emergente economía mundial se
realizó esencialmente en torno del tráfico esclavista.

Estos territorios americanos fueron, por lo tanto, precursores
del sistema centro-periferia que predominaría durante el Segundo Orden Económico Mundial, el de la Revolución industrial.

El segundo rasgo de la condición periférica fue el desarrollo
del comercio exterior dentro de los límites impuestos por el
sistema monopólico. Las exportaciones y las importaciones,
incluyendo su distribución en el espacio americano, estaban re-
servadas a los titulares de los privilegios concedidos por la Corona. El contrabando, cuya significación en algunos períodos fue
tanto o más importante que el comercio legal, era desarrollado
por funcionarios públicos, beneficiarios de privilegios monopólicos que evadían impuestos y, en medida principal, por mercaderes extranjeros (británicos, holandeses y franceses). Los criollos
nunca llegaron a ocupar una posición hegemónica en el comercio exterior ni a desarrollar redes autónomas, respecto del orden
imperial, entre la producción local y los mercados del exterior. A
fines del siglo XVIII, sin embargo, las tensiones entre los mercaderes marginados por el régimen monopólico contribuyeron al
proceso que culminaría, durante las primeras décadas del siglo
XIX, en la independencia de las colonias españolas en América.
El tercer rasgo de la condición periférica radicó en la disputa

entre las potencias atlánticas por el dominio del comercio colonial americano. Los espacios de poder se dirimían en el escenario europeo y en los nuevos equilibrios encontrados entre las potencias atlánticas. En el Río de la Plata, por ejemplo, el tráfico de esclavos y el comercio a través de la Colonia del Sacramento cambió de manos entre portugueses, británicos y españoles, en función de los conflictos y de los transitorios acuerdos de paz entre las metrópolis. Desde el mismo inicio de la conquista y la colonización, la suerte de estos territorios se definió fuera de sus fronteras. Es decir, fueron objeto y no sujeto de su propia historia.

Durante el Primer Orden Económico Mundial esto no sucedió en Oriente ni tampoco en África. En estas otras regiones del mundo, en donde también tenía lugar la expansión de ultramar de las potencias atlánticas, los conflictos eran entre ellas mismas por el reparto de las factorías y las redes comerciales. Pero los acontecimientos en Oriente y África siguieron respondiendo principalmente a determinantes internos. Por otra parte, en las colonias continentales británicas de América del Norte, nunca llegó a formarse la condición periférica.

Acumulación de capital y tecnología

En Hispanoamérica y en Brasil, cerca de la totalidad de los excedentes de la producción colonial sobre los gastos de subsistencia de la población estaba concentrada en las clases superiores. Los segmentos medios de la sociedad generaban una parte menor del ahorro y las clases bajas prácticamente ninguno. El ahorro total debía ser del orden del 5% del producto colonial y era generado en su mayor parte por los sectores vinculados al mercado mundial: minería, plantaciones y comercio. Las actividades de subsistencia en las zonas rurales ocupaban alrededor de cuatro quintos de la fuerza de trabajo. Ésta generaba pocos excedentes concentrados en las manos de los encomenderos, *donatarios* y otros titulares de los privilegios conferidos por las coronas de España y Portugal.

Los principales destinos de la acumulación de capital asignada al proceso económico eran las minas, plantaciones, armado de flotas, comercio internacional y, en menor medida, las encomiendas y repartimientos dedicados a la producción de subsistencia y al abastecimiento de los mercados locales. Pero la aplicación principal del ahorro era las inversiones suntuarias de las clases altas asignadas a la construcción de mansiones y palacios y, también, de conventos e iglesias, en el financiamiento de cuya construcción concurrían, además, los recursos propios de la Iglesia. El barroco americano, cuyas máximas expresiones se encuentran en los templos religiosos, ilustra sobre la originalidad y creatividad de los escultores, pintores y arquitectos españoles, portugueses y criollos. Demuestra, asimismo, la alta participación que las construcciones civiles y religiosas, la escultura y la pintura barroca, tuvieron en la aplicación de los excedentes generados en el Nuevo Mundo. La inversión pública, financiada con parte de los tributos percibidos por la Corona, se destinó a la construcción de edificios públicos (cabildos, audiencias, residencias oficiales) y, principalmente, de fortalezas y puertos. Al mismo tiempo, la defensa contra el ataque de piratas y corsarios, y la penetración de las potencias hostiles absorbía la mayor parte del gasto público corriente.

La calidad, sofisticación y escala de las principales construcciones, civiles religiosas y militares en México, Lima, Salvador de Bahía, Cartagena de Indias, Olinda, Ouro Preto y otras localidades principales revelan que los ingenieros y arquitectos españoles, portugueses y criollos disponían de tecnologías avanzadas, comparables a las existentes en Europa. Lo mismo sucedía en la explotación de las minas y las plantaciones de azúcar. La situación era distinta en las otras actividades productivas encerradas en los límites estrechos de economías de subsistencia o que enfrentaban, como en el caso de textiles, vestuario y productos metálicos, la competencia de las importaciones desde las economías más avanzadas de Europa y, vía Manila, desde Oriente. En las artesanías y la agricultura para el consumo interno subsistían técnicas tradicionales heredadas, en buena parte, de las culturas indígenas. En Brasil, los esclavos africanos incorporaron algunas tecnologías primitivas en la producción agrícola y las minas. Dado este contexto, el cambio técnico y el aumento de la productividad en las manufacturas y la agricultura registraron escasos cambios en los tres siglos del Primer Orden Económico Mundial.

De este modo, la posibilidad de vincular la experiencia productiva de los trabajadores y artesanos con la reflexión de los científicos, la gestión empresaria con la innovación, la capacidad competitiva con la generación de ventajas comparativas fundadas en la eficiencia de la organización productiva y el cambio técnico estuvieron ausentes en el mundo colonial brasileño como en el hispanomericano.

La investigación aplicada a la resolución de problemas de la producción fue muy débil con una importante excepción: la minería. El liderazgo español en la producción de metales preciosos dentro de sus posesiones americanas estimuló la investigación aplicada y el desarrollo de innovaciones tecnológicas. En el siglo XVI, el metalurgista Bartolomé de Medina desarrolló la tecnología de la amalgama de plata con mercurio, procedimiento de frontera en su tiempo.[1] La minería, como las plantaciones

---

[1] G. Weinberg, ob. cit.

tropicales, fue un sector ligado al mercado mundial, de empleo intensivo de capital y tecnología, y altas ganancias. Sin embargo, no generó eslabonamientos con los otros sectores que pusieran en marcha procesos acumulativos de cambio técnico, acumulación de capital y aumento de la productividad. La experiencia acumulada por los artesanos y los productores rurales no se asoció a la reflexión de los científicos y filósofos, ni los aportes de estos se tradujeron en innovaciones aplicadas a la producción.

La acumulación de capital en Iberoamérica era esencialmente distinta a la que tenía lugar en las potencias atlánticas líderes del emergente orden económico mundial y en las colonias continentales británicas de América del Norte. Tenía un alto componente de inversión suntuaria, no generaba fuerzas de transformación del orden social establecido ni asociaba la inversión a la innovación tecnológica. España y Portugal trasplantaron al Nuevo Mundo las limitaciones de su propio desarrollo y, en definitiva, las causas de su propia decadencia. Esta herencia fue reforzada por la estructura social y económica emergente de la implantación del orden colonial en América.

La ciencia y las ideas políticas

La educación y la cultura estaban limitadas a los grupos dominantes, y penetradas por los valores de la ortodoxia católica y el orden social de la metrópoli. Las condiciones de pobreza extrema y marginación que predominaban en la mayor parte de la población impuso estrechos límites a la tarea educativa de las órdenes y el clero secular. Las universidades y colegios, todos fundados y administrados por religiosos, se orientaron a la formación espiritual y religiosa de los alumnos y a las disciplinas tradicionales del derecho, teología, lógica y medicina. Eruditos notables, como Sigüenza y Góngora y Barnuevo, conocían el pensamiento científico más avanzado de su tiempo y participaron en célebres debates sobre astronomía, como los provocados por la aparición del gran cometa de 1680 y el eclipse solar de 1719. Sus aportes y los de sus discípulos y colegas no llegaron, sin embargo, a fundar una sólida tradición científica en Iberoamérica. El conocimiento del mundo físico americano, incluyendo botánica, zoología, antropología, geografía y mineralogía, siguió descansando fundamentalmente en la contribución de científicos europeos que viajaron al Nuevo Mundo; los dos más célebres, Alexander von Humboldt (1769-1859) y Charles Darwin (1809-1882), realizaron sus viajes entre fines del período colonial y la primera mitad del siglo XIX.

Las ideas políticas y la ciencia durante los siglos XVI y XVII quedaron encerradas en los estrechos límites prevalecientes en las dos naciones de la Península Ibérica y la estructura económico-social de la colonia. La revolución en las ideas y el conocimiento científico vinculada a los aportes de Maquiavelo, Hobbes, Locke, Bacon y Descartes tuvo débiles ecos en el mundo iberoamericano. En el terreno religioso, la hegemonía de la Iglesia impidió la apertura del debate dentro del cristianismo que la Reforma había desencadenado en Europa. La anquilosada estructura económica y social de la colonia tenía como contrapartida la pobreza del escenario cultural. En el mismo estaba básicamente ausente el debate abierto en Europa sobre las cuestiones fundamentales del poder, el derecho a la resistencia, la representatividad, la teoría del conocimiento y los vínculos entre la ciencia y el mundo real de los navegantes, productores y mercaderes.

En el siglo XVIII, la influencia de las ideas políticas asociadas a la Ilustración y a la Revolución científica liderada por Newton comenzó a tener mayor resonancia. En esto influyeron dos

factores principales. Por una parte, el proceso de modernización iniciado en España por los monarcas borbones y en Portugal por el marqués de Pombal. Por otra, el crecimiento de la
burguesía y la intelectualidad criolla. A finales del siglo XVIII, la
Revolución e independencia de las colonias inglesas de América
del Norte incorporó nuevas perspectivas de cambio intelectual
y político al escenario iberoamericano.

La Ilustración y sus ideales humanistas y libertarios acrecentaron su influencia en la burguesía, la intelectualidad y miembros del bajo clero de Hispanoamérica. Se fueron acumulando
resistencias al orden establecido en los terrenos cultural, religioso, político y económico. El sacerdote mexicano Miguel Hi-
dalgo y el militar venezolano Francisco de Miranda fueron precursores en la difusión de las nuevas ideas y en el cuestionamiento del orden establecido. Pero fueron los acontecimientos
externos los que terminarían por impulsar los movimientos de
independencia en estos territorios. Las revoluciones norteamericana y francesa y, en la primera década del siglo XIX, la ocupación de España por las fuerzas de Napoleón y la posterior restauración absolutista antiliberal de Fernando VII (1784-1833)
generaron condiciones propicias para los movimientos de independencia. Estos fueron, además, alentados por la potencia hegemónica de la época, Gran Bretaña.

En Brasil, en la segunda mitad del siglo XVIII, la Ilustración
tuvo repercusiones políticas más estridentes que en Iberoamérica. En 1788 en Vila Rica de Ouro Preto (Minas Gerais), con el
liderazgo del militar y antiguo dentista, Joaquim José da Silva
Xavier (1748-1792), Tiradentes, intelectuales epígonos de las
ideas libertarias de la Ilustración, oficiales de la milicia y algunos sacerdotes liberales se rebelaron contra el poder portugués.
Este movimiento (la *Inconfidência Mineira*), se sustentó en una
combinación de reclamos contra los privilegios del régimen co-

lonial y de las ideas renovadoras provenientes de Europa, y de la recién creada República de los Estados Unidos de América. El movimiento fue reprimido y su líder ejecutado. Diez años después en 1798, en Salvador de Bahía, se produjo otro alzamiento (la *Conjuração Bahiana*), con similares bases de sustentación e igual resultado.

En Hispanoamérica, las repercusiones políticas de los acontecimientos y las ideas prevalecientes en América del Norte y Europa recién tendrían gran alcance a principios del siglo XIX y, entonces, para expulsar por las armas a las fuerzas de Fernando VII y establecer regímenes republicanos. En cambio, Brasil, que había sido pionero en los alzamientos contra la potencia metropolitana, transitó pacíficamente del orden colonial a la independencia dentro del régimen monárquico encabezado por el Delfín de la corona portuguesa. Brasil conservó así la unidad del Estado nacional en su gigantesco territorio.

IMPERIOS COLONIALES DE LAS POTENCIAS ATLÁNTICAS AL PROMEDIAR EL SIGLO XVIII

XVII. Formación
de los Estados Unidos de América

EN AMÉRICA DEL NORTE, un vástago europeo, las colonias británicas asentadas entre los ríos San Lorenzo y Altmaha y entre la cadena de los Apalaches y el océano Atlántico, dieron origen a la formación de una nueva civilización afianzada en su capacidad de decidir su destino y abierta al emergente orden mundial. La experiencia de las *colonias continentales* de América del Norte difiere radicalmente de la registrada en el mundo hispano-luso-americano y en las colonias británicas en el Caribe. Tampoco tiene semejantes en la expansión de las potencias atlánticas en África y Oriente. Con el tiempo, aquellos poblamientos en el Nuevo Mundo se convertirían en el principal centro de poder mundial y en el mayor ejemplo del desarrollo autocentrado y abierto.

Las colonias continentales británicas
de América del Norte

Ocupación y organización del territorio

Con la excepción de Portugal, todas las potencias atlánticas penetraron en América del Norte pero sólo Gran Bretaña realizó una ocupación efectiva y permanente del territorio.

Reiterando su política en las posesiones de Oriente de dominar reducidos espacios insulares, Holanda ocupó las islas de Manhattan y Long Island. La presencia holandesa en América del Norte fue efímera: abarcó apenas cincuenta años (1614-6164). Primero la Compañía de Nueva Holanda y, finalmente, la de las Indias Occidentales, recibieron la Carta de Privilegio (*charter*) de la República holandesa de comerciar con los indios e instalar colonos. Conforme a la práctica establecida, la Compañía de las Indias Occidentales designó un director general para gobernar la colonia *ad referendum* de la metrópoli. Cuando los británicos ocuparon Nueva Amsterdam en 1664, la población europea de la provincia ascendía a 10 mil personas.[1]

En las primeras décadas del siglo XVI, a partir de las incursiones iniciales de exploradores franceses en la cuenca del río San Lorenzo, la presencia gala en América del Norte se extendió entre Acadia, los Grandes Lagos y, a lo largo del río Mississipi, el golfo de México. La actividad principal de los cazadores y soldados franceses era la obtención de pieles y cueros y, la de los sacerdotes, la conversión de los indígenas al catolicismo. La Compañía de las Indias Occidentales y los jesuitas fueron los instrumentos de la penetración francesa y del proyecto evangelizador, respectivamente.

La lucha por la supremacía en América del Norte entre las dos ascendentes potencias atlánticas comenzó a principios del siglo XVII y se agudizó por la confrontación de las políticas imperiales y mercantilistas desarrolladas por Colbert y Cromwell. En 1629, tropas regulares británicas y milicias de Nueva Inglaterra atacaron Quebec. El disputado territorio de Acadia cambió de manos varias veces. El interés creciente de los británicos

---

[1] *Enciclopedia Británica*, ob. cit., tomo 16, p. 376.

en el comercio de pieles y cueros, y el desarrollo de la caza en la región de la bahía de Hudson acrecentó el enfrentamiento. Los franceses reclutaron el apoyo de los indígenas iroqueses pero el resultado del conflicto era inevitable. La relación de la población de origen europeo entre las posesiones británicas y francesas de América del Norte era de 15 a 1. Mientras que la presencia gala se limitaba a un número reducido de soldados, cazadores, mercaderes y sacerdotes, los británicos habían ocupado efectivamente y colonizado el territorio de sus 13 colonias continentales. A comienzos de la década de 1770 su población ascendía a 2,5 millones de personas, incluyendo 330 mil esclavos.[2]

En cuanto a España, su presencia en América del Norte era tan precaria y dispersa como la de Francia. Desde Louisiana hasta San Francisco en California, el territorio era la frontera norte del Virreinato de Nueva España. Como en el caso de las posesiones del Río de la Plata, la importancia de aquellos territorios era marginal dentro del Imperio hispanoamericano.

Por último, los suecos, bajo el ímpetu de la política expansionista iniciada por Gustavo Adolfo II, incursionaron en América del Norte. En 1638 se creó la Compañía Real Sueca que instaló una efímera colonia en el Nuevo Mundo.

De tal modo que fueron los británicos los protagonistas dominantes de la presencia europea en América del Norte. En 1664 expulsaron a los holandeses de Nueva Amsterdam (Nueva York). En 1763, en virtud del Tratado de París que puso fin a la Guerra de Siete Años, pasaron a jurisdicción de Gran Bretaña las posesiones francesas de Canadá y al este del río Mississipi. Hacia 1770, en las vísperas de la guerra de Independen-

---

[2] R. Davis, *The Rise of the Atlantic Economies*, ob. cit.

cia, el dominio británico en América del Norte se extendía entre los Apalaches y el océano Atlántico, y desde Acadia (Nueva Escocia) y los Grandes Lagos en el norte hasta Florida en el sur. España ocupaba todavía Louisiana, en la desembocadura del río Mississipi, sobre el golfo de México.

Bajo el reinado de Isabel I (1558-1603) se diseñó el sistema dentro del cual se registró la conquista y colonización de las colonias continentales. A través del régimen de *cartas de privilegios*, concedido a compañías e individuos particulares, la Corona delegó en la iniciativa privada la conquista y la colonización. La *carta* concedía el dominio sobre el territorio adjudicado y el derecho de gobernarlo y de comerciar, sujeto al respeto de la soberanía y la legislación británica. Los derechos y libertades de los colonos quedaban también garantizados por el derecho vigente en la metrópoli. Dentro del régimen de cartas de privilegio se desarrollaron dos modelos: las *provincias de propietarios* y las *corporativas*. En ambos modelos, los particulares armaban los navíos y reclutaban la tripulación y los futuros colonos. Las provincias de propietarios tenían alguna semejanza con el régimen de capitanías generales de los portugueses en Brasil y reflejaban la tradición feudal. Se adjudicaban a una persona física o a una junta representativa de los dueños de una corporación que ejercía el gobierno de la provincia directamente o por delegación. La propiedad era transmisible por herencia y los titulares podían especular con la venta y la colonización de las tierras. En cambio, las provincias corporativas eran administradas por la asamblea de accionistas, que eran inversores o quienes migraban para colonizar la provincia. La reunión de los accionistas era generalmente conocida como la asamblea de hombres libres (*freemen*).

Bajo los monarcas de la dinastía de los Tudor, la Corona concedió a Juan y Sebastián Caboto, sir Humphrey Gilbert y sir

Walter Raleigh, cartas de provincias de propietarios, pero los adjudicatarios no lograron ocupar efectivamente el territorio. El ascenso al trono en 1603 de Jacobo I, rey de Escocia, unificó las coronas de Escocia e Inglaterra, inauguró la dinastía de los Estuardo y difundió el régimen de las cartas de privilegios. Las sociedades de mercaderes de Plymouth y Londres fueron sus adjudicatarias más importantes. Sin embargo, sólo la segunda consolidó su asentamiento en Jamestown (1607) y otros puntos sobre el río James, en lo que sería luego la provincia de Virginia. Esta fue la base de la Compañía de Virginia a la cual la Corona le confirió el derecho de distribuir las tierras y gobernar la provincia. A estos fines, la Compañía designó gobernadores, consejeros y otros funcionarios, y se formaron las primeras asambleas de colonos con facultades para negociar con el gobernador. Ésta fue la base fundacional de la democracia norteamericana en el marco de una provincia de propietarios adjudicada a una corporación.[3]

Antes del estallido de la guerra civil inglesa en 1642 y de la ejecución de Carlos I (1649), los británicos habían colonizado el litoral atlántico de América del Norte desde Massachusetts hasta Virginia. A fines del siglo XVII habían incorporado Carolina del Norte y del Sur. Poco después (1732) se establecería la decimotercera de las colonias continentales, Georgia. En vísperas de la Revolución e independencia, las trece colonias continentales de América del Norte abarcaban las de Nueva Inglaterra (provincias de Massachusetts, New Hampshire, Rhode Island y Connecticut), las intermedias (Nueva York, Nueva Jersey, Pensylvania y Delaware) y las del Sur (Maryland, Virginia, Carolina del Norte y del Sur, y Georgia).

---

[3] *Enciclopedia Británica*, tomo 22, p. 274.

Poco después de su ascenso al trono, Guillermo III concedió una nueva carta a Massachusetts bajo otro modelo de organización: la provincia real. A principios del siglo XVIII, la mayor parte de las colonias de propietarios y corporativas habían sido transformadas en provincias reales. Bajo el nuevo régimen, el Rey designaba al gobernador pero subsistían las asambleas coloniales. Las relaciones entre el ejecutivo y el cuerpo colegiado reflejaban la organización institucional británica posterior a la Revolución Gloriosa de 1688. Bajo el nuevo régimen imperial continuó el desarrollo de las instituciones representativas, gestadas desde los primeros asentamientos. Por otra parte, el sostenimiento material del gobernador y sus funcionarios descansaba en los impuestos recaudados en la colonia. Como en la metrópoli, la aplicación de tributos estaba subordinada al consentimiento de los gobernados. La consigna "no pagar impuestos sin representación", inspirada en la Declaración de Derechos de 1689, generó uno de los conflictos que culminó en el movimiento de la independencia.

Fue dentro de este marco jurídico que se produjo la conquista y colonización, y se sentaron las bases fundacionales de los futuros Estados Unidos de América.

Bajo los Tudor, Inglaterra carecía todavía de un proyecto imperial definido. Las energías del país estaban comprometidas en su conflicto religioso y en la guerra dinástica y de religión con España. Aun así, se crearon compañías por acciones lideradas por los *mercaderes aventureros* que practicaban simultáneamente el comercio y la piratería. En 1571 inició sus operaciones la Bolsa de Londres. Pero la política imperial en el Nuevo Mundo se reducía a las actividades de sir Walter Raleigh, John Hawkins, Francis Drake y otros piratas y corsarios. Consecuentemente, era muy débil el control de la metrópoli sobre la organización del territorio, el régimen mercantil y la colonización. En cambio, a partir de Cromwell, el afianzamiento del poder británico se tradujo en una agresiva estrategia mercantilista de desarrollo de Gran Bretaña y de explotación de las colonias. En la misma época, el Parlamento asumió una capacidad regulatoria sobre el régimen colonial inexistente bajo el absolutismo monárquico precedente. En 1733 se promulgó la ley de Melazas destinada a prohibir el comercio de azúcar y sus subproductos entre las colonias francesas de las Antillas y las colonias continentales.

El control imperial sobre las colonias estuvo inicialmente concentrado en el Consejo Privado del Rey y los despachos del Tesoro, la Cancillería y el Almirantazgo. Londres resolvía las peticiones y litigios originados en las dependencias americanas. En el período republicano de *Lord Protector* Cromwell, se promulgó el Acta de Navegación (1651). Antes del fin del siglo XVII, bajo la efímera restauración de los Estuardo y después de la Revolución Gloriosa de 1688, se adoptaron otras rigurosas medidas mercantilistas. Sólo navíos de bandera inglesa, comandados y tripulados por nacionales, estaban autorizados a realizar el comercio de las colonias. Se estableció, asimismo, un sistema de preferencias imperiales con el tratamiento privilegiado de los productos de las colonias continentales en el mercado británico y viceversa. El comercio con otros países debía realizarse a través de puertos británicos y se prohibió el comercio intercolonial de numerosos productos. Por el Acta de Unión de 1707 entre Escocia e Inglaterra, la primera fue admitida al régimen de preferencias imperiales.

La pretensión imperial de imponer su dominio en las colonias continentales de América del Norte llegó tarde. Desde mediados del siglo XVII, estaban asentadas las fuerzas endógenas y autónomas de crecimiento que desembocarían en la Guerra de Independencia norteamericana.

Poblamiento

Las migraciones, desde Europa, de refugiados por razones religiosas y políticas, proporcionaron los primeros contingentes para el poblamiento de las colonias continentales. En diciembre de 1629 desembarcaron del Mayflower, en lo que es actualmente Plymouth (Massachusetts), los 100 peregrinos que fundaron el primer asentamiento permanente en Nueva Inglaterra. Poco después, entre 1629 y 1642, alrededor de 20 mil puritanos ingleses migraron a Nueva Inglaterra y varios miles más a Virginia y las Antillas británicas. En 1680 hubo una importante emigración de cuáqueros a Pensylvania, de protestantes (hugonotes) franceses a Carolina del Sur y, a principios del siglo XVIII, de renanos a Nueva York. Realistas partidarios de Carlos I también migraron al Nuevo Mundo después del triunfo de Cromwell en la Guerra Civil. Estas personas viajaban generalmente con sus familias y sirvientes, y contaban con sus propios recursos económicos.

El éxodo de refugiados británicos y franceses a las Antillas se interrumpió cuando las plantaciones azucareras, con empleo de mano de obra esclava, desplazaron a los propietarios y colonos independientes y a sus sirvientes. En la segunda mitad del siglo XVII muchos de ellos emigraron a Virginia y otras colonias continentales.[4]

La inmigración y el crecimiento vegetativo provocaron un rápido poblamiento de las colonias continentales. En menos de ochenta años, entre 1700 y las vísperas de la Independencia (1774), la población total aumentó de 230 mil a 2.500.000 de habitantes.[5] La de ascendencia europea prosperó rápidamente

[4] R. Davis, ob. cit., p. 132.
[5] Ibid., p. 265.

bajo el estímulo de la expansión de la frontera, la adquisición de tierras a los titulares de las originales cartas de privilegios y las oportunidades abiertas por la diversificación de la producción y el comercio. Sin embargo, en el sur, la población esclava provocaba una fractura profunda en el sistema social y político, y era una amenaza a la unidad nacional. Estos problemas plantearon posteriormente graves dilemas de principios y conflictos de intereses entre los líderes de la Guerra de Independencia y los redactores de la Constitución. La cuestión recién se resolvería, casi un siglo más tarde, con la Guerra Civil (1861-1865).

En algunas de las primeras colonias estaba prohibido a los extranjeros la adquisición de tierras. Pero en las de Nueva York, Pensylvania, Nueva Jersey y Delaware se flexibilizaron las normas para atraer inmigrantes y se hicieron campañas de reclutamiento en Renania, los cantones suizos y Austria. La mayor parte eran *redemptioners* que pagaban todo o parte de su pasaje. Esta inmigración de Europa Central incluía artesanos, agricultores y profesionales diversos que viajaban en familia y, frecuentemente, en comunidades que se asentaban principalmente en Pensylvania y Nueva York.[6]

Religión, educación y cultura

La religión, no la Iglesia, ejerció una influencia profunda en la formación de las colonias continentales. Antes del inicio de la penetración británica en América del Norte, Enrique VIII había roto relaciones con Roma y asumido, en 1531, la jefatura de la Iglesia reformada de Inglaterra. Dentro de la revolución religiosa provocada por la Reforma, el alzamiento inglés contra

[6] *Ibid.*, p. 138.

la autoridad de la Santa Sede asumió un carácter nacional vinculado al enfrentamiento dinástico y de hegemonía con la principal potencia de la época, España. La conquista y colonización británicas en tierras del Nuevo Mundo formó parte, pues, del conflicto en el seno del cristianismo y del enfrentamiento entre las potencias atlánticas.

La primer consecuencia de estos hechos fue el rechazo de toda jerarquía eclesiástica fundada en un sistema centrado en la cúpula del poder. El repudio abarcaba, en primer lugar, al catolicismo y, más tarde, a la propia Iglesia Anglicana. En este contexto proliferaron, en la colonias continentales, diversas expresiones del protestantismo.

En Inglaterra, el puritanismo lideró la crítica contra las expresiones autoritarias de la Iglesia Anglicana y generó un proyecto de reforma dentro de la Reforma. El trasplante del puritanismo en su versión más radicalizada, los cuáqueros, a Nueva Inglaterra dio nuevo impulso al repudio de la jerarquía eclesiástica. La intensa actividad espiritual y religiosa que predominó en las colonias continentales desde los primeros asentamientos formó parte del proceso de autonomía, participación y libertad que, en el plano político, se asentaba en las asambleas y legislaturas representativas de los colonos y pobladores urbanos.

Los vaivenes de la disputa religiosa en Inglaterra repercutieron en las colonias continentales y reforzaron su vocación de autonomía espiritual y religiosa. En Inglaterra, después de la muerte de Cromwell y la restauración de los Estuardo en la cabeza de Carlos II, se impuso la hegemonía de la Iglesia Anglicana y desató la persecución de los puritanos. La alarma que estos hechos provocaron en las colonias continentales fue acrecentada cuando Jacobo II pretendió restablecer el catolicismo. En Inglaterra, el intento provocó la alianza entre los *whigs* y los *tories* y, finalmente, la instalación en el trono de Guillermo III y la guerra contra los católicos irlandeses. En las colonias continentales estas turbulencias dieron lugar a los primeros indicios independentistas. Los contenidos autonómicos de esta religión sin obispos volvieron a expresarse en el rechazo del intento posterior de la Iglesia de Inglaterra de imponer su hegemonía a través de la nominación de un vicario en las colonias. Tradicionalmente, los criollos aspirantes a clérigos anglicanos debían cruzar el océano para ser ordenados en la metrópoli.

Las instituciones de enseñanza superior se desarrollaron rápidamente en torno de los *colleges* establecidos por los pastores de las distintas denominaciones protestantes. Harvard College fue establecido en Boston en 1636. En 1701, congregacionalistas ortodoxos alarmados por las ideas liberales difundidas en Harvard fundaron Yale College en New Haven, Connecticut. A principios del siglo XVIII Nueva Inglaterra tenía el más alto nivel de alfabetismo de las colonias continentales y, probablemente, del resto del mundo.[7]

En vísperas de la Independencia, las trece colonias continentales poseían institutos de enseñanza superior cuyos modelos eran los *colleges* de las universidades británicas, especialmente las de Oxford y Cambridge. La enseñanza se concentraba en la formación de pastores y en la capacitación de los jóvenes de los sectores más prósperos en las disciplinas humanísticas. El *College* y la Academia de Filadelfia (1755) tenían objetivos más amplios: sus programas incluían matemáticas, ciencias, gobierno y derecho. Poco después, el King College de Nueva York inauguró la primera escuela de medicina. Después de la Revolución se propagaron los institutos de alta enseñanza y los *colleges*

---

[7] H. Brogan, *The Penguin History of the Unites States of America*, Inglaterra, 1990, p. 92.

se fueron convirtiendo en universidades. Los programas de estudio fueron incorporando crecientemente las ciencias físicas y naturales y la enseñanza de la ingeniería, agronomía y otras disciplinas tecnológicas. Los gobiernos estaduales dedicaron especial atención a la promoción de la enseñanza y en 1776, el mismo año de la declaración de la Independencia, la Constitución de Carolina del Norte dispuso la creación de una universidad pública. La más importante, la de Virginia, fue creada más tarde por iniciativa de Thomas Jefferson.

La primera imprenta en las colonias continentales se estableció en 1638 en Cambridge, Massachusetts. Se difundió luego rápidamente en las 13 colonias continentales y acompañó el proceso colonizador y la expansión de la frontera. Los primeros libros eran biblias, textos religiosos y almanaques con información de carácter general. En el siglo XVIII se incorporaron publicaciones periódicas y panfletos que contribuyeron a difundir las ideas liberales que culminarían en la Independencia.

El máximo exponente del escenario cultural de la época es Benjamín Franklin (1706-1790). Su vida revela el talento de un individuo extraordinario pero la amplitud de sus intereses y la repercusión de su obra fueron posibles por las condiciones vigentes en las colonias continentales. Acumuló una considerable fortuna como impresor y editor de libros en Filadelfia. Al mismo tiempo, como su hermano James y otros impresores de la época, editaba un periódico *(Pennsylvania Gazette)* que reproducía artículos de otros medios de las colonias y la metrópoli, publicaba avisos y notas de interés general. Vendía anualmente diez mil ejemplares de su famoso y popular Almanaque *(Poor Richard Almanac)* con consejos prácticos y aforismos (como "el que habla mucho hace poco") reveladores de la idiosincracia del autor y de sus lectores. Promovió el hábito de la lectura y de la discusión mediante la creación de un club del libro y de una academia. Ésta fue formalmente constituida en 1755 como el *Philadelphia College*, origen de la posterior Universidad de Pensylvania. Sus experimentos con la electricidad fundaron su hipótesis de un fluido, que le permitió demostrar la naturaleza común de la electricidad y los rayos. Estos hallazgos lo convirtieron en uno de los científicos más notorios de la época. Hacia la década de 1760 era miembro de la Royal Society y otras principales sociedades científicas europeas, titular de títulos honoríficos de *colleges* de las colonias y la metrópoli, y del doctorado *honoris causa* de la Universidad de Oxford. Sus intereses científicos abarcaban problemas fundamentales de la física como el calor, la luz y el sonido, y de la química, geología, fisiología, psicología, oceanografía, meteorología y música.

Por su capacidad e insistencia en vincular el conocimiento científico a la resolución de problemas prácticos, Franklin se convirtió, asimismo, en uno de los mayores tecnólogos de su tiempo. Un prototipo de estufa para generar calor de manera más económica (que se negó a patentar para facilitar su difusión) y, fundamentalmente, el pararrayos, fueron dos innovaciones orientadas a resolver problemas críticos de la época. La música le debe la armónica, instrumento para el cual compusieron luego Mozart y Beethoven. Su vocación de servicio público lo llevó a propiciar diversas iniciativas como pavimentar las calles de Filadelfia, reformar las rondas nocturnas y establecer un hospital público.

De esta vocación a la política había un solo paso. En este terreno, como en sus otras actividades, Franklin abordó los temas fundamentales. Su actividad como publicista y miembro de la Legislatura de Pensylvania se concentró en la resolución de dos problemas cruciales: el pacifismo de los cuáqueros y el po-

der de los herederos del titular de la carta de privilegios fundacional de la colonia, William Penn (1644-1718). El respeto de
los cuáqueros a los acuerdos con los indígenas impedía la expansión de la frontera y la defensa del territorio frente a las
incursiones de los navíos franceses y españoles. Franklin logró
doblegar su pacifismo y disponerlos para la lucha en defensa
propia. En 1757 inició su fecunda labor diplomática, como
emisario de la Legislatura de Pensylvania ante la Corte, para
limitar el poder de la familia Penn.

Un Franklin era inconcebible en cualquier otra parte del orden colonial del Nuevo Mundo o en Oriente. No por la ausencia de individuos con aptitudes excepcionales, sino por la inexistencia de las singulares condiciones vigentes en las colonias
continentales. Incluso en las potencias atlánticas mas avanzadas, Gran Bretaña y Francia, no existía la frontera de oportunidades que posibilitaron la emergencia de la democracia partici-
pativa, la transformación social y el desarrollo económico, en
cuyo contexto pudo desarrollarse plenamente aquel extraordinario ser humano.[8]

La economía

Mano de obra

A medida que los primeros colonos fueron ampliando las su-
perficies de tierra trabajadas, y la expansión de la demanda
promovía el crecimiento de las artesanías, las manufacturas y
los servicios la insuficiente disponibilidad de mano de obra se
convirtió en un problema clave.

[8] *Ibid.*, p. 89.

La resistencia de los indígenas de América del Norte a la dominación europea y su inadaptabilidad para el trabajo servil, impidió su incorporación a la fuerza de trabajo de las colonias continentales. En Nueva Inglaterra y las colonias intermedias, prevalecían las explotaciones de pequeña y mediana escala dedicadas a la producción de cereales, productos de granja, ganadería, construcciones y artesanías domésticas (vestuario, muebles, herramientas). En este contexto, era imposible el desarrollo de grandes explotaciones aptas para el empleo de mano de obra en gran escala y suficientemente rentables para financiar las inversiones de puesta en producción de nuevas tierras, el capital fijo en equipos y enseres, y el capital de trabajo.

Al mismo tiempo que se desarrollaban el comercio y los centros urbanos, la estructura productiva se fue diversificando aún más con la incorporación de las manufacturas de alimentos, textiles, cueros, maderas, metalmecánicas y servicios diversos. Esta estructura productiva, tempranamente diversificada en los primeros asentamientos y en la frontera en expansión, no era apta para el trabajo servil de los nativos ni de los esclavos africanos. Requería un nivel de adaptabilidad a estructuras productivas organizadas que sólo podía ser proporcionado por mano de obra proveniente de Europa.

En las colonias del sur, la situación era distinta. Las plantaciones de tabaco y algodón, y la ganadería podían realizarse en gran escala con mano de obra servil. Su rentabilidad generaba las utilidades necesarias para la compra de esclavos y el financiamiento de las inversiones en activos fijos y circulantes. En el siglo XVIII ingresaron a las colonias continentales del sur más de 250 mil esclavos.[9] En vísperas de la Independencia los esclavos

9 R. Davis, ob. cit., p. 135.

de ascendencia africana representaban el 30% de la población total de las mismas. De todos modos, la importancia relativa de la mano de obra servil era muy inferior a la registrada hacia la misma época en Jamaica, Barbados y otras Antillas bajo jurisdicción británica, en donde representaba el 90% de la población total.

La insuficiencia de la mano de obra para las actividades desarrolladas por los titulares de las cartas de privilegio, los colonos de Nueva Inglaterra, las colonias intermedias y los plantadores del sur fue un problema permanente de las colonias continentales. Existía una oferta de personas en Europa interesadas en migrar al Nuevo Mundo pero carentes de recursos para financiar su viaje y los gastos de instalación. La fórmula de los *indentured servants*, es decir, mano de obra servil temporaria, facilitó la migración y la ampliación de la oferta de mano de obra en las colonias. Los mercaderes y armadores de buques reclutaban voluntarios en Londres, Bristol, Nantes, La Rochelle y otros puertos, y los colocaban en los principales puertos coloniales. El sistema fue introducido en 1617-1618 en Virginia; una década después más de un tercio de los colonos eran *indentured servants*. El sistema se aplicó en las otras colonias continentales y, también, en las Antillas británicas y francesas. Los empleadores pagaban los costos de transporte y, después del cumplimiento del contrato, el personal quedaba libre para ocuparse como mano de obra independiente o, lo que era el objetivo de la mayoría, instalarse como productores en las tierras de la frontera. Era habitual que el gobierno de la colonia proporcionara a las personas liberadas parcelas de tierra, y los antiguos patrones, algunos enseres para iniciar la explotación.[10]

[10] *Ibid.*, p. 130.

Producción y comercio exterior

La conquista y formación del orden colonial británico en América del Norte estuvieron condicionados, como en el resto del Nuevo Mundo, por la dotación de recursos naturales y la población preexistente. Esto contribuye a explicar las diferencias en el proceso de incorporación de las colonias británicas al Primer Orden Económico Mundial respecto de lo observado en el mundo iberoamericano y en las Antillas. Aclara, asimismo, las asimetrías observables entre las posesiones del norte y del sur dentro de las trece colonias continentales.

Los titulares de las cartas de privilegios sobre las colonias de Nueva Inglaterra intentaron explotar los recursos disponibles en la región que no eran metales preciosos ni tierras tropicales sino las pieles y las pesquerías. Las pieles se obtenían principalmente a través de los indígenas que eran expertos cazadores. Los emplazamientos en el interior y en la cuenca de los ríos, al estilo de las factorías en Asia, eran el punto de contacto para el intercambio con los nativos. Los primeros enfrentamientos por el control del territorio entre Francia y Gran Bretaña resultaron de la disputa por el monopolio del tráfico entre los mercaderes en pieles de ambas naciones metropolitanas. Las pesquerías entre Terranova y Maine proporcionaban el segundo recurso exportable. Sobre la base de las pieles y las pesquerías, la producción de mástiles para la marina británica y la construcción de barcos se gestó inicialmente el sector exportador de las colonias de Nueva Inglaterra.

Pero esta actividad exportadora era insuficiente para sostener la creciente población de Nueva Inglaterra y las colonias intermedias. La producción de cereales, ganado y horticultura adquirió mayor importancia. A su vez, la expansión de la demanda de productos elaborados (artesanías, textiles, metálicos y alimentos transformados) era parcialmente satisfecha por las importaciones desde Europa. Tempranamente comenzó la diversificación de la estructura productiva de Nueva Inglaterra y las colonias intermedias. El desarrollo de la industria naval en Nueva Hampshire y Maine contribuyó a diversificar la oferta de materiales y al desarrollo de la ingeniería naval, que era una tecnología de frontera en su época. A partir de entonces, se fue capacitando mano de obra y derramando aptitudes técnicas por el conjunto del sistema productivo. En Nueva Inglaterra, la esclavitud estaba proscripta y las personas de ascendencia africana alcanzaban apenas a 20 mil, sobre una población total de 1.300.000 en vísperas de la Independencia. Sin embargo, Rhode Island fue el principal centro del comercio de esclavos cuyo destino eran las plantaciones de las colonias del sur.

A medida que la población aumentaba se iba extendiendo la frontera, la ocupación de tierras y su colonización. Este proceso tuvo dos rasgos fundamentales. En *primer lugar*, la expulsión del indígena y, con el tiempo, su práctica exterminación. Desde el inicio de la ocupación territorial, la producción fue desarrollada por colonos y trabajadores independientes. Al interior de la frontera de las colonias, a diferencia de la experiencia hispanoamericana, no quedaba incluida la población indígena preexistente. En *segundo término*, la posibilidad de los nuevos colonos de acceder a la propiedad de la tierra. La ocupación de Nueva Inglaterra y de las dos colonias que experimentarían el mayor desarrollo agropecuario durante el siglo XVIII, Pensylvania y Nueva Jersey, se realizó con una frontera en permanente expansión. La producción agropecuaria de clima templado no era entonces apta para la producción en gran escala ni con trabajo servil. Los titulares de las cartas de privilegios especularon con la creciente demanda de tierra. Sin embargo, la abundancia de éstas deprimió los precios de venta y facilitó el acceso a la propiedad. Los mejores predios cerca de la costa y la cuenca de los ríos quedaban en manos de los propietarios originales pero, en la frontera, la disponibilidad de tierras atrajo a los inmigrantes europeos, especialmente a los escoceses, irlandeses y alemanes.

La conquista y colonización de las provincias del sur fue radicalmente distinta. Las tierras de Virginia y Maryland y, más tarde, las de las Carolinas y Georgia eran aptas para la producción de cultivos subtropicales y para su explotación en gran escala con mano de obra servil. En la segunda mitad del siglo XVII, las plantaciones de tabaco en grandes extensiones de tierra con trabajadores esclavizados se convirtió en el núcleo de la economía de Virginia y Maryland, y de su estructura social aristocrática. La producción aumentó de 9 mil toneladas en 1700 a 100 mil toneladas en vísperas de la Revolución. Gran Bretaña era el principal destino de las exportaciones de tabaco. Las plantaciones producían también maíz y ganado. Sin embargo, parte importante de la producción agropecuaria para el expansivo mercado interno se desarrollaba, como en las colonias del norte, por colonos independientes. Estos cultivaban también tabaco en pequeña escala pero su distribución se realizaba por las redes comerciales de los grandes plantadores y sus agentes en Baltimore y Norfolk.

En las Carolinas se desarrolló la economía de plantación con mano de obra esclava para la producción de arroz e índigo y la explotación de la madera. Hacia 1775, el valor de las exportaciones de esos productos era comparable al de tabaco de Virginia y Maryland. Georgia se incorporó al mismo escenario. Desde Virginia hasta Georgia prevaleció una estratificación social aristocrática afianzada en el trabajo esclavo y las economías de plantación. En la década de 1770, la población esclava ascendía al 25% de la población total de 1.200.000 personas. Representaba una parte minoritaria de la fuerza de trabajo pero el trabajo servil y la estratificación social impregnaban todo el tejido social. Como señaló Alexis de Tocqueville en su célebre estudio *La Democracia en América* (París, 1835-1840): "La esclavitud deshonra el trabajo. Introduce la pereza en la sociedad y con ella la ignorancia, el orgullo, el lujo y el malestar". El mismo Tocqueville agrega al respecto: "La influencia de la esclavitud, unida al carácter inglés, explica las costumbres y las condiciones sociales de los estados sureños".[11]

La creciente complejidad de las estructuras productivas de las trece colonias provocó dos fenómenos inexistentes en el resto del Nuevo Mundo. Por una parte, la diversificación de las exportaciones primarias y productos elaborados, y la venta de servicios de fletes, seguros y financiamiento. Por otro, la emergencia de productores, armadores, mercaderes y banqueros independientes. El comercio costero y fluvial contaba a su favor con la abundancia de puertos naturales y de ríos interiores navegables. Desde Boston a Charleston se desarrollaron grupos de mercaderes, financistas y armadores que operaban por su propia cuenta bajo la débil y, generalmente, inexistente disciplina del monopolio imperial. El tráfico intercolonial, desde Nueva Hampshire a Georgia, era una parte significativa del comercio de las colonias continentales.

Cuando en la segunda mitad del siglo XVII Gran Bretaña pretendió imponer la disciplina mercantilista administrada desde la metrópoli, ya era tarde. Las fuerzas endógenas y autónomas de crecimiento en las colonias continentales era incontenible. Asentada fundamentalmente en intereses locales, se montó desde fines del siglo XVII una red triangular de comercio entre

---

[11] Alexis de Tocqueville, *Democracy in America*, Nueva York, Vintage Books, tomo I, 1945, pp. 31, 32. Trad. esp. *La democracia en América*, 2da. edición de la 12ᵐᵃ· en francés, México, Fondo de Cultura Económica, 1957.

las colonias continentales, Europa y las plantaciones de azúcar de las Antillas. El superávit del intercambio de las colonias continentales con las Antillas se empleaba para saldar el déficit del intercambio de aquéllas con Gran Bretaña. Inicialmente, el tráfico se limitaba a Jamaica y otras islas bajo dominio británico. En el curso el siglo XVIII el comercio se extendió a las Antillas francesas, holandesas y españolas. Las colonias continentales exportaban pescado y carne conservada para el consumo de los esclavos, maíz, alimentos conservados, caballos, maderas y manufacturas originarias de Gran Bretaña y de las mismas colonias. Las importaciones de azúcar, melazas y ron se distribuían en las colonias y exportaban a Europa. Algunas de las importaciones de materias primas sustentaban el desarrollo de la producción manufacturera como las refinerías de azúcar, la destilación de alcoholes y la producción de velas con sebo de ballenas. Los principales puertos continentales eran Boston, Filadelfia y Nueva York, que se convirtieron en importantes centros comerciales y financieros.

Acumulación de capital

A mediados del siglo XVIII, el ingreso *per capita* en Nueva Inglaterra, Pensylvania, Nueva York y Nueva Jersey era probablemente el más alto del mundo. La abundancia y diversidad de recursos naturales, la calidad de la fuerza de trabajo y su receptividad para asimilar la tecnología más avanzada, la temprana diversificación de la producción de bienes y del comercio contribuyeron a generar una productividad en la agricultura y los otros sectores productivos que era comparable, si no superior, a la de las dos naciones más avanzadas de la época: Gran Bretaña y Holanda. El ahorro y la inversión eran relativamente elevados por dos razones principales: la importancia del excedente sobre el consumo de subsistencia y la rentabilidad de las inversiones en la incorporación de nuevas tierras a la frontera agropecuaria, la aplicación de nuevas tecnologías y la rápida diversificación de la producción de bienes y servicios. El rápido aumento de la población y del ingreso expandía el mercado interno, y el crecimiento de las exportaciones proporcionaba las divisas necesarias para las importaciones de manufacturas desde Europa y de materias primas desde las Antillas y el golfo de México.

El ahorro se destinaba en su mayor parte a la inversión en la incorporación de nuevas tierras, maquinarias y equipos para la producción primaria y manufacturera, la infraestructura de canales y caminos, la construcción naval y medios de transporte terrestre, y en desarrollo urbano. La austeridad de las costumbres inherentes a los puritanos y las otras expresiones protestantes, desalentaba el consumo y las inversiones suntuarias. Tanto o más importancia tenía la relativa equidad en la distribución del ingreso.

Los colonos y productores retenían la mayor parte de sus excedentes de producción sobre su consumo. La amplia disponibilidad de tierras difundía su propiedad e impedía la concentración en pocas manos. En este contexto, los titulares de cartas de privilegios y grandes terratenientes tenían escasa posibilidades de extraer rentas de la explotación de sus tierras por terceros (arrendatarios o asalariados). A diferencia de Europa, no existía en las colonias continentales una clase terrateniente ni jerarquías eclesiásticas que se apropiaran de parte principal del excedente de la producción agropecuaria ni impusieran impuestos agobiantes sobre las actividades urbanas. La administración civil y la burocracia eran también modestas, y no existían cortes reales que sostener. "En esta región existía una prosperidad difundida; comparada con los patrones europeos (o con los hispano-luso-americanos) pocos eran muy ricos y pocos muy pobres."[12] La difundida distribución del ingreso es parte principal del éxito del desarrollo de las colonias continentales. Basta comparar la sobriedad de las viviendas de la clase alta y de las iglesias de Nueva Inglaterra con las expresiones del arte barroco en los templos y mansiones de América hispano-portuguesa para apreciar la radical diferencia en la aplicación de los recursos en ambos escenarios. El consumo conspicuo y las importaciones de bienes suntuarios para la clase alta, y el empleo de verdaderas cortes de sirvientes y auxiliares en sus mansiones absorbía parte principal de los recursos que, en Nueva Inglaterra y las colonias intermedias, se aplicaban a la inversión productiva.

La acumulación de capital en la economía esclavista de Virginia, Maryland, las Carolinas y Georgia presentaba diferencias importantes con las colonias del norte. La inversión y el consumo conspicuo de una clase alta aristocrática fundada en el trabajo servil eran más importantes que en el norte. En la asignación de recursos y los estilos de vida, la esclavitud predominaba sobre los valores espirituales de las ricos protestantes de las colonias del sur. Aun así, las mansiones y templos y las cortes de servidores de la aristocracia sureña eran relativamente sobrios. Por ejemplo, Mount Vernon y Monticello, y los estilos de vida de sus propietarios y padres fundadores de los Estados Unidos, Washington y Jefferson, eran modestos en comparación con sus semejantes de Nueva España o del Perú.

Por otra parte, los grandes plantadores del sur eran frecuentemente comerciantes y banqueros, traficaban directamente con las colonias continentales del norte y con las Anti-

---

[12] R. Davis, ob. cit., p. 276.

llas, y mantenían su red de agentes comerciales y financieros en Londres, Liverpool y Glasgow. Intermediaban también la producción de los pequeños plantadores de tabaco y medianos productores agropecuarios de Virginia y las otras colonias del sur. En éstas existía, por otra parte, una importante base de agricultores, artesanos, comerciantes y profesionales independientes. Baltimore, Norfolk y Charleston eran importantes centros urbanos y puertos en los cuales se multiplicaban las oportunidades de negocios y de inversión. De tal manera que, aun en las economías esclavistas del sur, el capitalismo norteamericano era muy pujante.

Moneda y finanzas

La demanda de dinero aumentó con el desarrollo económico y la expansión del comercio. Hasta bien entrado el siglo XVII prevaleció una escasez de dinero debido a la prohibición de Londres de exportar monedas metálicas a las colonias y, en éstas, de acuñarlas. El trueque proporcionó cierto alivio a la escasez de dinero. En otros casos se asignaba a una mercadería de uso difundido las funciones de medio de pago. En Virginia el tabaco cumplió esa función. En las colonias más pobladas de Nueva Inglaterra, Pensylvania, Nueva York y Nueva Jersey el dinero de cuenta (mediante créditos recíprocos entre los comerciantes y la cancelación de saldos) satisfizo, en parte, la creciente demanda de medios de pago y de crédito. Las monedas de plata y oro provenientes de los superávit comerciales con las Antillas y las posesiones españolas del Caribe proporcionaron otra solución parcial. Pero fue el papel moneda el instrumento que realizaría la mayor contribución a la expansión de la liquidez en las colonias continentales.

En 1690, la Legislatura de Massachusetts autorizó la emisión de pagarés garantizados con la recaudación de impuestos. A principios del siglo XVIII, la práctica se difundió en otras colonias continentales. La guerra anglo-francesa aumentó el gasto público para financiar las milicias y la marina. A cuenta de la recaudación de los mayores tributos de guerra, se emitió papel moneda que fue utilizado como medio de pago para la economía civil. Cuando terminaron las hostilidades, en 1763, la emisión de papel moneda se institucionalizó con la creación de los bancos coloniales de crédito. Éste se destinó en gran medida para préstamos, con garantías hipotecarias, a los agricultores y, progresivamente, para financiar el gasto público. Esta fácil vía de financiamiento público fue frecuentemente utilizada en reemplazo de la aplicación de impuestos. El gobierno de la colonia de Rhode Island se financió con crédito bancario durante treinta años.[13] La emisión de dinero en exceso del respaldo proporcionado por la recaudación impositiva creó los primeros problemas de insolvencia y de devaluación del papel moneda.

En el plano real, el desarrollo y la creciente complejidad del sistema económico de las colonias continentales generó conflictos entre los productores rurales y las ciudades, entre consumidores y productores, y asalariados y empresarios. Los cambios en las precios relativos y en la distribución del ingreso entre sectores de la economía y factores productivos fueron una manifestación de la intensidad del crecimiento y de la transformación en las colonias continentales. La emisión de papel moneda y las fluctuaciones de su paridad respecto del oro y la plata incorporaron otra dimensión conflictiva y también sintomática de la madurez del capitalismo emergente. El diferendo deudor-acreedor, con aquellos interesados en la licuación de sus deudas

---

[13] *Ibid.*, p. 281.

y estos opuestos a la depreciación de la moneda, fue parte principal de la evolución económica y financiera de las colonias. Éstas tenían, al mismo tiempo, lazos estrechos con banqueros de Londres y otras plazas europeas. De tal modo que, en vísperas de la Independencia, el sistema financiero colonial tenía una considerable complejidad y lazos con el exterior que permitían obtener recursos para expandir el crédito y la liquidez.

Los colonos eran insaciables demandantes de crédito para financiar buenos y malos proyectos, en un escenario que ofrecía múltiples y diversas oportunidades de ganancias. La administración de los bancos coloniales de crédito respondía al mandato de los gobiernos locales y sus legislaturas. Cuando prevalecían en éstas los representantes de los colonos, es decir, de los deudores, se acrecentaba la emisión de papel moneda, su devaluación y licuación de las deudas. La puja de intereses entre los deudores y los acreedores, que eran normalmente los mercaderes, inauguró un conflicto que prevaleció en el desarrollo posterior a la Independencia. Inició, también, el diferendo entre el Este (los acreedores de Filadelfia, Nueva York, Boston o Charleston) y el Oeste (los colonos que estaban expandiendo la frontera). Como los acreedores colocaban recursos propios y, además, reciclaban fondos de bancos de Londres o Liverpool, el conflicto deudor-acreedor interesó directamente a la metrópoli.

En 1751, la Corona promulgó la Ley Monetaria (Currency Act), que prohibía los bancos hipotecarios, exigía el rescate periódico de las emisiones de papel moneda e impedía nuevas emisiones salvo las que estuvieran respaldadas con la recaudación impositiva. La imposición de la disciplina monetaria frenó la devaluación de la moneda pero agravó el endeudamiento de los colonos y la escasez de medios de pago. Estos hechos contribuyeron a fortalecer las aspiraciones independentistas que se estaban difundiendo en las colonias continentales. Pero, después de la Revolución, el conflicto de intereses vinculados al sistema financiero siguió teniendo importancia y fue una de las cuestiones de mayor entidad en la formación de los emergentes Estados Unidos de América.

La Independencia

Estratificación social

Las condiciones del poblamiento, el acceso de los nuevos ocupantes de la frontera a la propiedad de la tierra y la temprana diversificación del sistema productivo fueron factores decisivos en la estratificación social de las colonias continentales. En Europa, coexistían las transformaciones sociales y políticas provocadas por el desarrollo capitalista con las jerarquías aristocráticas fundadas en la concentración de la propiedad de la tierra. En las colonias continentales, en cambio, los nuevos pobladores provenientes, en gran parte de los grupos urbanos y rurales de disidentes religiosos, pudieron fundar su vocación de libertad y autogobierno en la amplia disponibilidad de tierras y el trabajo independiente.

Existían diferencias importantes entre los mercaderes de las ciudades y los colonos ricos de las tierras costeras, por una parte, y los pobladores de la frontera, por otra. Las diferencias de educación y cultura trazaban otras líneas divisorias en la sociedad. Pero en ninguna otra parte del mundo, es decir, Oriente, Europa o el resto de América, existían las oportunidades de progreso material individual y una movilidad social comparablea a las de las colonias continentales.

La esclavitud generaba un escenario distinto en las provincias del sur. El desprecio por el trabajador servil, indígena o africano, fracturaba las sociedades sureñas y las impregnaba de prejuicio racial. La tentativa de conciliar la esclavitud con la ética protestante generó disparatadas teorías sobre la inferioridad biológica del negro, su castigo por el pecado original y su naturaleza no humana y, consecuentemente, la imposibilidad de cristianizarlo. La negritud era, entonces, el atributo de todos los vicios y la esclavitud una bendición para semejantes seres inferiores. El indio era incapaz de incorporarse siquiera en condición servil al orden social. Como en otras partes de América, pobladas por indígenas nómades y en estadios culturales propios del período paleolítico, el nativo fue primero expulsado y, finalmente, exterminado. A medida que se expandió hacia el oeste la frontera de las colonias continentales y, después de la Independencia, de los Estados Unidos de América el indígena fue desapareciendo del escenario social norteamericano.

Las grandes plantaciones con trabajo esclavo, dieron lugar a la formación de una aristocracia terrateniente que tenía algunas semejanzas con sus congéneres europeos, herederos del orden feudal. En Virginia, asiento del primer poblamiento y de la primera incorporación de esclavos en gran escala en las economías de plantación, surgieron, entre esos aristócratas, figuras notables por su nivel cultural y la modernidad de sus ideas. Entre ellas, George Washington (1732-1799), Thomas Jefferson (1743-1826) y el primer presidente de la Suprema Corte de Justicia, John Marshall (1755-1835). Convivían a disgusto con la esclavitud, que desautorizaba sus ideas sobre la libertad y la igualdad del hombre, pero poco pudieron hacer para eliminarla, salvo liberar sus propios esclavos, como lo decidió Washington en su testamento.

En Nueva Inglaterra, en donde los recursos naturales y el

sistema productivo nunca fueron aptos para la incorporación de mano de obra esclava, las ideas liberales y la ética cristiana tuvieron expresiones más coherentes. En 1776, un sacerdote de Rhode Island[14] sostuvo que la causa patriótica de la Independencia no obtendría el favor divino sin eliminar la esclavitud. La prédica fructificó en la puritana Nueva Inglaterra y en las cuáqueras Pensylvania y Delaware, cuyas legislaturas abolieron la esclavitud en sus respectivos territorios. Como medida transitoria motivada por la guerra, el Congreso continental dispuso la prohibición de nuevas importaciones de esclavos. Tiempo antes, el doctor Benjamin Rush, médico de Filadelfia, había advertido que "la tierna planta de la libertad no puede sobrevivir en la vecindad de la esclavitud". Llevaría casi un siglo y una guerra civil resolver este pecado original de la naciente democracia norteamericana.

Las ideas políticas

Las colonias continentales fueron un extraordinario caldo de cultivo en el cual germinaron, con alcances inesperados, las reformas políticas de Gran Bretaña, las ideas de Locke, Montesquieu y los principales exponentes de la Ilustración, y los contenidos antijerárquicos y autonómicos de los puritanos y otros disidentes de la disciplina confesional anglicana.

En Gran Bretaña, después de la Revolución Gloriosa y la instalación en el trono de la dinastía de Hannover, se consolidaron el poder del Parlamento y la monarquía constitucional. De todos modos, el equilibrio entre los *tories* y los *whigs* expresaba el reparto del poder entre las clases altas de la socie-

---

[14] H. Brogan, ob. cit., p. 185.

dad. Estos eran los límites de la democracia más avanzada del siglo XVIII. Lo mismo sucedía con las ideas de John Locke: la participación democrática estaba reservada a los propietarios. En Rosseau, Voltaire y otros exponentes de la Ilustración francesa la libertad y la igualdad tenían un alto contenido utópico desvinculado de las bases reales del poder, que residía en la aristocracia y la gran burguesía. Por otra parte, la jerarquía religiosa, aun en los países protestantes, seguía ejerciendo una influencia considerable en el comportamiento de las personas y la sociedad.

En las colonias continentales, la situación era distinta. La frontera de oportunidades de progreso económico y el acceso a la propiedad de la tierra, el rechazo de las jerarquías eclesiásticas y una práctica arraigada, desde los primeros poblamientos, de autogobierno y participación nutría a la democracia de elementos desconocidos en el escenario europeo. De Virginia al sur, la esclavitud introducía una brecha en el sistema político de las colonias continentales pero, para los hombres libres y no sólo para los grandes terratenientes, también tenían vigencia las prácticas democráticas prevalecientes en Nueva Inglaterra, Pensylvania, Nueva York y Nueva Jersey.

De este modo, los habitantes de las colonias continentales tomaron al pie de la letra las conquistas incorporadas en la Declaración de Derechos de 1689, en Gran Bretaña. Entre otras, la imposibilidad de la Corona de aplicar impuestos sin la aprobación del Parlamento. Es decir, sin representación de los contribuyentes que, en las colonias continentales, radicaba en sus legislaturas.

Prácticamente desde los primeros poblamientos se habían creado las condiciones que debían desembocar, inexorablemente, en la ruptura del vínculo colonial. Porque, en verdad, las colonias continentales nunca ocuparon una posición subordinada en el orden imperial británico. Cuando la Corona pretendió aplicar las normas de las Leyes de Navegación sobre el comercio colonial e imponer tributos sin participación de los contribuyentes, saltó a la vista que la condición periférica y subordinada jamás se había instalado en las colonias continentales. Esto marca una diferencia fundamental con las colonias hispano-portuguesas y con las Antillas anglo-franco-holandesas. En estas últimas, el predominio absoluto de las economías de plantación y de la esclavitud excluyó cualquier posibilidad de independencia y desarrollo democrático. En los imperios ibéricos en América, el trabajo servil y la estratificación social convirtieron las ideas de libertad e igualdad en ejercicios reservados a pocos idealistas con escasos vínculos con la realidad. De este modo, alzamientos como la *Inconfidência Mineira* o la rebelión de Tupac Amaru resultaron episodios sin arraigo en el sistema de poder establecido. Hasta fines del siglo XVIII los reclamos de independencia fueron rebeliones intrascendentes de los marginales, o tibios intentos de autonomía de los criollos aristocráticos y pudientes contra los rigores del mercantilismo imperial. Entre Tiradentes y Washington o Pedro de Peralta y Benjamin Franklin hay tanta distancia como entre las plantaciones de azúcar del Brasil o las encomiendas del Perú y la pujante economía de Nueva Inglaterra o Pensylvania.

La Revolución

El reconocimiento de la importancia creciente de los territorios continentales indujo el cambio de la política imperial británica en el Nuevo Mundo. El Tratado de París (1763), que puso fin a la última guerra intercolonial en América del Norte, incorporó Canadá, Florida y Louisiana hasta la margen oriental del río Mississipi a las posesiones británicas en el subcontinente. En cambio, Londres reintegró a París el dominio de Guadalupe y Martinica, en las Antillas. La política imperial coincidía con los intereses de los pobladores de las colonias continentales. La expansión hacia el oeste y la ocupación de nuevas tierras era un reclamo generalizado desde Nueva Inglaterra hasta Georgia. La movilización de las milicias continentales, dentro de las filas del ejército británico durante la guerra anglo-francesa, fue más que el cumplimiento de una imposición de la metrópoli. Reflejaba la aspiración de los colonos de expandir la frontera. Lo mismo sucedió con el financiamiento de la guerra y de la administración civil británica. Las tributos pagados por las colonias continentales y, sobre todo, la emisión de papel moneda subordinaron a las autoridades civiles y militares coloniales a la decisión de las legislaturas provinciales.

Estos y otros acontecimientos reveladores de la creciente autonomía de las colonias continentales aumentaron la preocupación dominante en Whitehall y Westminster, e indujeron la adopción de medidas para imponer el cumplimiento de las Actas de Navegación y de los tributos. Decisiones en otros planos, que afectaban los intereses particulares de las diversas colonias, perseguían el mismo propósito. Entre ellas, la pretensión de la Corona de remover a su arbitrio los jueces y reservar para el uso exclusivo de la Marina Real los bosques de pinos blancos en las tierras de dominio público. Un elemento adicional fue la intención de la Iglesia Anglicana de designar un obispo en América. Para los puritanos, obispo y persecución eran la misma cosa y, para las otras feligresías protestantes, un intento de interferir en su derecho de conducir sus propios asuntos. El descontento religioso agravó el cuadro de situación, aun entre aquellos que no tenían disposición contestaria del sistema imperial.[15]

[15] *Ibid.*, p. 120.

La expectativa de los colonos alentadas por las conquistas territoriales británicas fue frustrada el mismo año de la firma del Tratado de París, por la imposición de la *Proclamation Line*. Ésta marcaba una frontera occidental desde Nueva Escocia hasta Georgia, a lo largo de la cadena de las montañas Apalaches. La expansión territorial de las colonias continentales no debía exceder la línea. Prácticamente todo el territorio entre los Apalaches y la margen oriental del río Mississipi quedaba apartado como reserva indígena. En la realidad, la Corona no tenía posibilidad efectiva de imponer el cumplimiento de la *Proclamation Line*. En consecuencia, la decisión sólo contribuyó a acrecentar la resistencia de los pobladores en busca de nuevos asentamientos y de los especuladores en tierras.

Fue en este contexto de rechazo creciente del dominio imperial que, en 1764, George Grenville (1712-1770), Primer Ministro de Jorge III, logró el respaldo del Parlamento para aplicar impuestos al azúcar y subproductos. La producción de ron, cuya materia prima es la melaza, resultaba especialmente afectada. Además, la *Sugar Act* regulaba todo el tráfico ente las colonias continentales y las Antillas no británicas, y afectaba, entre otras exportaciones de las colonias continentales, las de maderas y pescados conservados. La *Sugar Act* insistía, además, en un principio rechazado por las legislaturas y las poblaciones de las colonias: la aplicación de impuestos por el Parlamento británico sin representación de los contribuyentes de las colonias.

Poco después, el gobierno de Granville y el Parlamento británico perseveraron en sus objetivos e impusieron un tributo de sellos sobre los documentos jurídicos, transacciones comerciales, periódicos, avisos publicitarios, almanaques y libros. Los sellos debían ser impresos en Gran Bretaña y ser vendidos por comisionados autorizados. Abogados, comerciantes, editores, publicistas y otros influyentes segmentos de las sociedades coloniales eran agredidos por la decisión del Parlamento. La *Stamp Act*, del 22 de marzo de 1765, fue la gota que rebasó el vaso. Catalizó la resistencia de las colonias continentales a la dominación imperial y señala el inicio de la Revolución de Independencia. El eslogan "ningún impuesto sin representación" se convirtió en una bandera del alzamiento.

La resistencia incluyó declaraciones de protesta de las legislaturas provinciales, la convocatoria de un congreso continental (*Stamp Act Congress*) en Nueva York al cual asistieron representantes de nueve provincias, disturbios callejeros y un movimiento contra la importación de productos británicos. Antes de la *Stamp Act*, el abogado James Otis (1725-1783), consejero de los comerciantes de Massachusetts, había promovido exitosamente el repudio a las inspecciones de casas particulares, medida prevista en las Leyes de Navegación para la lucha contra el contrabando. Otis argumentó que la norma violaba el derecho natural y la Constitución británica y, por lo tanto, era ilegal sea cual fuere la decisión del Parlamento.

La dimensión de la protesta contra la *Stamp Act* tomó por sorpresa a los observadores de la época, incluyendo a Benjamin Franklin, a la sazón representante de las colonias continentales ante la corte británica. Los recaudadores del impuesto de sellos fueron obligados a renunciar. Finalmente, el Parlamento cedió y revocó la norma (16 de marzo de 1766). La aprobación simultánea de un estatuto (*Declaration Act*), ratificatorio del derecho de Gran Bretaña de gobernar sus colonias, no disminuyó el daño que los acontecimientos desencadenados por la *Stamp Act* provocaron a la autoridad de la Corona.

La posterior tentativa de ejercer la prerrogativa imperial, como la deportación para su enjuiciamiento en Gran Bretaña de los sediciosos, agravó la resistencia de las colonias. Lo mismo sucedió con los impuestos sobre varios productos, incluyendo el té, cuya recaudación se destinaba a pagar los sueldos de los gobernadores y los jueces. Estos impuestos promovidos por el canciller del Tesoro, Charles Townshend, reavivaron la polémica sobre las facultades del Parlamento de aplicar impuestos en las colonias sin representación de los contribuyentes. Las "Cartas de un Agricultor de Pensylvania", publicadas por John Dickinson (1732-1808) en la *Pennsylvania Gazette* entre fines de 1767 y principios de 1768, se difundieron rápidamente y proporcionaron los argumentos del rechazo de la autoridad imperial. Al mismo tiempo, los comités de corresponsales, iniciados desde Virginia por Thomas Jefferson, extendieron la protesta desde Nueva Inglaterra hasta Georgia y movilizaron el apoyo de los plantadores del sur, los grandes propietarios de Nueva Inglaterra y Pensylvania y, en todas partes, el de los pequeños y medianos productores y trabajadores independientes.

Este amplio frente de resistencia aisló a los comerciantes y funcionarios británicos, y elementos conservadores que permanecían leales a la metrópoli. Entre ellos, el prestigioso Thomas Hutchinson, nativo de Massachusetts y designado su gobernador en 1771, que fue devorado por los acontecimientos revolucionarios. Estos se iniciaron el 16 de diciembre de 1773, con la destrucción del cargamento de té de los barcos de la East India Company, el llamado Motín del Té en Boston *(Boston Tea Party)*. Cuando se difundió en las colonias la noticia de designación de un gobernador militar para someter a Massachusetts, estalló la Revolución. El Primer Congreso Continental se reunió en Filadelfia en 1774 con la presencia de delegados de las trece colonias continentales. El Congreso resolvió aplicar el boicot a las mercaderías británicas, promover la producción agrícola y manufacturera, y establecer comités para ejecutar sus disposiciones. Su solidaridad con Massachusetts trazó la línea divisoria entre los leales a la Asociación de las colonias continentales y los súbditos de la Corona.

Las hostilidades comenzaron el 18 de abril de 1775 en Lexington, Massachusetts, y concluyeron con la rendición británica en el campo de batalla de Yorktown (Virginia), el 19 de octubre de 1781. El conflicto movilizó a todos los actores del escenario americano y europeo. Las milicias de George Washington enfrentaron al ejército imperial reforzado con mercenarios y tribus indias aliadas. Pero la causa revolucionaria contó a su favor con el apoyo de las monarquías de Francia y España, más interesadas en la derrota de Gran Bretaña que en los riesgos políticos emergentes del triunfo de la democracia norteamericana. El primer gran movimiento antiimperialista y democrático fue el detonante del último conflicto en gran escala, entre las potencias coloniales, que tuvo lugar en el continente americano. Mientras las colonias continentales luchaban por su independencia, las potencias europeas disputaban el dominio del Nuevo Mundo.

La prédica revolucionaria de Otis, Dickinson y Samuel Adams alcanzó un punto culminante en 1766, cuando ya había estallado la guerra, en el libro *Sentido Común* de Tom Paine (1737-1809) un inglés recientemente inmigrado. *Common Sense*, del cual se vendieron 120 mil ejemplares en poco tiempo, predicaba un rechazo frontal a la monarquía y sus obispos. La independencia era la condición necesaria de la democracia y la libertad. Paine reflejaba la simpatía que la revolución americana despertaba entre los radicales británicos. El mensaje revolucionario y democrático culminó con la Declaración de la Independencia proclamada por el Congreso Continental en Filadelfia el 4 de julio de 1776. El Comité designado por el Congreso lo integraban, entre otros, Benjamin Franklin (Pensylvania), John Adams (Massachusetts) y Thomas Jefferson (Virginia). Este último era un ejemplo eminente de los ideales y las contradicciones de la Revolución. Hijo intelectual de la Ilustración era, por temperamento y posición social, un aristócrata y, como sureño, dueño de esclavos. De su pluma salieron palabras que resonarían desde entonces como la más alta expresión del humanismo democrático y de la libertad: "Sostenemos como verdades evidentes que todos los hombres son creados iguales, que fueron dotados por su Creador con ciertos derechos inalienables, entre ellos el de la vida, la libertad y la búsqueda de la felicidad". Los gobiernos existen para asegurar estos derechos y obtienen su poder del consenso de los gobernados. El pueblo puede destituir y sustituir al gobierno conforme a principios que garanticen la seguridad y la felicidad.

Los grandes principios de la Ilustración, del pensamiento de Locke y Montesquieu, del idealismo de Rousseau aparecen reflejados en ese extraordinario documento que tenía raíces profundas en las singulares condiciones del desarrollo económico, social, político y religioso de las colonias continentales.

El doctor Samuel Johnson ironizó acerca del fervor libertario de los propietarios de esclavos. Pero el estigma de la esclavitud en las colonias sureñas no impidió que europeos eminentes identificados con los ideales de la Ilustración concurrieran a enrolarse en las filas del ejército de Washington, entre ellos el marqués de Lafayette, el héroe polaco Kosciuszco y el general prusiano Von Steuben. Pocos meses después de la Declaración de la Independencia, en diciembre de 1776, la Revolución envió a París a su más ilustre representante: Benjamin Franklin. Los medios intelectuales y científicos depositaron en él todas las virtudes proclamadas por la Ilustración. Franklin despertó, al mismo tiempo, la fascinación generada por un Nuevo Mundo democrático y de inmensas posibilidades para la creatividad humana. Voltaire lo recibió en la Académie des Sciences, cuyos miembros veían en Franklin

la encarnación de un Bacon americano: la combinación del
talento científico con la aplicación práctica de conocimientos
para resolver los problemas de un nuevo mundo abierto y sin
fronteras. Pero la misión de Franklin tenía finalidades más
precisas: convencer a Luis XIV y a su corte de la conveniencia
de apoyar la causa revolucionaria. Francia no necesitaba mucho más para entrar en la guerra y buscar el desquite de su
derrota en la Guerra de los Siete Años.

La dimensión y la naturaleza del conflicto desatado por la
independencia norteamericana ilustra acerca de la importancia
que las colonias continentales habían adquirido en el escenario
mundial de la época. Culminaban en el nuevo escenario americano la Revolución de las ideas y las transformaciones ocurridas
en Europa desde el Renacimiento y, en Gran Bretaña, a partir
de la guerra civil y la Revolución Gloriosa. Es decir, la difusión de
la Reforma contra el dogma católico y, dentro del protestantismo, el rechazo a toda jerarquía eclesiástica, la difusión del conocimiento científico, la imprenta y la divulgación de las nuevas
ideas, las oportunidades abiertas por el capitalismo mercantil y
la formación del Primer Orden Económico Mundial, el ejercicio
efectivo del autogobierno y el acceso a las tierras de una frontera
en expansión. El contrapunto de la saga humana entre la libertad
y la opresión, el poder y las nuevas oportunidades, el dogmatismo y el pensamiento crítico se desenvolvió en América del Norte
dentro de un escenario que no tenía precedentes históricos en el
resto del mundo. Así surgió lo que luego se llamaría el *american
dream*, es decir, la oportunidad de progreso individual en virtud
de las aptitudes de cada uno. Por eso "la Declaración de la Independencia fue una protesta y un programa, no sólo para los com-
patriotas de Jefferson, sino para toda la humanidad civilizada".[16]

<hr>

[16] *Ibid.*, p. 185.

Nada semejante sucedió en las colonias hispanoamericanas cuando estallaron las guerras de independencia en el siglo XIX. Ni tampoco cuando, en 1822, el *Eu fico* de Don Pedro I proclamó la independencia del Brasil. A diferencia de las colonias continentales de América del Norte, el resto del Nuevo Mundo continuó signado por su condición periférica, de objeto y no sujeto de la política internacional.

Los primeros pasos de los Estados Unidos de América

El inicio de la Revolución desató una avalancha de reformas democráticas. El pensamiento revolucionario se nutrió de la participación de los sectores populares, colonos, pequeños comerciantes y artesanos, trabajadores independientes y marginales. En el escenario norteamericano, las masas ejercieron una influencia significativa en la formación de nuevas instituciones políticas. El Congreso Continental aprobó los *artículos de confederación* que fueron el primer marco jurídico constitutivo de los emergentes Estados Unidos de América. El Congreso, constituido por la alianza de los estados reunidos en Congreso, asumía el gobierno de la Unión, pero el poder descansaba en las legislaturas estaduales y el poder ejecutivo federal permanecía débil. Las transformaciones democráticas promovidas por el Congreso continental y las nuevas constituciones de los estados abarcaban desde la anulación de privilegios eclesiásticos y de clase hasta el reparto de tierras de los realistas (la mayoría de los cuales emigró al Canadá). La *Proclamation Line* de 1763 fue derogada y el inmenso espacio territorial abarcado entre los Apalaches y el río Mississipi abierto a la colonización. Fue en este contexto que se alzaron los primeros alegatos del doctor Rush y de otros enemigos de la esclavitud.

La paz, firmada en el Tratado de Versalles de 1783, resolvió el conflicto abierto por la guerra de independencia norteamericana. Gran Bretaña reconoció la independencia de los Estados Unidos de América, Francia recuperó el dominio de las islas de Tobago y Santa Lucía en las Antillas Trinidad y del Senegal en África. España recobró la posesión de la isla de Menorca, la península de Florida y algunos territorios en América Central pero no la del peñón de Gibraltar, posición estratégica para controlar el acceso del mar Mediterráneo al océano Atlántico. Gran Bretaña perdió la guerra en América del Norte pero seguía siendo la principal potencia marítima de la época. Después de las guerras napoleónicas, asumiría el liderazgo de la formación del Segundo Orden Económico Mundial fundado en la Revolución industrial.

Los *artículos de confederación* fueron eficaces para organizar las fuerzas revolucionarias y lograr la independencia de las colonias continentales, pero eran absolutamente insuficientes para organizar la nación emergente. Terminada la guerra estallaron los conflictos de intereses, planteados desde el período colonial, entre deudores y acreedores, grandes propietarios y nuevos colonos, productores del campo y las ciudades. La tradición de autonomía y autogobierno de las viejas colonias continentales tropezaba con la necesidad de constituir un poder federal. La cesión de soberanía de las legislaturas estaduales a las instituciones del orden federal, es decir, el Congreso Nacional y el Poder Ejecutivo, adquirió una importancia crucial.

La disputa entre los partidarios de la descentralización del poder y de la formación de un poderoso sistema federal abrió la polémica entre los republicanos y federalistas. En la tradición autonomista de las colonias continentales los republicanos desconfiaban de los poderes absolutos en lo político y de las jerarquías eclesiásticas en el plano religioso. Consecuentemente, aspiraban a establecer un débil y mínimo poder federal, subordinado a la voluntad popular expresada en las legislaturas estaduales. Esta rica tradición democrática tropezaba con los desafíos planteados por la formación de una nación de dimensiones continentales. El nacionalismo de los federalistas era más realista para abordar los problemas concretos de las finanzas, el comercio, el desarrollo económico, el poblamiento, y también la defensa frente a las amenazas que subsistían a la integridad territorial. Lo mismo sucedía en relación con la ocupación de la gigantesca frontera abierta al sur y al oeste de los Estados Unidos de América. Nada de esto era posible sin la delegación de soberanía de los estados en el poder federal.

En torno de este enfrentamiento se debatían todas las otras cuestiones de la nación emergente. La prédica federalista, bajo la poderosa influencia intelectual de Hamilton y del inmenso prestigio del jefe del victorioso ejército de la Independencia, George Washington, tenía un fuerte contenido aristocrático y, en el manejo de las cuestiones fiscales y monetarias, ortodoxo. Los federalistas tenían terror a la irresponsabilidad financiera de los estados, a la emisión de papel moneda por los bancos estaduales y a la inflación. Los grandes propietarios y mercaderes de las ciudades convergieron en el respaldo de las posiciones federalistas. Los republicanos, en cambio, convocaron a los nuevos colonos, a los deudores y a los trabajadores independientes.

La construcción institucional en la nación emergente planteaba problemas sorprendentes e inéditos para el pensamiento y el desarrollo político de Europa que, hasta entonces, había liderado las transformaciones en ambos campos. En las filas de republicanos y federalistas se enrolaron las mayores figuras del pensamiento revolucionario y la guerra de la Independencia. Jefferson entre los primeros, y el neoyorquino Alexander Hamilton (1755-1804) y James Madison (1751-1836), oriundo de Virginia, entre los federalistas. Estos nombres ilustran acerca de la jerarquía intelectual y política de los *padres fundadores* de los Estados Unidos.

En definitiva, se trataba, nada menos, que de sustituir los artículos de confederación por un estatuto fundacional de la nación. Bajo la presidencia de Washington, la Convención Constituyente reunida en Filadelfia inauguró sus sesiones el 25 de mayo de 1787 y las culminó el 17 de septiembre del mismo año, con la promulgación de la Constitución y la elección de George Washington como primer presidente de los Estados Unidos de América. La Convención albergó en su seno a las mayores figuras constructoras de la nueva nación, incluyendo al ya añoso y venerable Benjamin Franklin, cuyos buenos oficios contribuyeron a transar la disputa entre republicanos y federalistas. El único ausente notable fue Jefferson, a la sazón embajador en París.

La Constitución fue el primer documento en la historia fundador de una nueva nación y en él convergieron las contribuciones de los grandes pensadores políticos europeos, de Locke y Montesquieu, y, de este último, su concepción de la división de poderes. La Constitución estableció las esferas de competencia de los gobiernos estaduales y del Estado federal y la división del poder en tres estamentos: legislativo, ejecutivo y judicial. La Constitución consagró el nacionalismo de los federalistas pero la soberanía reservada a los estados preservaba la autonomía de decisión en las cuestiones locales. El sistema de *checks and balances* establecía controles recíprocos entre los tres poderes del Estado y, finalmente, la *Bill of Rights* incorporada como enmienda a la Constitución garantizaba los derechos e intereses

de las personas frente al poder reservado a los estados y al gobierno federal. En definitiva, la Constitución reveló que, más
allá de los conflictos de intereses y visiones políticas, las fuerzas
centrípetas dentro de la nueva nación tenían una fuerza arrolla-
dora. El talento de un grupo de hombres excepcionales canalizó
esa convergencia y la plasmó en el estatuto fundacional de la
nueva nación.

En Europa, fue inmenso el impacto de la Revolución norteamericana, la Declaración de Independencia y la Constitución.
En Francia, la Revolución de 1789, reconoce como uno de sus
antecedentes los acontecimientos de América del Norte. La nación heredera de la colonización europea en América del Norte
se convertía en un nuevo protagonista ideológico y del reparto
del poder en el Primer Orden Económico Mundial. Pero su tur-
no, como potencia hegemónica, debía esperar más de un siglo.
Mientras tanto, la nación emergente se empeñaba en cuestiones
de mayor trascendencia para su futuro que disputar espacios en
el mercado mundial. A saber, consolidar sus instituciones y
ampliar su dominio territorial.

España aparecía como el principal rival de los nacientes Estados Unidos de América. La Paz de París de 1763 había concedido a los borbones españoles el dominio de Louisiana, incluyendo la ciudad de Nueva Orleans y el territorio comprendido
entre el río Mississipi y las montañas Rocosas. A su vez, el Tratado de Versalles de 1783 había concedido a España la península de Florida y de lo que es actualmente la costa del Estado de
Alabama sobre el golfo de México. España frenaba entonces la
salida hacia al sur, a lo largo del río Mississipi, de los colonos
norteamericanos que estaban poblando los valles de los ríos
Ohio y Tennessee. En este contexto, las poderosas tribus indígenas de los creeks y cherokees asolaban los nuevos asentamientos. En el noreste, a su vez, quedaba pendiente el reparto

del dominio territorial entre el Canadá británico y los estados
de Nueva Inglaterra. La nación emergente estaba acumulando
fuerza para la resolución de estas disputas, que tendrían lugar
en las primeras décadas del siglo XIX.

Resumen y conclusiones

1. La centralización de la soberanía sobre el territorio y la población bajo una misma autoridad política y religiosa era una cuestión todavía pendiente cuando, hacia 1500, comienza la formación del Primer Orden Económico Mundial. En el tejido social y político de Europa perduraban las instituciones del Medioevo y el reparto del poder entre la corona, los señores feudales y las ciudades y regiones que gozaban de fueros especiales.

Las ciudades y los principados eran todavía en aquel entonces el ámbito dentro del cual se desarrollaba la actividad económica y organizaban las fuerzas militares y navales comprometidas en la disputa por las rutas comerciales. Desde fines del siglo XV, ese marco de referencia resultaba insuficiente. Era indispensable movilizar cuantiosos recursos para financiar las flotas comerciales, organizar las redes de intercambio a escala mundial, implantar las factorías en África y Oriente, y explorar y conquistar los inmensos territorios del Nuevo Mundo.

Al mismo tiempo, dentro de Europa, la disputa por el dominio del territorio y los conflictos religiosos comenzaron a plantearse entre los grandes estados nacionales. Las guerras entre las ciudades comerciales por el control de las rutas de intercambio y las disputas entre los príncipes por el reparto del poder tangible dentro de Europa durante el Medioevo se transformaron en enfrentamientos entre los emergentes estados nacionales. Para combatir y destruir a las potencias competidoras en el emergente escenario mundial y prevalecer en el dominio de Europa era imprescindible organizar ejércitos y fuerzas navales de una dimensión desconocida hasta entonces. Las nuevas circunstancias provocaron un aumento radical en los hombres bajo bandera y los gastos militares. Inicialmente, el crecimiento más notorio se produjo en las fuerzas armadas de España. En plena Reconquista, en la década de 1470, contaban con 20 mil hombres; ochenta años después, hacia 1550, el número ascendía a 150 mil.

"Las luchas que perturbaron la paz de Europa en los siglos previos a 1500 eran conflictos, localizados. Por ejemplo, las guerras entre los diversos estados italianos, la rivalidad entre las coronas inglesa y francesa, y las luchas de los príncipes teutones contra lituanos y polacos. A lo largo del siglo XVI, estos conflictos regionales tradicionales fueron absorbidos o eclipsados por un enfrentamiento más amplio por el dominio de Europa."[1] Y, al mismo tiempo, por el control del emergente orden mundial.

Hacia el año 1500 subsistían, pues, severas restricciones al ejercicio de la autoridad de la Corona y, consecuentemente, a la movilización del potencial militar y económico indispensable para enfrentar los nuevos desafíos y aprovechar las oportunidades abiertas por la expansión de ultramar. En el contexto de los conflictos religiosos y dinásticos, la consolidación del Estado nacional y la encarnación de la soberanía en la persona del Rey se convirtió en uno de los dos problemas centrales del desarrollo político de las potencias atlánticas y del resto de Europa. En las palabras de Jaime VI de Escocia al convertirse en Rey de Inglaterra en 1603, se trataba de alcanzar "una sola fe en Dios, un solo gobierno del reino, una sola ley".

El segundo problema fue la formación, dentro del nuevo sistema de poder centralizado, de mecanismos e instituciones de

---

[1] P. Kennedy, ob. cit.

participación y representatividad de los principales actores sociales. La concentración del poder desencadenó graves enfrentamientos entre la corona, la nobleza y las nuevas fuerzas sociales. Los alzamientos contra la autoridad real respondieron a diversos factores. En algunos casos, al recorte de las mercedes de la aristocracia, la Iglesia y las provincias anexadas por la Corona. En otros, al cercamiento para el uso de la Corona de tierras comunales, a las penurias económicas agravadas por una carga exagerada de nuevos impuestos para financiar los crecientes gastos militares del Estado nacional y a los conflictos religiosos.

En muchos casos, las revueltas manifestaron una resistencia al cambio. En otros, el reclamo de nuevos espacios de poder y participación de las fuerzas sociales emergentes. El desarrollo del antagonismo entre el absolutismo monárquico y la participación en el ejercicio del poder nacional influyó decisivamente en el desarrollo político e institucional de las potencias atlánticas. La resolución de esta cuestión fue esencial para la estabilidad política de los emergentes estados nacionales y, consecuentemente, para movilizar el potencial de crecimiento abierto por el desarrollo del capitalismo comercial y la expansión de ultramar. La estabilidad institucional se convirtió en un *factor endógeno* de desarrollo y en nueva *fuente intangible* del poder.

El desarrollo del capitalismo mercantil y la expansión de ultramar agravaron las disputas dinásticas por el dominio de Europa y contribuyeron, pues, a la centralización del poder en el Estado nacional. Estos conflictos fueron acompañados por un cisma religioso dentro del cristianismo y un extraordinario avance en el conocimiento científico.

La interacción entre los planos de la cultura, la religión, la política y la economía impulsaron nuevos factores endógenos del crecimiento económico. Estos, a su vez, sustentaron inéditos elementos intangibles de poder. El reparto, entre las potencias atlánticas, del dominio del espacio europeo y del emergente orden mundial se fue asentando, en una compleja red de componentes tangibles e intangibles del poder. La guerra movilizó recursos de dimensión desconocida hasta entonces y se convirtió en un ejercicio de organización y movilización de fuerzas de creciente sofisticación técnica.

Al mismo tiempo, la expansión de ultramar asoció cada vez más estrechamente el crecimiento del comercio internacional con el tejido económico, social y político de cada espacio nacional. Aparecieron, de este modo, *factores endógenos* del crecimiento que fueron ganando importancia a lo largo del Primer Orden Económico Mundial. Surgieron nuevas redes, eslabonamientos y relaciones entre la actividad directamente vinculada al tráfico comercial y su financiamiento con la producción interna de manufacturas y alimentos. La política de los estados nacionales comenzó a ser, crecientemente, política económica. Vale decir, decisiones públicas orientadas a proteger el mercado interno, apoyar la actividad empresaria, respaldar con la fuerza la conquista de nuevos mercados, fomentar la industria naval y vincular la creciente oferta de dinero con el desarrollo de la producción doméstica y las exportaciones. El desarrollo del mercado de capitales y las nuevas formas de organización de las empresas por acciones fueron otros cambios cruciales respaldados y fomentados por el poder político. La transformación de las posiciones hegemónicas entre las potencias atlánticas descansó, en gran medida, en la aptitud de sus respectivos estados nacionales para asumir y desempeñar tamañas responsabilidades.

Lo mismo sucedió con la ampliación del conocimiento científico y sus aplicaciones tecnológicas a la producción y la navegación. Entre los siglos XVI y XVIII, se produjo una revolución espectacular de los paradigmas científicos y la visión del mundo de los pueblos europeos. Sus aplicaciones tecnológicas a la producción de bienes y servicios afianzaron la hegemonía europea en el escenario mundial. Las políticas públicas en Holanda, Gran Bretaña y Francia contribuyeron decisivamente en el avance de la ciencia y el desarrollo tecnológico.

Cada vez más, la dimensión *endógena* del desarrollo incorporó sutiles contenidos culturales y políticos. Tales como la estabilidad institucional (fundada en un reparto estable del poder entre la Corona, la nobleza y los emergentes sectores urbanos), la tolerancia religiosa y la empatía del poder político con los intereses privados responsables de la producción, y el comercio. Los contenidos endógenos del desarrollo generaron factores intangibles del poder. El territorio y la población subordinados a una misma soberanía conservaban una importancia decisiva, pero el poder se asentaba ahora en una compleja madeja de relaciones entre estos componentes tangibles y aquellos intangibles. La insuficiencia de los primeros explica la rápida declinación del protagonismo portugués y, poco después, del de Holanda. La de los segundos, la decadencia de España.

Francia y, sobre todo, Gran Bretaña fueron las únicas dos potencias atlánticas que contaban con un gran potencial de recursos materiales y humanos, y pusieron en marcha los procesos endógenos del desarrollo y los factores intangibles del poder. Al final del Primer Orden Económico Mundial, eran las dos potencias dominantes en el escenario europeo e internacional.

Las transformaciones que dieron lugar a la construcción de la hegemonía de Europa en el transcurso del Primer Orden Económico Mundial abarcaron todo el continente y todos los planos de la realidad. A lo largo de tres siglos las disputas dinásticas, el cisma religioso, la centralización del poder y la participación, la Revolución del conocimiento científico y de las ideas sobre el hombre y la sociedad modificaron radicalmente la realidad de Europa y conformaron el emergente sistema internacional. Nada semejante ocurría en el resto del mundo. De este modo, se comenzó a abrir la brecha entre el desarrollo y el subdesarrollo, y a sentar las bases del reparto del poder en el emergente orden mundial.

La formación del Primer Orden Económico Mundial se decidió, en primer lugar, en el escenario europeo. Las transformaciones en las sociedades europeas y el reparto del poder dentro del continente decidieron el curso de los acontecimientos. Desde principios del siglo XVI, la historia de Europa comenzó a ser historia mundial.

2. El proyecto europeo de expansión y dominación planetaria se consolidó durante el Primer Orden Económico Mundial. En el transcurso del mismo, el formidable proceso de transformación económica, cultural y política de los pueblos cristianos amplió su capacidad de dominio sobre la naturaleza y los hombres.

La avalancha de acontecimientos registrados en esos tres extraordinarios siglos transformó la visión de los pueblos cristianos de Europa acerca de la naturaleza del hombre y la sociedad y, consecuentemente, sobre la organización del Estado. El avance del conocimiento científico y en la capacidad de manejo del mundo físico, la expansión de ultramar y la transformación de las estructuras de la producción, las nuevas fuentes de acumulación de capital, las convulsiones políticas, el cisma religioso y el contacto con otras civilizaciones concluyeron el proceso de demolición del orden medioeval que había sido iniciado por el paradigma copernicano y el desarrollo del capitalismo comercial.

Los pensadores europeos sentaron las fundaciones del método científico y de las principales ramas del conocimiento: matemática, cálculo, astronomía, óptica, física, magnetismo, electricidad y medicina. Recién en el siglo XX, con los avances en la física nuclear y en la biología, emergen contribuciones de trascendencia comparable.

En aquel período se sentaron también las bases de la actividad y la cooperación científicas modernas. La creación de universidades, laboratorios, sociedades y bibliotecas multiplicaron las vías de difusión de la información y los contactos entre los creadores de conocimiento. Desde su mismo inicio, la ciencia y los científicos fueron auténticamente europeos. Los mayores creadores investigaron y difundieron sus ideas en los principales centros de excelencia de Italia, el espacio germánico, Inglaterra, Francia y los Países Bajos. Sólo a fines del siglo XVIII se incorpora una figura relevante de la periferia, pero también de raíces europeas: el norteamericano Benjamin Franklin.

El conocimiento acumulado, a lo largo de los siglos, por los sabios y tecnólogos chinos, árabes, persas e indios fue transferido sin regalías ni patentes a los pueblos cristianos de Europa. Esta transferencia fue una de las bases fundacionales del Renacimiento. Desde entonces, la ciencia y la tecnología europeas dejaron de ser tributarias de las otras civilizaciones e iniciaron su despegue autónomo.

Las ideas e instituciones políticas dominantes del mundo moderno fueron también gestadas entre los siglos XVI y XVIII. A partir de los aportes fundacionales de Maquiavelo y de su crudo análisis de la realidad política y del poder, los filósofos y pensadores europeos del período formularon las preguntas fundamentales y les dieron respuesta. Volvieron a replantearse entonces los grandes temas de la naturaleza del hombre y de su condición social y política, inicialmente formulados por Platón y Aristóteles. A estos interrogantes centrales agregaron otros referidos al origen y la justificación del poder, la soberanía, la legitimidad del poder, la justificación de la rebeldía contra los tiranos, el derecho internacional, las instituciones políticas y la división de poderes, los derechos del hombre y del ciudadano, la posibilidad de mejorar la condición humana a través de la educación, el constitucionalismo y, finalmente, el nacionalismo. También las ideas económicas experimentaron cambios profundos que desbordaron los límites estrechos del enfoque agresivo y excluyente del mercantilismo. Esas nuevas ideas pretendían descubrir el orden natural y las leyes de la actividad económica. En este contexto, volvieron a plantearse, fuertemente enraizadas en las nuevas fronteras del conocimiento y el cisma religioso, las preguntas fundamentales sobre la naturaleza de la condición humana, la libertad y la relación con Dios.

Las posibilidades abiertas por el crecimiento económico y la expansión de ultramar, la Revolución religiosa y la consolidación del absolutismo y de los estados nacionales promovieron un formidable desarrollo de la arquitectura, las artes plásticas y la música. El barroco fue la expresión artística dominante del período. Gestado inicialmente en Roma, con el patronazgo del papado, se difundió rápidamente al resto de Europa. En Italia, el Sacro Imperio romano germánico, los Países Bajos, España, Francia e Inglaterra, el barroco abrevó en las escuelas y tendencias locales y generó una rica variedad de manifestaciones artísticas. Su proyección a los dominios españoles y portugueses en el Nuevo Mundo fusionó la tradición artística de las grandes civilizaciones precolombinas con los aportes europeos. Esta amalgama dio lugar a una de las expresiones más ricas del barroco: el latinoamericano.

La ambigüedad del barroco refleja la complejidad de la realidad europea. Sus creadores proclamaban fidelidad a la tradición clásica y renacentista. Es decir, las normas de equilibrio, lógica, moderación, sobriedad, armonía y unidad de las formas. En la práctica incorporaron perspectivas radicalmente distintas fundadas en el movimiento, la curva, la luz, el espacio, los contrastes y la fusión de todas las formas de arte. Frente a la serenidad y moderación renacentista, el barroco impuso lo espectacular y lo dramático. Este cambio de actitud es comprensible. Refleja las transformaciones también espectaculares y dramáticas que se registraban en el escenario europeo y en un mundo cuya diversidad étnica, cultural, religiosa y económica comenzaba a ser asimilada por las potencias atlánticas y, a través de ellas, por toda Europa. En el período, se verificó una explosión de genio y creatividad. En arquitectura, artes plásticas, literatura y música, vivieron y crearon en ese período Rubens, Bosch, Vivaldi, Van der Weyden, Cervantes, Shakespeare, Rembrandt, Velázquez, Bach, Mozart. Pocas épocas de la historia de Europa y del resto del mundo produjeron una explosión de genio y de creatividad semejantes.

3. En el transcurso de los tres siglos del Primer Orden Económico Mundial, todas las civilizaciones quedaron vinculadas a un sistema mundial organizado en torno de los objetivos de las potencias atlánticas. La respuestas de aquéllas frente a la presencia europea fueron distintas y dependieron, esencialmente, de sus propias circunstancias internas. De este modo, pueden distinguirse varios modelos de vinculación del mundo no europeo con el sistema internacional fundado por la expansión de ultramar de las potencias atlánticas.[2] Es decir, distintas formas de responder al dilema del desarrollo en un mundo global.

---

[2] Oceanía recién fue ocupada a fines del siglo XVIII y su inserción al sistema internacional forma parte de la historia del Segundo Orden Económico Mundial.

El primero abarca a las grandes civilizaciones orientales y a África al sur del desierto de Sahara. El segundo, al Nuevo Mundo, con la excepción de las colonias continentales británicas en América del Norte. El tercero a estas colonias británicas que, a fines del siglo XVIII, se independizaron y formaron los Estados Unidos de América.

El primer modelo incluye las civilizaciones que, al inicio del período, eran tanto o más desarrolladas que las europeas. Cuando los portugueses llegaron a la India y fueron seguidos, más tarde, por holandeses, ingleses, españoles y franceses ampliaron contactos con civilizaciones con las cuales se mantenían relaciones desde mucho antes. Los mercaderes venecianos y genoveses habían establecido en la Baja Edad Media la organización fundamental del intercambio: la factoría. Se trataba de asentamientos en Asia Menor, sometidos a la soberanía de los príncipes locales, en los cuales entraban en contacto los mercaderes cristianos con los de Oriente. No eran emplazamientos en los cuales los europeos tuvieran participación en la producción de especias o paños de lujo. Las inversiones de los mercaderes venecianos, pisanos o genoveses, se limitaban a la construcción de depósitos de mercaderías y, eventualmente, a la construcción de las instalaciones portuarias. La presencia de personal militar era limitada y destinada, en primer lugar, a enfrentar a los competidores cristianos antes que a los mercaderes orientales.

La factoría fue la forma básica de organización mercantil que los europeos siguieron utilizando en sus relaciones con Medio y Extremo Oriente a partir del siglo XVI. Como dice Wallerstein:[3] "Entre 1500 y 1800, las relaciones de Europa con

---

[3] I. Wallerstein, *The Modern World System I*, San Diego, California, Academic Press, 1974, p. 330.

Asia se realizaban normalmente dentro de las normas establecidas por los estados asiáticos. Con la excepción de los europeos que vivían en los pocos asentamientos coloniales, su presencia era tolerada por las autoridades locales". En el transcurso del Primer Orden Económico Mundial, las potencias atlánticas ejercieron una supremacía creciente en los mares de Oriente. Pero su dominio continental se limitó a pocos enclaves-factorías y nunca penetró en profundidad salvo en las islas del archipiélago Malayo y, a fines del siglo XVIII, en la India. Con estas excepciones, durante el Primer Orden Económico Mundial, la presencia europea no modificó sustancialmente el comportamiento de las grandes civilizaciones no europeas.

Las grandes civilizaciones de Oriente fueron incapaces de incorporar las fuerzas dinámicas que estaban transformando a parte de Europa o impulsos alternativos que repercutieran, también, en el desarrollo económico y la transformación social y política. De allí resulta su incapacidad de responder con eficacia al dilema del desarrollo en un mundo global y, más tarde, su subordinación a las potencias imperiales.

En África sudsahariana la presencia europea introdujo un fenómeno de enorme trascendencia: el tráfico de esclavos. Pero el mismo dejó prácticamente intactos los comportamientos tradicionales de las sociedades africanas. También en África sudsahariana siguió predominando el esquema del enclave-factoría a través del cual se traficaba con los soberanos locales y se centralizaba la trata de esclavos. Recién en el transcurso del siglo XIX el continente sería sometido masivamente al dominio colonial.

El segundo modelo abarca al mundo Iberoamericano y el Caribe, en donde los europeos crearon nuevas civilizaciones sometidas a la dominación colonial e incapaces de dar respuestas eficaces y autocentradas a los dilemas del desarrollo en un mundo global.

El tercer modelo, el de las colonias británicas continentales en América del Norte, desemboca en la formación del único sistema, dentro de la expansión europea de ultramar en el Primer Orden Económico Mundial, en el cual se movilizan los factores endógenos del desarrollo y la generación de poder intangible.

Los dos primeros modelos de inserción con la expansión de ultramar de las potencias atlánticas tienen un rasgo común: configuraron la posición periférica y subordinada respecto del polo hegemónico y, con el tiempo, fundaron lo que es, desde entonces, el mundo subdesarrollado. La fractura desarrollo-subdesarrollo y centro-periferia comienza a gestarse desde el descubrimiento de América y la llegada de los portugueses a Oriente. El tercer modelo culmina, a finales del siglo XVIII, con la aparición de una nación independiente. En ella comienzan a combinarse, en una escala desconocida hasta entonces, el poder tangible de un inmenso y rico territorio y recursos humanos, con formidables factores endógenos del desarrollo y del poder intangible.

Japón no encaja en ninguno de los tres modelos analizados en esta sección. Tempranamente, el país consolido elementos de desarrollo autocentrado y un alto grado de autonomía en su estilo de inserción en el orden mundial. De todos modos, su presencia en el escenario mundial recién comienza a ser importante desde la segunda mitad del siglo XIX, fuera del período histórico analizado en esta obra.

4. Hasta el siglo XV, entre todas las grandes civilizaciones del planeta, predominaba la semejanza entre los ingresos medios, la productividad y la acumulación de capital. Esa semejanza se fue esfumando a lo largo del Primer Orden Económico del desarrollo europeo y del estancamiento relativo del resto del mundo.

La formación del Primer Orden Económico Mundial indujo cambios demográficos importantes. Hacia 1800, en el Nuevo Mundo la población ascendía a 25 millones y era de alrededor del 50% inferior a la del comienzo de la conquista. En África, bajo la principal influencia de la migración forzada de esclavos, la población disminuyó de 100 a 90 millones entre 1500 y 1800. En Europa (incluyendo Rusia) la población ascendía a cerca de 190 millones en 1800 y en Asia a 600. En estos continentes, asiento de las mayores civilizaciones, la tasa de crecimiento demográfico aumentó paulatinamente como resultado de los avances sanitarios y el mejor abastecimiento alimentario en algunas regiones. Desde mediados del siglo XVII a fines del XVIII, la población de Europa y Asia aumentó a una tasa del orden del 0,4% anual.[4] La participación de Europa en la población mundial aumentó del 16% en 1500 al 21% en 1800 y la de Asia del 53 al 66%.

Entre 1500 y 1800 la productividad en Europa comenzó a aumentar a una tasa que probablemente duplicaba la registrada durante la Baja Edad Media. Sin embargo, el crecimiento siguió siendo lento y equivalente apenas a una fracción al que se registraría a partir de la Revolución industrial. El aumento del producto *per capita* fue del orden del 0,2% anual. En ese caso, hacia el año 1800, el producto *per capita* en Europa debía rondar los 1.300 dólares. Probablemente, existía una diferencia considerable pero no superior al 50% en el producto *per capita* de los países más avanzados, Gran Bretaña y Holanda, respecto de las zonas rezagadas de Europa Oriental.

En los nacientes Estados Unidos de América el producto *per*

---

[4] Estimaciones sobre datos de *Enciclopedia Británica,* ob. cit., tomo 18, p. 232; Roberts, *History of the World.* ob. cit., p. 514;. Denevan, *The Native Population of the Americas in 1492,* ob. cit.

capita era similar y tal vez algo mayor que en Europa. En el resto del mundo, prevalecía el estancamiento alrededor de los niveles alcanzados a principios del período. Si estas hipótesis son aproximadamente correctas, hacia 1800 el producto total de la economía mundial habría ascendido a algo más de 900 mil millones de dólares. Europa participaba con algo menos del 30% del total, proporción sustancialmente mayor a la de cerca del 20% correspondiente hacia el año 1500.

El mayor desarrollo de Europa produjo cambios más profundos en la estructura de la producción y el empleo que en otras partes. Sin embargo, las diferencias eran todavía reducidas a finales del Primer Orden Económico Mundial. Respecto de la producción manufacturera, cuyo crecimiento comenzaba a liderar el desarrollo económico, Bairoch[5] estima que la producción industrial *per capita* en Europa era apenas un tercio superior que en el resto del mundo. La diferencia era mayor si se considera la nación europea líder en la época, Gran Bretaña, cuyo nivel de industrialización por habitante duplicaba la del promedio de Europa y triplicaba la del resto del mundo. De todos modos, hacia 1800 la producción industrial británica representaba poco más del 4% de la mundial, y la de Europa alrededor de un tercio, no mucho más que su participación en la población mundial. Todavía entonces, Asia, África e Iberoamérica significaban dos tercios de la producción manufacturera mundial. De cualquier modo, en todos lados la producción primaria seguía generando más de dos tercios del empleo total y una proporción semejante del producto. La visión estática de la estructura de la producción y el empleo, y de los niveles de vida en el mundo alrededor de 1800 no permitía apreciar la

---

[5] P. Bairoch, "International industrialization levels from 1750 to 1980", en: *Journal of European Economic History*, 1982.

dimensión de las transformaciones en curso que, en pocas décadas, modificarían radicalmente el escenario recién descripto. Las diferencias tampoco eran significativas respecto de otras variables cruciales del desarrollo. Hacia 1800, el comercio internacional en Europa representaba proporciones mayores de la actividad económica que en el resto del mundo. Sin embargo, el coeficiente exportaciones/producto en Europa no debía superar el 4 ó 5%. La mayor parte de la producción de las economías europeas seguía encerrada dentro de los límites de la subsistencia y de los mercados locales. No obstante, el comercio internacional estaba jugando en Europa un papel decisivo en la acumulación de capital, el cambio técnico y el crecimiento. En ninguna otra parte, salvo en los nacientes Estados Unidos de América, sucedía algo semejante.

Las tasas de ahorro y de acumulación de capital tampoco presentaban diferencias radicales. Hacia 1800, en Europa alcanzaba a alrededor del 5 al 7% del producto, proporción no muy distinta a la observada en China, India y las otras principales civilizaciones. La diferencia principal radicaba en el destino de la acumulación. En Europa, en mayor proporción que en otras partes, se destinaba a la ampliación de la capacidad productiva y el aumento del giro comercial. En el resto del mundo, la inversión suntuaria de las clases dominantes seguía absorbiendo la mayor parte de los recursos. El financiamiento de la inversión productiva y del comercio contaba en Europa, además, con el respaldo de un sistema financiero creciente y cada vez más diversificado. El desarrollo de los mercados de capitales, de las sociedades por acciones y la expansión del crédito contribuyeron a la movilización del ahorro y a su inversión en ampliación de capacidad productiva y giro comercial, como no sucedía en ninguna otra parte, con la excepción de los emergentes Estados Unidos de América. La aparición de la especulación financiera en Europa durante el siglo XVIII revela, en sí misma, cómo se estaban ampliando las oportunidades y las expectativas de los operadores económicos y de importantes grupos sociales de las naciones europeas líderes. En Europa, hacia 1800, el gasto público representaba probablemente alrededor del 10% del producto. La proporción no era probablemente menor en las otras grandes civilizaciones. Pero también aquí la diferencia fundamental radicaba en el destino del gasto. En Europa éste se destinaba en alrededor del 70% a los gastos militares empeñados en las disputas por el dominio del continente y la fe, pero también de la expansión de ultramar, las rutas comerciales y la conquista del Nuevo Mundo y de otros territorios. Parte del gasto público se destinaba, asimismo, a inversiones de infraestructura, como puertos y caminos, indispensables para el desarrollo y la expansión comercial. Especialmente en Gran Bretaña, Holanda y Francia el gasto público se asignó, en alguna medida, a financiar desarrollos tecnológicos y productivos destinados a la navegación, la minería, hidráulica y otras áreas críticas de la actividad económica y mercantil del período. Esta temprana asociación entre productores, científicos y gobierno, *triángulo* esencial del cambio técnico y del desarrollo económico[6] observable en los países líderes de Europa durante el Primer Orden Económico Mundial, fue un proceso prácticamente desconocido en las otras grandes civilizaciones.

5. En resumen, durante el transcurso de los tres siglos del Primer Orden Económico Mundial emergió por primera vez el dilema del desarrollo en un sistema global. Parte de Europa y

---

[6] Véase los aportes de J. A. Sábato sobre desarrollo tecnológico y su concepción del "triángulo".

uno de sus vástagos, las colonias continentales de América del Norte, lograron incorporar la inserción en el mercado mundial como un agente de su propia transformación e integración interna.

Europa se convirtió en el polo articulador del emergente orden mundial y logró dominar el espacio iberoamericano y el Caribe, un conjunto de islas en el archipiélago malayo y, en las postrimerías del siglo XVIII, la mayor parte del subcontinente de India. La presencia europea en el resto del mundo se limitó a una interferencia más o menos profunda en los asuntos internos de otros países pero sin modificar sustancialmente el comportamiento de sus sociedades. Bien sea por la subordinación al dominio colonial o la ausencia de factores endógenos de transformación, el resto del mundo no logró resolver con éxito el dilema del desarrollo en un mundo global. Se abrió así la brecha entre desarrollo y subdesarrollo que fracturó al orden mundial. El mismo origen tienen las relaciones asimétricas de poder que predominan en el sistema internacional.

Durante el Primer Orden Económico Mundial comenzó a disolverse el equilibrio en los niveles de desarrollo de las principales civilizaciones, que predominó hasta el siglo XV. El crecimiento se aceleró en Europa mientras que en Iberoamérica se desplomaban las civilizaciones nativas, y en Medio y Extremo Oriente y África predominaba el estancamiento cuando no el retroceso.

De todos modos, la lentitud del progreso técnico en Europa limitó el incremento de la productividad y del ingreso y, consecuentemente, provocó un ritmo lento de transformación de las estructuras productivas. La brecha entre desarrollo y subdesarrollo a escala mundial siguió siendo, de este modo, reducida.

Por detrás de las semejanzas que todavía predominaban en los niveles de vida y en las estructuras productivas de Europa respecto de las otras grandes civilizaciones, se ocultaban cambios de vasto alcance. La revolución de las ideas, las transformaciones políticas y la expansión de ultramar fueron acumulando en Europa un impulso innovador que estallaría cuando se cerró la brecha entre el conocimiento científico y la tecnología. Es decir, durante la Revolución industrial, cuyos primeros pasos tuvieron lugar en Gran Bretaña en el siglo XVIII. A su vez, en las posesiones continentales británicas de América del Norte, una extraordinaria constelación de recursos materiales y humanos estaba dando lugar a una experiencia de desarrollo económico y social que ni siquiera tenía semejantes en las naciones más avanzadas de Europa.

Los cambios en las posiciones relativas de poder de las potencias atlánticas en el transcurso del Primer Orden Económico Mundial revelan la incidencia de la resolución del dilema ámbito interno-contexto externo entre las naciones que lideraron, a partir del siglo XV, la expansión europea de ultramar.

El desarrollo de los países independientes y de las dependencias coloniales del emergente sistema global estuvo siempre asociado a dos condiciones básicas. A saber, la participación en la globalización de la economía mundial y el crecimiento auto–centrado en procesos de acumulación de capital y cambio tecnológico afianzados, en primer lugar, y en los recursos propios y el mercado interno. Vale decir, en una respuesta específica al dilema de la interacción entre el ámbito interno y el contexto externo.

Los contenidos de esas respuestas al dilema, que fueron coherentes con el desarrollo de los países incluyeron, en todos los casos, los siguientes elementos:

i) La ampliación de las oportunidades de las personas de desenvolver sus aptitudes para la creación y acumulación de riqueza.

ii) La aptitud y flexibilidad del sistema económico, social y político de reflejar las transformaciones en la creación y la distribución de la riqueza, y para incorporar a los nuevos actores sociales.

iii) Procesos amplios de acumulación de capital, tecnología y capacidad organizativa de recursos que elevaron la productividad de las unidades económicas y del conjunto del sistema productivo. La acumulación, en sentido amplio, incluye el capital invertido en la producción de bienes y servicios, los conocimientos científicos y la tecnología, las redes empresas-ciencia-tecnología-gobierno, la formación de los mercados financieros y el desarrollo institucional y político.

iv) Una visión del mundo que valorizaba la propia identidad y elección del estilo de desarrollo e inserción internacional.

v) Un Estado capaz de cohesionar los recursos de la nación y viabilizar la participación activa en la globalización de la economía mundial afianzada en procesos autocentrados de acumulación y cambio tecnológico.

La resolución del dilema en cada país influyó decisivamente en la formación del sistema mundial. Los factores tangibles del poder (población y territorio) conservaron importancia pero los intangibles (acumulación en el sentido amplio) fueron determinantes en la distribución del poder entre las naciones. La gravitación de cada país en el orden global dependió de su desarrollo nacional. Cuando convergieron los factores tangibles del poder con los intangibles surgieron las grandes potencias hegemónicas.

Desde fines del siglo XVIII, la incorporación masiva del cambio técnico al proceso productivo provocaría cambios sin precedentes sobre la acumulación de capital, la estructura productiva, la estratificación social, la organización del mercado mundial y el reparto del poder. Pero estos constituyen la trama del Segundo Orden Económico Mundial.

La evidencia proporcionada por el Primer Orden Económico Mundial es concluyente: se desarrollaron en ese período y, dependiendo de su poder tangible, fueron potencias mundiales las naciones que participaron activamente en la globalización a partir de procesos autocentrados de transformación, cambio técnico y acumulación de capital. Existen, en verdad, ciertas *constantes históricas*[7] porque, desde 1500 hasta la actualidad, no existe caso de país alguno que haya alcanzado de otro modo altos niveles de desarrollo.

---

[7] Véase este concepto en R. Bernal Meza, *América Latina en la economía política mundial*, Buenos Aires, Grupo Editor Latinoamericano, 1994.

ÍNDICE

PARTE 2. EUROPA: LAS NUEVAS FRONTERAS
DEL CONOCIMIENTO, EL CISMA RELIGIOSO
Y LOS CAMBIOS POLÍTICOS
[95]

Se terminó de imprimir
en el mes de mayo de 2001 en Nuevo Offset,
Viel 1444, Buenos Aires, Argentina.
Se tiraron 1.000 ejemplares.

www.ingramcontent.com/pod-product-compliance
Lightning Source LLC
Chambersburg PA
CBHW031805190326
41518CB00006B/203